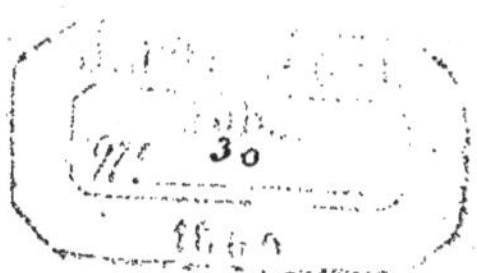

DES DROITS

DES

ASCENDANTS DANS LA SUCCESSION

DE LEURS DESCENDANTS.

A MON PÈRE. A MA MÈRE.

DES DROITS

DES

ASCENDANTS DANS LA SUCCESSION

DE LEURS DESCENDANTS

EN DROIT ROMAIN ET EN DROIT FRANÇAIS.

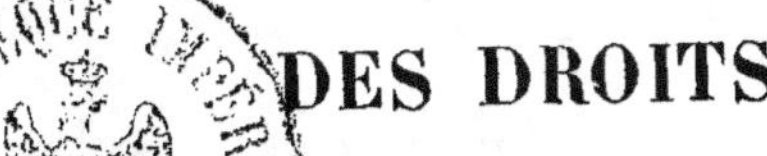

THÈSE POUR LE DOCTORAT

Présentée le Jeudi 10 Juin 1869, à 2 heures,

PAR

Henri-Léon FRÉMINET,

Avocat à la Cour Impériale de Paris.

Président : M. BATBIE.

Suffragants :
{ MM. COLMET D'AAGE, Doyen, } Professeurs.
GIRAUD,
DEMANGEAT,
BEUDANT, Agrégé.

TROYES

IMPRIMERIE ET LITHOGRAPHIE E. CAFFÉ
Rue du Temple, 27

1869

ERRATA.

Page 39, ligne 23, *au lieu de* : « la Cité, a bien pu, » *lisez :* « la
    Cité a bien pu. »
— 44, ligne 11, *au lieu de :* « cognatis, » *lisez* : « cognats. »
— 58, — 8, — « § 18, » — « § 19. »
— 62, — 22, — « *vocabunt,* » — « *vacabunt.* »
— 65, — 22, *après* « adopté par un ascendant, » *ajoutez*
    « ou adrogé. »
— 71, ligne avant-dernière, *au lieu de :* « 40, » *lisez :* « 80. »
— 84, — dernière, *au lieu de :* « L'ordre des héritiers
    siens, » *lisez :* « L'ordre des agnats. »
— 93, ligne 20, *au lieu de :* « sup. 96, » *lisez :* « sup. n° 96. »
—101, note 2, ligne 1re, *au lieu de :* « sup. n° 214, » *lisez :*
    « sup. n° 114. »

DES DROITS

DES

ASCENDANTS DANS LA SUCCESSION

DE LEURS DESCENDANTS

DROIT ROMAIN

> « Regardez les institutions des anciens sans penser à leurs croyances, vous les trouvez obscures, bizarres, inexplicables. »
>
> FUSTEL DE COULANGES, *La Cité antique.*

INTRODUCTION.

—

SOMMAIRE.— 1.— Le Règlement des successions dépend de l'idée que le législateur se fait de la propriété.— 2 systèmes possibles.

2.— Dans les législations positives ils sont rarement sans mélange.

3.— La loi des XII Tables admet la libre disposition, mais l'hérédité *ab intestat* y semble la négation de la volonté des propriétaires.

4.— Il n'en faut pas conclure que le principe de libre disposition n'ait pas existé dès l'origine.

5.— L'hérédité *ab intestat* de la loi des XII Tables peut être ramenée à l'idée de Testament présumé.— Renvoi.

1

1.— En dehors de la théorie communiste, que la nature et l'histoire condamnent à rester désormais une théorie, il n'est pas une forme sociale qui ne reconnaisse et ne consacre la propriété individuelle. De là, nécessité de fixer le sort des biens laissés en mourant par celui dont ils étaient le patrimoine, et dont ils sont devenus la succession.

Quel est dans ce réglement le mobile déterminant du législateur ? Ces biens que le propriétaire a laissés comme la somme matérialisée de son activité, à qui les attribuer ? Pourquoi à celui-ci plutôt qu'à celui-là ?

L'histoire montre des solutions diverses selon les nations et selon les époques.

Cependant les législations des successions peuvent rationnellement se grouper autour de deux types.

Tout dépend de l'opinion qu'a le législateur, quel qu'il soit, sur l'étendue du droit de propriété.

Croit-il que le propriétaire est maître de disposer de sa propriété pour le temps même où il n'existera plus ? — La loi tendra à assurer l'effet des volontés du défunt quand il les aura exprimées ; et s'il n'en a pas exprimé, elle tendra à deviner, à défaut d'intentions certaines, ses intentions probables, et à les exécuter.

Le législateur pense-t-il que le propriétaire n'a sur ses biens que les droits qu'il pourrait exercer lui-même, et qu'il n'en peut dès-lors disposer pour le temps qui suivra son décès ? — La loi réglera arbitrairement la dévolution des successions, déniant tout caractère obligatoire aux volontés exprimées par le défunt, se croyant moins encore tenue à réaliser, lorsqu'il n'aura rien dit, ses volontés probables.

Placé au premier point de vue, le législateur des successions *ab intestat* s'efforcera de répondre, par la gradation des vocations héréditaires qu'il consacrera, à la préoccupation probablement dominante dans l'esprit du défunt (1).

Partant du second principe, le législateur établira le plan des successions *ab intestat* d'après ses propres vues politiques et sociales.

Dans le premier ordre d'idées, la succession testamentaire occupera naturellement la place d'honneur : la succession *ab intestat* elle-même sera comme un testament complémentaire proposé à la sanction tacite des particuliers.

Dans le second système, la succession testamentaire pourra ne pas exister, où, n'existant qu'à titre de tolérance, n'aura qu'une importance secondaire.

2. — De ces deux types, le premier, à notre avis, est seul philosophiquement exact (2) ; mais tous deux se conçoivent comme possibles en droit positif. Il s'en faut d'ailleurs qu'on les rencontre dans l'histoire à l'état pur.

Telle législation, admettant que la disposition après décès est un attribut de la propriété, a pourtant posé des

---

(1) Ceci n'implique pas nécessairement que le législateur suivra l'ordre des affections naturelles. (Inf. n⁰ˢ 4 et 5).

(2) Dans un article fort remarquable sur le *Droit de tester et ses limites* (J⁻ˡ des économistes, juin 1865), un savant économiste, M. Courcelle-Seneuil, a admis l'idée inverse : selon lui, la propriété finit nécessairement par la mort du propriétaire, et le législateur a sur les biens qu'il délaisse un droit absolu ; la faculté de tester, que M. Courcelle voudrait illimitée, n'est qu'une délégation par la société de son droit. Cette théorie nous paraît mutiler le droit de propriété ; elle a, à nos yeux, un autre tort, elle place la base du Droit ailleurs que dans l'individu.

limites à l'omnipotence du propriétaire ; — ou bien, lorsqu'elle a eu à suppléer son silence, elle a donné de ses intentions probables non une traduction absolument fidèle, mais une interprétation plus ou moins influencée par les vues du législateur.

A l'inverse, telle législation quoique ne doutant pas de son droit exclusif à régler la dévolution des biens des propriétaires décédés, a pourtant toléré qu'ils indiquassent leurs désirs et les a sanctionnés dans une certaine mesure ; — ou bien, dans les vocations qu'elle a créées, elle s'est plus ou moins rapprochée des volontés présumables des défunts.

L'absolu, en logique comme ailleurs, n'a pas de réalité humaine et pratique, mais l'irrégularité des déductions ne détruit pas le principe, pas plus que les contre-courants qui s'entre-croisent dans un fleuve n'altèrent la direction générale de son cours.

3. — Le principe qui domine la législation romaine en cette matière paraît d'abord assez difficile à dégager.

Nous connaissons de la loi des XII Tables une disposition ainsi conçue : « *Uti legassit super pecuniâ tutelâve suæ rei, ita jus esto.* » Ce qui implique la reconnaissance du droit primordial du propriétaire à décider du sort de ses biens après sa mort. Mais à la suite vient dans la loi des XII Tables un système d'hérédité *ab intestat* qui, manifestement en dehors des sentiments de famille tels que nous les concevons, semble marqué du sceau de l'arbitraire le plus étrange : d'où l'on pourrait induire que le législateur s'est cru un droit propre et supérieur à disposer des successions.

Préoccupé de cette apparente opposition de vues, Montesquieu (*Esprit des lois*, liv. 27) a avancé que le testament dut être une innovation de la loi des XII Tables, tandis que l'hérédité *ab intestat* était une institution préexistante que les décemvirs auraient conservée. De nos jours, un ingénieux écrivain, M. Fustel de Coulanges, qui a pénétré plus avant que Montesquieu dans les origines de l'hérédité *ab intestat* Romaine, s'est cru obligé (Cité antique, liv. 1er ch. vii) de reprendre, quant au droit de tester, la théorie même de Montesquieu.

4. — Cette opinion nous semble condamnée par les §§ 101 et 102 du 2me com. de Gaïus, desquels il résulte que le Testament, au moins sous les formes *calatis Comitiis* et *in procinctu*, a existé de toute antiquité, *initio*.

D'ailleurs la règle *uti legassit* fût-elle une innovation décemvirale et la succession *ab intestat* une institution plus ancienne, la consécration simultanée de deux dispositions aussi contradictoires n'en serait pas moins choquante: l'explication de Montesquieu n'explique donc rien.

Ce qui a conduit à penser que le droit individuel de disposition et le système d'hérédité *ab intestat* n'ont pu naître simultanément, c'est l'idée que ce système d'hérédité est la négation des volontés probables des propriétaires. Or cette appréciation est-elle fondée? Nous ne le croyons pas.

5. — Quoi ! dira-t-on, un régime de succession dont on a pu écrire *(Dalloz, Rép. V° Succession)* « que de tous ceux qu'offre l'histoire c'est *le plus opposé aux notions naturelles et aux sentiments de famille.* » Un pareil régime peut-il être l'interprétation de volontés normalement probables chez un défunt intestat ?

Une simple réflexion fournit la réponse. Appliquée à un homme de notre temps, cette présomption serait absolument erronée : appliquée à un Romain des premiers âges, elle pouvait être exacte, et nous pensons qu'elle l'était.

Le Romain primitif, aussi bien que l'homme moderne, était le fils de la nature et il en avait les instincts, mais modifiés, façonnés par les idées, les croyances régnantes dans son milieu social. Ce sont là autant de composantes dont la résultante constitue l'esprit public dans un temps et dans un lieu donnés; et, ce qu'il ne faut pas oublier, c'est que dans les civilisations primitives la religion est toujours la plus puissante de ces composantes.

Or, si les règles appliquées par la loi des XII Tables à la dévolution des biens du citoyen intestat se trouvent telles, qu'elles s'harmonisent avec les dogmes religieux des temps primitifs, qu'elles donnent satisfaction aux aspirations des croyants, — ne sera-t-il pas vrai de dire que le législateur qui les a écrites aura vraiment traduit les intentions présumables des propriétaires décédés ?

Cette supposition deviendra, nous l'espérons, une conviction, quand, après avoir exposé le système décemviral nous le rapprocherons de l'antique religion. Si l'on veut bien l'admettre provisoirement, on comprendra comment, vu à sa place historique, ce système étrange nous paraît non la négation du principe de libre disposition, mais son corollaire régulier, et comment il devient inutile de combiner des excuses pour un législateur dont la logique n'en a pas besoin.

6. — Cette observation ne porte pas la lumière seulement sur le caractère originaire des institutions Romaines de succession *ab intestat*, elle donne la clef des remaniements nombreux qu'elles ont subis et de la physionomie de chacun d'eux.

A mesure que la conception religieuse des premiers âges a perdu de son empire moral, la nature artificielle qu'elle avait créée a cédé le terrain à la nature vraie.

La Philosophie a commencé dans les esprits la ruine du Polythéisme : le Christianisme l'a consommée. Avec les anciens Dieux s'en vont les *sacra privata*, les mœurs s'en détachent, le sens s'en perd, et un temps arrive où, quand on considère séparément de l'ordre général où elles avaient leur rôle harmonique, les institutions successorales, on ne les comprend plus (1), — on s'irrite contre elles : Gaïus

---

(1) « Non omnium quæ a majoribus constituta sunt ratio reddi potest, » dit

laisse déjà échapper à propos des conséquences le mot *iniquitates* (Comm. III, § 25), et Justinien en dernier lieu (nov. 118, præf.) proclamera *injustifiable* l'idée fondamentale elle-même. C'est qu'à la conception polythéiste du paganisme a succédé la conception monothéiste du Christianisme, — c'est que la rénovation morale appelle dans les lois une révolution corrélative.

Cette révolution se fait, suivant de loin mais fidèlement, celle qui s'opère dans les esprits.

Éclairé par la philosophie, le préteur essaie de glisser la raison dans les vides laissés par la loi civile, reflet de la vieille conception théologique dont il a pénétré les vices : c'est ce qu'il appelle *supplere jus civile*. Puis il s'enhardit, il *corrige* le droit, mais c'est à l'aide de détours subtilement hypocrites : il n'ose attaquer de front, car s'il en est, lui, à l'incrédulité absolue, la masse du peuple en est tout au plus au doute.

La philosophie n'avait converti que les intelligences cultivées : le Christianisme conquiert les humbles. On peut marcher franchement dans la voie des réformes : toutefois le Sénat et les Empereurs ne procèdent encore que par retouches : le vieil édifice, bigarré de restaurations disparates, reste debout, objet d'un respect nominal. Quatre siècles de plus, et les scrupules ont disparu : on crée de toutes pièces un système de succession *ab intestat* en harmonie avec l'idée nouvelle. C'est la volonté probable du propriétaire qu'on tâche à traduire, comme la loi des XII Tables l'avait tenté : si les deux traductions diffèrent radicalement, c'est que l'objet de la traduction s'est radicalement transformé d'une époque à l'autre.

Droit des XII Tables, — Droit Prétorien, — Droit des

Julien, l. 20 D. *de legib.* 1, 3. — Au nombre des institutions que les jurisconsultes de l'époque classique ne sont pas expliquées, on peut citer, à côté de l'hérédité *ab intestat*, la tutelle perpétuelle des femmes et la *capitis deminutio*. Tout cela se rattache à un même ordre d'idées (inf. n° 22 et n° 36).

sénatus-consultes et des constitutions impériales, — Droit
des Novelles de Justinien, — telles sont les quatre époques
qu'on distingue habituellement dans l'histoire du régime
successoral Romain. Ce sont autant d'évolutions corrélati-
ves aux phases par où est passée la conception polythéiste
Romaine, et par où passe nécessairement toute conception
que les progrès incessants de l'humanité ont révélée insuffisante : *Foi*, — *doute*, — *incrédulité*, — *oubli*.

Ainsi s'expliquent les caractères propres à chaque époque, l'hypocrisie du droit prétorien, les restrictions des sénatus-consultes, les compromis des constitutions impériales, et la franchise de la reconstruction finale.

7. — Ces considérations trouvent leur application en ce
qui touche spécialement les droits des ascendants *(parentes* pris au sens étymologique, le seul Romain) (1).

Dans l'ordre moral on peut voir qu'à l'origine l'intention
chez un défunt de transmettre ses biens à des ascendants
était ou impossible ou improbable ; qu'à mesure que la famille naturelle se substitua à la famille religieuse, l'impossibilité se fit plus rare, et que l'improbabilité diminua jusqu'à devenir enfin en certains cas une probabilité.

Dans l'ordre législatif et par corrélation, on peut voir
comment au début la qualité d'ascendant ne figure pas au
nombre des titres héréditaires ; comment, le préteur ayant
appelé tous les membres de la famille naturelle à la succession, l'ascendant profite confusément avec tous de cette
innovation ; comment la qualité d'ascendant devient par
elle-même un titre de préférence, mais comment l'ordre
naissant des ascendants reste flottant et incomplet ; comment enfin les Novelles le constituent au complet et lui
assignent un rang fixe correspondant à la place qu'occu-

____

(1) L. 51 D. de verb. sig. 50, 16.

pent les ascendants dans la gradation normale des affections naturelles.

8. — Cet aperçu nous amène à justifier la rubrique que nous avons écrite en tête de cette étude. *Droits des ascendants dans la succession*, est une locution qui ne convient rigoureusement au droit romain que quand on considère sa formule définitive, car c'est seulement alors que la qualité générale d'*ascendant* assigne un rang spécial dans l'ordre successoral. Si nous l'avons néanmoins choisie pour titre, c'est que nous considérons le droit des novelles, non pas sans doute comme objet unique, mais comme objectif final de notre travail. Notre projet est de faire suivre dans la constitution de l'ordre successoral des ascendants, à travers les phases que nous avons indiquées, l'idée de la famille naturelle moderne se dégageant de l'antique famille païenne et demeurant enfin victorieuse.

9. — Nous avons énoncé les quatre époques chronologiques communément distinguées. Il est facile de les réduire à trois grandes périodes. Entre le droit des XII Tables qui est le point de départ, et le droit des Novelles qui est le point d'arrivée, il y a une période de transition qui est la route.

Le droit initial et le droit final ont chacun une physionomie propre, reflet de deux conceptions religieuses distinctes. La période de transition n'en a pas d'autre que l'incohérence et le chaos. Edits prétoriens, sénatus-consultes et constitutions ne diffèrent que par la forme extérieure; l'esprit est le même : on s'efforce d'accommoder avec les anciens principes, qu'on n'ose détruire, les conséquences de principes contraires, qu'on n'ose formuler. On affuble des vieux noms les idées neuves; sous les étiquettes primitives on range des individus en vue desquels la classification n'avait point été établie.

Le droit initial et le droit final sont des œuvres d'ensemble : la période transitoire est une collection de réformes partielles, de remèdes empiriques apportés à des situations particulières.

10. — Cette manière d'envisager notre sujet nous en trace la division.

Concentrant notre attention sur la position des ascendants, nous étudierons d'ensemble le système de la loi des XII Tables.

Puis, reprenant à part chacune des situations possibles en fait selon l'état juridique du défunt, nous montrerons la série des modifications que le réglement primitif de cette situation a subies dans la période de transformation.

Enfin, arrivé à la théorie finale des successions, nous exposerons à notre point de vue particulier le système des Novelles comme un tout complet.

11. — Bien qu'à toute époque (sup. n° 4) la législation romaine ait reconnu au propriétaire la disposition suprême de sa succession, il s'est introduit avec le temps des restrictions à ce principe, en faveur de certains membres de la famille dont on a fait d'autorité prévaloir l'intérêt sur la volonté du propriétaire défunt. Les ascendants sont au nombre des privilégiés. Nous aurons donc à étudier les droits qui leur ont été conférés à l'encontre du testament de leurs descendants.

12. — *Division*. — L'étude des droits des ascendants en l'absence d'un testament, formera la première section. La seconde section sera consacrée à l'étude de leurs droits à l'encontre d'un testament.

La première section comprendra trois périodes : Loi des XII Tables, — Période de transition, — Droit des Novelles de Justinien.

L'histoire de la deuxième période se subdivisera en autant de paragraphes que la théorie romaine, sur l'état des personnes, comporte pour le défunt de situations possibles.

SECTION I.

DROITS EN L'ABSENCE D'UN TESTAMENT.

—

Iʳᵉ Période. — Loi des XII Tables.

———

13. — I. *Physionomie générale.* — La loi des XII Tables

distingue trois ordres d'héritiers *ab intestat* : 1" les *heredes sui* que les auteurs appellent héritiers siens (1); 2º les agnats; 3º les gentils.

1º Qui sont les héritiers siens? — Ceux qui sont restés sous la puissance du défunt jusqu'à sa mort, et qui, par cette mort sont devenus maîtres d'eux-mêmes *(sui juris)*. Ce sont des enfants légitimes, — des enfants adoptifs, — ceux d'entre les petits-enfants et descendants qui se rattachent au défunt par les mâles; — ce peut être l'épouse du défunt, ce peut être sa bru, quand l'une et l'autre ont vécu *in manu mariti.*

Ceux qui ont cessé d'être sous la puissance du défunt tandis qu'il existait encore, ne peuvent devenir ses héritiers siens. Il en est de même des enfants qui n'ont jamais été en sa puissance. Conséquences : les enfants émancipés, la femme libérée de la *manus*, celle qui n'y a jamais été soumise, les descendants par les femmes et les *liberi naturales,* n'ont aucun droit de succession.

Les femmes ne pouvant avoir la puissance sur personne, l'ordre des héritiers siens n'existe pas dans leur succession. Conséquence : leurs enfants et descendants, même légitimes, ne leur succèdent pas.

2º L'ordre des agnats se compose, sans limitation de degré, de ceux qui ont été avec le *de cujus* sous la puissance d'un même père de famille tant que ce père de famille a vécu, et de ceux qui auraient été avec le *de cujus* sous la puissance d'un même père de famille, si ce père de famille avait vécu assez longtemps.

Peuvent figurer dans cet ordre : des parents du défunt par les mâles, pourvu que le lien de puissance qui les rattache au défunt n'ait été en aucun point brisé par un événement autre que la mort du père de famille; — la mère,

---

(1) Nous emploierons cette traduction, quoique imparfaite. Nous proposerons plus loin (nº 139) une explication nouvelle de l'expression *heres suus.*

la belle-sœur, la première au rang de sœur, la seconde au rang de fille du frère, c'est-à-dire de nièce du défunt, — la mère, pourvu qu'elle ait été *in manu*, — la belle-sœur, pourvu qu'elle ait été *in manu mariti*, et que son mari fût en puissance à l'origine de la *manus*, — l'une et l'autre, pourvu qu'elles n'aient pas été libérées de la *manus* par une émancipation.

Les parents par les femmes ne sont point agnats, et par suite n'ont aucun droit de succession.

La loi n'appelle à l'hérédité que l'agnat le plus proche en degré *(proximus agnatus)*, et celui-là s'abstînt-il de faire adition, les agnats des degrés subséquents n'auraient rien à prétendre ; *In legitimis heredibus successio non est.*

3° Quant à l'ordre des gentils, nous ne le citons que pour mémoire. Notre sujet, heureusement, ne nous impose pas l'embarras de choisir entre les conjectures multiples auxquelles ce point a donné lieu depuis des siècles.

Voilà à grands traits, dans sa simplicité et dans son étrangeté, le système de la loi des XII Tables.

Constatons immédiatement que le nom des ascendants, *parentes* n'y est même pas prononcé. Nous avons, il est vrai, cité la mère comme pouvant figurer au nombre des agnats, mais ce n'est pas sous son nom de mère ; nous déterminerons plus loin, avec précision, sa position et celle des autres ascendants.

14.—II. *Origine historique.*— Combien ce régime s'écarte de celui qui semble dicté par les sentiments naturels d'affection dans la famille, c'est ce qui frappe à première vue et ce qu'on peut trouver mis en relief par Gaïus dans les §§ 18 à 22, et 24, de son 3ᵉ commentaire.

Nous avons avancé pourtant (sup. n° 5) que ce système n'était pas l'œuvre arbitraire du législateur disposant des successions par voie d'autorité, mais bien le corollaire exact du principe qui reconnaît au propriétaire l'omnipotence sur le sort de ses biens après sa mort.

Le moment est venu de donner nos raisons.

Si la succession *ab intestat* de la loi décemvirale était autre chose qu'un testament présumé, il serait incompréhensible qu'elle eût figuré dans la législation à côté de la libre disposition par testament, soit de toute antiquité comme nous croyons l'avoir prouvé, soit au moins depuis la rédaction des XII Tables. *A priori* donc, la doctrine qui, rattachant l'hérédité *ab intestat* au même principe que le testament, harmonise les deux institutions au lieu de les mettre aux prises, est incontestablement la seule qui satisfasse l'esprit.

15. — En second lieu, les auteurs qui ont cherché l'explication de l'hérédité *ab intestat* des XII Tables dans un ordre d'idées différent, n'ont fait que de vaines tentatives.

Dire avec Montesquieu *(Esprit des Lois*, liv. 27) que les lois de Rome sur les successions « dérivent du partage que Romulus aurait fait à ses citoyens des terres de son petit Etat » et qu'elles eurent pour but de conserver les biens dans les familles, c'est bâtir sur un terrain historiquement peu solide, et c'est se contenter d'une explication superficielle : car, il restera toujours à dire pourquoi la femme et la bru, en certains cas, font partie de cette famille que le législateur aurait voulu protéger, pourquoi les émancipés, les parents par les femmes et parfois la mère elle-même n'en font pas partie.

16. — Toullier (t. IV, nᵒˢ 119 et s.) a réfuté Montesquieu, et il a eu raison ; il avait encore raison lorsqu'il pensait que la faculté de tester « avait été en usage dès le temps de Romulus » et lorsqu'il cherchait l'origine de la succession *ab intestat* dans une présomption de volonté du propriétaire ; — mais il avait tort lorsqu'il rattachait les présomptions adoptées par la loi des XII Tables, à la transformation, au profit des héritiers, d'une occupation ou possession commune de fait en une possession privative régulière. Cette idée, absolument insuffisante pour rendre raison des droits des collatéraux éloignés, est

même impuissante à expliquer pourquoi la femme qui n'est pas *in manu*, pourquoi les enfants émancipés sont exclus de l'hérédité. Est-ce que la femme ne vivait pas sous le toit de son mari, est-ce qu'elle *n'occupait pas* avec lui, aussi bien quand elle n'avait pas laissé acquérir sur elle la *manus* que quand elle s'y était soumise? N'en était-il pas de même souvent des enfants émancipés?

Toute l'erreur de Toullier est là : il a transporté le droit coutumier français dans le droit romain. En droit coutumier, en effet, l'émancipation d'un enfant impliquait sa sortie de la maison paternelle *(cella)* : autre était la théorie romaine de l'émancipation.

17. — M. Fustel de Coulanges *(Cité antique)* s'est rendu, il est vrai, un compte exact de la composition spéciale de la famille admise à l'hérédité, mais la co-propriété familiale qu'il admet contredit la notion juridique du *pater familiâs*. Même pour les *heredes sui* (1) l'idée de co-propriété n'a été imaginée qu'après coup, lorsqu'on chercha un fondement juridique à la nécessité d'exhérédation et à la légitime successivement introduites par une jurisprudence postérieure à la loi des XII Tables.

18. — Il faut donc trouver du système de succession *ab intestat* une explication qui n'exige pas le sacrifice à la logique du principe de libre disposition par testament, — qui cadre avec l'organisation toute particulière de la famille romaine, avec la puissance paternelle et la *manus*, avec la préférence accordée aux agnats et avec les effets de l'émancipation.

Cette explication où faut-il la chercher?

---

(1) L'argument qu'en faveur de la co-propriété familiale on tire des mots *sui heredes* est une suite de la fausse interprétation qu'on donne à cette expression. Nous proposerons *infrà*, n° 139, une étymologie nouvelle.

Dans l'ordre naturel? Mais le système à expliquer est l'antagoniste de la nature !

Dans l'ordre civil? Le législateur civil tenterait vainement de suggérer aux citoyens des volontés contraires à des tendances naturelles aussi puissantes que les sentiments de famille; et, s'il eût procédé par voie d'autorité, il n'eut pas d'ailleurs consacré la règle *uti legassit*.

Où donc trouverons-nous le mot de l'énigme?

Nous l'avons déjà dit, — dans la religion.

On pouvait le pressentir. La religion seule agit assez puissamment sur des hommes primitifs pour refondre en quelque sorte leur nature morale et pour y faire fructifier des idées et des sentiments qui n'y étaient même pas en germe.

19. — Quelles étaient donc les croyances religieuses des premiers peuples de Rome?

Ces croyances, un érudit et un penseur, M. Fustel de Coulanges *(Cité antique)* les a récemment conquises à la science sociale. Il a interrogé, dans les monuments les plus anciens, les institutions dès lors antiques, les cérémonies déjà traditionnelles, les mœurs populaires et les expressions de la langue. Comme Cuvier concluant de quelques empreintes fossiles à l'être entier dont le contact les avait produites, il a su par la philologie et l'induction, reconstituer ingénieusement avec des débris de formes extérieures les idées dont à l'origine elles avaient été le revêtement. C'est à lui que nous empruntons presque textuellement le bref exposé qui suit, nous référant aux preuves qu'il a produites.

La religion des peuples dont est issu le peuple romain fut d'abord purement domestique. Chaque famille s'est fait ses Dieux. Ces Dieux, c'étaient les ancêtres défunts (1).

---

(1) Plus tard, il y eut les Dieux de la Cité. Peut-être ont-ils été originairement les Dieux domestiques d'une famille qui ensuite a prévalu sur les autres : l'élévation des vivants aura profité aux morts.

L'âme restait après la mort associée au corps; elle s'enfermait avec lui dans le tombeau, et la seconde existence avait lieu sous la terre. De là les rites de la sépulture, l'enterrement avec le défunt des objets nécessaires à la vie, les libations et les repas funèbres.

Si la famille cessait d'offrir à ses morts les repas dont ils avaient besoin, ces morts sortaient de leur tombeau; ils reprochaient aux vivants leur négligence impie, ils cherchaient à les punir, ils leur envoyaient des maladies ou frappaient le sol de stérilité. Le sacrifice, l'offrande de la nourriture et la libation les faisaient rentrer dans le tombeau. Si le mort qu'on négligeait était un être malfaisant, celui qu'on honorait était un dieu tutélaire.

A ce culte des morts s'ajoutait l'entretien perpétuel et le culte du feu domestique. Ces deux cultes ne formaient qu'une religion : le feu sacré représentait les ancêtres; il était la Providence de la famille et n'avait rien de commun avec le feu de la famille voisine.

Le culte domestique ne se propageait que de mâle en mâle, et ne s'adressait qu'aux ancêtres en ligne masculine. C'est que la croyance des âges primitifs fut que le pouvoir reproducteur résidait exclusivement dans le père (1). La femme ne transmettait ni l'être, ni le culte.

20. — Ceci posé, la famille romaine s'explique aisément.

Ce qui en unit les membres, c'est la religion des ancêtres. Tous ceux qui sont hors la religion, sont hors la famille. Tels sont les parents par les femmes, tels les enfants que l'émancipation a détachés du culte. Ceux-là ne sont pas même parents, car il n'y a à l'origine d'autre pa-

---

(1) A l'appui de cette assertion, disons que la philosophie Péripatéticienne estimait que l'enfant tenait tout son sang du père (Voy. Heineccius, sur Vinnius, à propos des *agnati consanguinei*), et remarquons qu'aujourd'hui encore on appelle *consanguins* les frères de père.

2

renté que l'agnation, laquelle repose sur les droits de participation au culte tels que la religion les a établis.

Au contraire, l'étranger qui a été admis au culte au moyen de l'adoption, devient l'agnat de l'adoptant et de toute sa famille. Il en est de même de la femme qui, par l'effet de certaines cérémonies, a été initiée aux *sacra privata* comme si elle était la fille de son mari.

Dans chaque famille il n'y a qu'un ministre du culte : il ne doit donc y avoir qu'une autorité. De là la *patria potestas* et la *manus*, c'est-à-dire la puissance du chef, *pater familias*, sur tous ceux qui sont participants au culte *(in sacris constituti)*.

21. — De même que la religion fonde la famille, la famille fonde l'hérédité *ab intestat*.

Arrivé à ce point, nous nous séparons de M. Fustel de Coulanges. Selon lui, la famille est co-propriétaire du patrimoine, ce qui rend inadmissible l'idée du testament. Selon nous, on le sait, le principe du testament a existé dès l'origine : le chef de famille a pu disposer des biens parce que, seul ministre du culte, il est aussi seul et individuellement propriétaire; les autres membres de la famille n'ont qu'un rôle passif.

Le testament ne fait d'ailleurs pas échec à la théorie religieuse des successions aux sacrifices : ces règles n'étaient pas impératives. Si le patrimoine et les *sacra privata* étaient inséparables *(Cité antique,* liv. Ier, ch. VII), le testament comme l'hérédité *ab intestat* pouvait donner satisfaction à la préoccupation religieuse. Entre la famille du testateur et l'institué il se passait, au point de vue de la continuation des *sacra privata,* quelque chose d'assez analogue à l'adrogation. D'où, pour le testament comme pour l'adrogation, l'intervention des *calata comitia* (1).

---

(1) C'est en ce sens que le testament est « non privati, sed publici juris » comme le dit Papinien, l. 3, D. 28-1. M. Courcelle-Seneuil (sup. n° 2 et

Ajoutons que les *calata comitia* étaient spéciaux aux affaires religieuses (1).

Lorsque le chef de la famille n'a pas, par testament, chargé quelqu'un de rendre les honneurs à ces morts sacrés parmi lesquels il va lui-même prendre place, il faut, comme le dit fort bien M. Fustel de Coulanges, pour connaître l'héritier des biens, chercher le continuateur du culte.

C'est en premier lieu le fils ; à défaut de fils, c'est la descendance par mâles ; puis c'est le plus proche parent par les mâles, le frère ; et à défaut de frère, un collatéral *per virilem sexum junctus*. Voilà l'ordre des héritiers siens et celui des agnats.

Les parents par les femmes, étrangers au culte, sont étrangers à l'hérédité.

22. — Il est vrai que le dogme primitif, s'il admettait à participer aux *sacra privata* les filles en puissance, la femme ou la bru *in manu* et les simples agnates, ne leur confiait jamais la mission de les continuer activement (et c'est pourquoi les femmes n'ont jamais la *patria potestas*) ; d'autre part cependant il est vrai que ces personnes étaient appelées à l'hérédité *ab intestat*. Nous ne nous dissimulons pas la valeur de l'objection. Nous n'essaierons même pas de soutenir, avec Vinnius et M. Laferrière, en nous prévalant de Gaius (Com. II, § 2), que dès la loi des XII Tables les simples agnates au moins étaient exclues de l'hérédité : nous admettons que cette exclusion n'a été introduite que bien postérieurement (Paul, sent. liv. 4, tit. VIII, § 22) par une jurisprudence qui n'a épargné que les sœurs, et que la loi des XII Tables ne frappait les femmes d'aucune exclusion.

---

note) s'autorise à tort de ce texte pour prêter au législateur romain sa propre théorie sur la faculté de tester.

(1) Aulu-Gelle, cité par Hugo, *Hist. du Dr. rom.*, t. Ier, § 107.

Mais il ne faut pas oublier que la loi des XII Tables n'a été rédigée qu'à la fin du IIIᵉ siècle de Rome, c'est-à-dire à une époque où le dogme primitif avait pu subir déjà certaines modifications. La différence de droits qu'il établissait entre les fils d'une part, et les filles (au nombre desquelles il faut comprendre l'épouse *in manu*) d'autre part, les uns et les autres membres de la famille religieuse, était assez choquante pour motiver une atténuation à la rigueur du principe, et par attraction la réforme a bien pu être étendue aux simples agnates. Il est à remarquer d'ailleurs que l'admission des femmes à l'hérédité compromettait peu les *sacra privata* de la famille ; une autre institution les sauvegardait d'une manière suffisante, c'était la tutelle perpétuelle des femmes. La femme ne pouvait tester qu'autant qu'ayant fait *coemptio* avec un tiers, elle avait été mancipée par le *coemptionator*, puis affranchie (G. I, § 115 a) ; or la *coemptio* exigeait l'*auctoritas tutoris*, et le tuteur était le plus proche agnat de la femme. La femme, il est vrai, pouvait se marier, mais le mari ne pouvait acquérir sur elle la *manus* que sous l'*auctoritas tutoris* (1).

La jurisprudence Voconienne, venant plus tard exclure à nouveau de l'hérédité *ab intestat* les agnates autres que les sœurs, s'est trouvée, quelle qu'en ait été l'occasion, un retour vers le plus ancien droit, un moyen terme entre le dogme pur et la réaction qui l'avait altéré. Conjecture, nous en convenons, mais rendue plausible par l'existence que nous avons constatée d'un lien étroit entre le régime successoral et la religion. Y eût-il en ce point un écart en-

---

(1) Tel paraît être le sens de la tutelle perpétuelle. Les jurisconsultes romains, à une époque où les vieilles croyances sont à peu près disparues, ne l'aperçoivent plus. Ulpien invoque le motif banal « *fragilitas sexus ;* » Gaïus (I, § 190), dit franchement : « *Nulla pretiosa ratio videtur,* » comme il appelle nettement *inique* le système d'hérédité *ab intestat* de la loi des XII Tables. Toutes ces institutions se rattachent à la religion primitive.

tre la loi civile d'hérédité et le dogme religieux, nous n'en serions pas moins autorisé à conclure que cette loi correspond dans l'ensemble aux règles du dogme.

Si l'on se souvient maintenant de ce que nous avons dit *(supra, n° 5)* du rôle de la religion dans les sociétés primitives, la conclusion sortira d'elle-même, et cette conclusion, c'est que le système de succession *ab intestat* des XII Tables, si inique qu'il nous semble, était l'expression fidèle des intentions probables du Romain.

23. — En résumé, la doctrine que nous avons essayé d'établir se réduit aux propositions suivantes :

1° Dès les premiers temps de Rome, la faculté de disposer par testament a été reconnue au propriétaire comme un attribut essentiel de son droit de propriété ;

2° Le régime romain de succession *ab intestat* devait logiquement dès lors être un testament présumé, et, pour cela, correspondre à la préoccupation qu'on pouvait supposer dominante dans l'esprit du propriétaire mort sans testament ;

3° La loi des XII Tables est dans les traits généraux calquée sur la théorie religieuse de la succession aux sacrifices ; or la perpétuité de ces sacrifices étant, à raison du dogme et de la foi à ce dogme, la préoccupation dominante dans l'esprit du Romain, c'était là traduire exactement ses intentions probables lorsqu'il mourait intestat.

De là il suit qu'il y a dans la loi des XII Tables, en matière d'hérédité, harmonie parfaite entre le principe *uti legassit... ita jus esto*, et la succession *ab intestat*.

Les conséquences importantes de notre manière de voir, pour l'intelligence des révolutions du système successoral et de leurs caractères, ont été signalées dans notre introduction *(supra, n° 6)*.

Occupons-nous à présent spécialement des ascendants.

24. — III. — *Position des ascendants au point de vue de*

l'hérédité sous la loi des XII Tables. — Nous avons constaté qu'aucun ordre dans la loi des XII Tables ne porte le nom des ascendants. La raison en est facile à comprendre quand on connaît la famille religieuse, et quand on sait qu'elle est la base de la dévolution héréditaire. La qualité d'ascendant, en effet, se réfère à la famille naturelle, elle est secondaire dans la famille religieuse.

Si le titre d'ascendant ne donne pas une vocation spéciale, ouvre-t-il du moins accès dans l'ordre des agnats ? Pas davantage, et ceci s'explique encore par la composition et l'organisation de la famille. Montrons-le par les détails.

25.— Les ascendants et ascendantes en ligne maternelle, étrangers à la famille religieuse de leur descendant, ne peuvent conséquemment rien prétendre sur son hérédité. La mère elle-même, quand elle se présente comme mère, subit logiquement la même exclusion.

Quant aux ascendantes de la ligne paternelle, leur titre naturel étant également insuffisant pour les faire participer aux *sacra privata* de leur mari et par suite de leur descendant, ne peut devenir la base d'une vocation héréditaire. En tant qu'ascendantes elles sont donc exclues.

26. Restent les ascendants mâles de la ligne paternelle. Ceux-ci sont aptes à être unis par le culte domestique à leurs enfants et aux enfants de leurs enfants mâles. Il semble dès-lors qu'ils devraient être héritiers dans l'ordre des agnats. Mais ce résultat, nous l'allons voir, est matériellement ou logiquement impossible.

27. — La famille religieuse, qu'on se le rappelle, n'implique pas seulement le lien d'agnation, mais encore la puissance paternelle. Dans la famille, nous l'avons dit, il n'y a qu'une volonté, qu'une liberté, qu'une individualité, celle de l'homme qui, parmi les membres de la famille, est le plus rapproché des ancêtres que la mort en a retirés.

Les autres n'acquièrent pas pour eux-mêmes, mais pour lui, pour le chef; les autres n'ont pas de patrimoine, et partant, pas d'hérédité.

Si donc ni le père, ni l'ascendant paternel ne viennent à l'hérédité de leur enfant ou descendant *in sacris positus*, ce n'est pas l'aptitude qui leur manque, c'est l'occasion de l'exercer.

Voilà pourquoi les personnes citées *exempli gratiâ* dans l'ordre des agnats ne sont jamais des ascendants (1), et pourquoi on peut dire avec M. Demangeat (2) que « les agnats qui forment le second ordre sont toujours des collatéraux du *de cujus*. » Mais il n'en faudrait pas conclure que les ascendants paternels ne soient pas les agnats de leurs descendants par les mâles; ils ne sont pas dans l'ordre successoral des agnats; mais ils sont agnats, même à l'égard des descendants qu'ils ont sous leur puissance (3).

Ainsi les ascendants paternels ne peuvent succéder à leur descendant décédé *in sacris*, parce qu'un fils de famille ne laisse pas d'hérédité.

28. — Supposons maintenant que le défunt était *sui juris*. — Autres impossibilités.

Le *de cujus* était devenu *sui juris* ou par la mort des ascendants à la puissance de qui il était sujet, ou par l'effet d'une émancipation.

Au premier cas, les ascendants ne peuvent hériter puisqu'ils sont prédécédés.

Au second cas, l'émancipé étant, par l'effet même de l'émancipation, étranger à la famille religieuse *(e sacris egressus)*, les ascendants ne sont plus ses agnats, et ne ne peuvent être ses héritiers.

---

(1) G. III, § 10.— Paul, Sent. liv. IV, titre VIII, § 13

(2) Cours de Droit romain, t. II, p. 32.

(3) L. 196 pr. D. de Verb. signif., et l. 12, de suis et legit.

29. — Il n'est pas impossible cependant qu'un individu, devenu *sui juris* sans émancipation, laisse à sa survivance des ascendants paternels du sexe masculin.

1re espèce : Secundus, père de Tertius, est émancipé ou donné en adoption par Primus, son père, lequel garde son petit-fils Tertius sous sa puissance. A la mort de son aïeul, Tertius devient *sui juris* et, s'il meurt à son tour, il pourra laisser son père Secundus.

2me espèce : Primus a émancipé son fils Secundus, lequel, après son émancipation, a eu un fils Tertius, petit-fils de Primus. Secundus meurt : Tertius, qui était sous sa puissance, devient *sui juris*. S'il meurt lui-même, il pourra laisser son aïeul paternel Primus.

Le père dans la première hypothèse, l'aïeul dans la seconde, seront-ils héritiers ?

Non encore. Que l'émancipation ait frappé le *de cujus* ou son *paterfamilias* en qui sa personnalité se confond, qu'elle ait frappé le prétendant à l'hérédité, — la communauté des *sacra* est rompue, l'agnation est brisée. (1).

30. — Il faut ajouter toutefois que des ascendants se trouvent dans certains cas héritiers, mais la logique n'y perd rien : ce n'est pas à titre d'ascendants, c'est à des titres d'emprunt qui rentrent dans le système de la loi des XII Tables.

La mère peut être héritière, l'ascendant paternel peut être héritier ; l'une et l'autre en certains cas exercent les droit d'agnation, la première *loco sororis*, le second *loco patroni*.

31. — IV. *Droit de la mère in manu.* — Une femme n'est

---

(1) Voy. Pothier, Pand, 38, 7, § 1er, III : « Nec refert is qui successurus est, an is de cujus bonis agitur, capite minutus fuerit. » (Voy. sur la *capitis deminutio*, inf. n°s 36 et s.).

pas par le fait de son mariage associée au culte domestique de son mari. Pour qu'elle y participe il faut des cérémonies *(confarreatio, coemptio)* qui sont facultatives, ou une prescription *(usus)* qu'elle peut empêcher. A ces conditions elle tombe sous la puissance de son mari *(manus)*, elle entre dans la famille (1) au même rang que si elle était fille de son mari, sœur de ses propres enfants. C'est ce titre de sœur qui lui donne accès à l'hérédité, non celui de mère. Son droit découle de la *conventio in manum*, non du lien du sang, — de la parenté religieuse, non de la parenté naturelle.

Cela est si vrai qu'elle hérite *loco sororis* même des enfants que son mari a d'un précédent mariage et dont elle n'est que la belle-mère *(noverca)*. (Gaïus III, 14, in f.).

— De même que la femme du père, si elle est *in manu*, est dans la famille religieuse sœur des enfants de son mari, de même la femme de l'aïeul paternel, si elle est *in manu*, est, dans la famille religieuse, tante des petits-enfants nés du fils de son mari. Elle eut là un titre héréditaire, *loco amitæ*, jusqu'à la jurisprudence Voconienne qui n'a plus laissé dans l'ordre des agnats que les femmes ayant le titre de sœurs *(agnatæ consanguineæ)*. (2)

— Remarquons que la *manus* ne fait succéder une femme aux enfants de son mari que quand cette *manus* a cessé par la mort du mari et des ascendants ayant la puissance sur le mari : tant que cette condition n'est pas réalisée, l'enfant ne peut avoir d'hérédité, à moins qu'il ne soit sorti de la famille; et d'ailleurs, si la *manus* a cessé du vivant du mari par l'émancipation ou la *diffarreatio* (3), la femme n'est plus l'agnate des agnats de son mari.

---

(1) In familiam viri transibat, filiæque locum obtinebat. (G. I. § III).

(2) La loi Voconia était relative aux institutions d'héritiers. Sur la Jurisprudence qui en est dérivée, voy. sup. n° 22 et inf. n° 41.

(3) Pompeius Festus, V° Diffarreatio.

32. — V. *Droit de l'ascendant émancipateur*. — L'effet de la *manus* au point de vue héréditaire rentrait dans l'esprit de la loi des XII Tables. Mais il avait fallu des inductions subtiles pour conférer un droit de succession à l'ascendant en qualité d'émancipateur.

En premier lieu, l'émancipation elle-même était née d'une interprétation détournée de la loi des XII Tables. Un nouvel effort fut nécessaire pour étendre à l'émancipateur la vocation héréditaire attribuée par la loi des XII Tables au patron d'un esclave affranchi. Enfin, pour assurer autant que possible à l'ascendant le bénéfice de cette interprétation, il fallut imaginer la mancipation avec clause de fiducie.

Par cette voie l'ascendant hérite au rang d'agnat; mais son titre n'est pas dans sa qualité d'ascendant, il est dans la qualité accidentelle d'émancipateur.

— La loi des XII Tables appelait à la succession de l'affranchi, à défaut du patron, la descendance du patron. L'assimilation de l'émancipé à l'affranchi fut-elle poussée jusqu'à cette conséquence?

Primus émancipe son petit-fils Tertius et garde sous sa puissance son fils Secundus, père ou oncle de Tertius. Il meurt. Tertius meurt ensuite sans héritiers siens. — Secundus pourra-t-il réclamer les droits d'émancipateur?

La négative paraît résulter du texte des Institutes (III, tit. 2, § 8), qui ne cite que le *parens qui emancipat*, et de la loi I § 5, D. *Si a parente* (37-12), qui n'accorde la *bonorum possessio contra tabulas dimidiæ partis* qu'à l'émancipateur et non à ses enfants (1).

Pourquoi maintenant s'est-on arrêté devant l'assimilation des enfants de l'émancipateur aux enfants du patron? — Celui qui sort d'esclavage n'ayant jamais eu d'agnation,

---

(1) En ce sens M. Ortolan, Explic. des Inst., nᵒˢ 221 et 1031; M. Demongeat, I, p. 367.

rien ne répugne à ce qu'on lui en crée une fictive ; mais l'enfant qu'on émancipe avait une agnation et si elle a disparu ce n'est pas si absolument, qu'entre lui et ses anciens agnats il n'y ait encore un lien naturel, la cognation. Pour créer une agnation fictive nouvelle sur le fondement de l'émancipation, on était donc moins à l'aise : on ne s'y décida qu'à l'égard de celui qui a personnellement la qualité de *manumissor*. De là le scrupule qui ne permet pas d'étendre la tutelle légitime des agnats aux enfants de l'émancipateur. (Inst., I, tit. XIX, pr.) De là aussi leur exclusion de l'hérédité.

33. — Nous avons supposé un défunt fils de famille, puis un défunt qui était devenu *sui juris* par la mort de celui dont il dépendait, et enfin un défunt émancipé ; mais nous avons toujours supposé un ingénu. *Quid* d'un affranchi ?

Les affranchis (tous les affranchis sous la loi des XII Tables) peuvent avoir une hérédité ; mais il ne saurait être question non-seulement d'ascendants, mais même d'agnats quelconques autres que des descendants. Les parents selon la nature fussent-ils parvenus à la liberté, l'affranchi n'a commencé d'être une personne qu'en devenant libre, il n'a de famille que celle qui ne remonte pas au-delà de son affranchissement : il peut se donner des héritiers siens s'il est du sexe masculin, mais non des agnats ordinaires, car il n'a pas d'ancêtres et partant pas de *sacra* ; son seul ancêtre est son patron, aussi est-ce le patron ou ses descendants qui lui tiennent lieu d'agnats.

34. — Des détails dans lesquels nous sommes entré, il résulte que le trait caractéristique de la loi des XII Tables au point de vue de notre sujet est bien celui que nous avons indiqué : les ascendants, comme tels, ne viennent en aucun cas à l'hérédité. Quand ils pourraient avoir un titre légal, il n'y a pas d'hérédité ; quand il y a une hérédité, ils sont sans titre légal ou prédécédés : tantôt c'est

la matière du droit qui manque, tantôt c'en est la base, tantôt c'en est le sujet lui-même. (Comp., M. Ortolan, n° 1029.)

L'ascendant ne vivant jamais dans la même famille religieuse que son descendant *sui juris* et susceptible d'avoir une hérédité, il était rationnel de ne présumer chez aucun défunt l'intention de laisser ses biens à un ascendant.

35. — Pour se rendre un compte exact des conséquences du système, il ne faut pas l'isoler des droits résultant de la *patria potestas*, de la *manus* et de l'émancipation avec fiducie. En somme, au point de vue des intérêts de fortune, la situation de l'ascendant qui exerce la puissance est très-avantageuse ; celle de la mère n'est pas trop mauvaise.

Le *paterfamilias* a-t-il conservé son descendant sous sa puissance ? C'est pour lui que le descendant a acquis : il gagne à n'être pas héritier.

A-t-il émancipé son descendant ? Dans ce cas, ou bien il a eu recours à la fiducie, et alors il a dans l'hérédité les droits du patron, — ou bien il n'a pas stipulé la fiducie, et alors il ne peut s'en prendre qu'à lui-même.

— La *manus* étant en grand usage, la mère y est presque toujours soumise. Cela lui permet de succéder à son fils *sui juris* non émancipé ; mais elle ne succède jamais à un émancipé ; la clause de fiducie n'est pas faite pour elle, puisque n'ayant pas la puissance, elle ne saurait émanciper personne. Par la même raison son enfant *filiusfamilias* n'acquiert rien pour elle.

— Quant au père qui n'a pas la puissance parce qu'il y a un aïeul, il s'efface absolument, quoique plus proche en degré dans la famille naturelle.

— Cette théorie, aussi logique que peu équitable, sacrifie complètement la mère qui ne peut se prévaloir de la *manus*, et tous les ascendants maternels ; elle sacrifie encore les ascendantes de la ligne paternelle (1), et, lorsqu'il s'agit d'un défunt émancipé, l'ascendant paternel qui n'est pas l'émancipateur, alors même qu'il serait plus proche en degré.

Enfin les ascendants d'un affranchi, même parvenus à la liberté, n'ont aucune espèce de droit à son hérédité.

36. — VI. — *De la capitis deminutio à propos de la mère in manu et de l'ascendant émancipateur.* — Encore que ce soit sous des titres d'emprunt, nous avons vu que la mère et l'ascendant paternel peuvent avoir des droits à l'hérédité de leur enfant ou descendant. Ici s'applique un principe général : « *Capitis deminutione pereunt legitimæ hereditates quæ ex lege XII Tabularum veniunt.* » (L. 11, D. *suis et leg.* 38-16).

Ce texte soulève une question : la perte de la vocation héréditaire suppose-t-elle nécessairement une *capitis deminutio ?*

Incontestablement d'abord la Vestale perd ses droits de succession sans *capitis deminutio* (Aulu-Gelle, *Nuits,* I, 12). Mais dans cette hypothèse exceptionnelle la perte des droits héréditaires paraît laisser subsister le lien d'agnation (2). Prenons le cas ordinaire où le droit héréditaire et l'agnation qui le fonde sont perdus en même temps : y a-t-il nécessairement alors *capitis deminutio ?*

La majorité des auteurs défend l'affirmative contre M. de Savigny (3), lequel exige, pour la *capitis deminutio,* outre une perte d'agnation, une diminution de capacité.

---

(1) Rappelons qu'avant la jurisprudence Voconienne, l'effet de la *manus* pouvait donner aux ascendantes paternelles les droits d'héritières agnates (sup., n° 31).

(2) M. Demangeat, t. 1, p. 361, et M. Ortolan, t. II, n° 213.

(3) Tr. de Dr. rom., t. II, app. VI, trad. Guenoux.

Il serait hors de propos de reproduire cette docte controverse; mais nous proposerons à l'appui de la doctrine commune quelques réflexions qui nous sont suggérées par le
point de vue auquel nous nous sommes placé dans cette
étude.

37. — L'effet important de la *capitis deminutio*, institution antique comme l'avoue M. de Savigny (t. II, § 64), est
de créer une personne juridique nouvelle. Or, autant il est
peu vraisemblable que la raison de ce changement de personnalité ait été l'idée scientifique d'une diminution de capacité, autant il est naturel qu'elle ait été trouvée dans le
fait du changement de personnalité religieuse, dans la pri-
vation des *sacra privata* et de la protection des lares qui
en étaient l'objet.

Cette observation, indiquée par M. Ortolan (t. II, n° 208),
comme simple appoint de sa démonstration, nous semble
à nous décisive.

38. — Quant à l'expression *capitis deminutio* en elle-
même, ce n'est pas aux jurisconsultes de l'époque classique qu'il faut en demander l'explication, et les trois éty-
mologies qui ont cours dans la science moderne ont, ce
nous semble, le double défaut d'être trop ingénieuses, et
de ne pas présenter un cachet suffisant d'antiquité. On
nous permettra d'en hasarder une nouvelle.

Perte de la famille, disons-nous pour définir la chose;—
perte des ancêtres ou de la généalogie, faut-il dire pour définir le mot.

Deminutio exprime, on l'a en vain contesté, une idée de
diminution, d'amoindrissement, de retranchement. Quant
au mot *caput* dans les nombreuses acceptions dont il est
susceptible, le trait dominant est une idée d'origine, de
source, de tronc, de génération.

Ceci posé, n'est-il pas admissible que le mot *caput* ait
dans la langue primitive désigné *le tronc* auquel un in-

dividu rattache son origine, les ancêtres, la *familia* dans le sens large du mot (1), la *généalogie?*

Capitis deminutio serait alors, en langage figuré, l'équivalent de *perte de l'agnation.* Celui qui sort d'une famille est séparé de la série des ancêtres auxquels il se rattachait, il est amoindri quant à ce, il perd sa généalogie : *capite minuitur.*

Voilà une étymologie qui, à défaut d'autre mérite, se réfère à l'idée religieuse d'où sont nées toutes les institutions de famille.

39. — On nous demandera comment elle s'accorde avec la *maxima* et la *media capitis deminutio.* Nous répondrons que cette terminologie à trois degrés est trop scolastique (2) pour n'être pas récente ; que, dans ce qu'on appelle la *maxima* et la *media capitis deminutio,* tout ce qui excède la *minima* est l'effet propre de la réduction en esclavage ou de la perte de la cité (3), et qu'il n'y a réellement qu'une seule *capitis deminutio* (4), tantôt réduite à elle-même, tantôt concourant avec des aggravations plus ou moins grandes.

D'autre part, puisque, à côté des Dieux domestiques et des *sacra privata,* il y a les Dieux de la Cité et les *sacra publica,* la Cité, a bien pu être considérée comme une grande famille, et le mot *caput* s'étendre à l'origine qui rattache le citoyen à la Cité aussi bien qu'à l'origine qui le rattache à la *familia.* Quant à celui qui tombe en servitude, il perd quelque chose de plus que ce double lien

---

(1) L. 195 § 2, D. *de verb. signif.* 50-16.

(2) Comp. l. 11, D. *de cap. min.* 4-5.

(3) M. Demangeat, I, p. 356.

(4) Comp. l. 6. D. *de cap min.* et l. 7 pr.; cette dernière tirée de Paul comme la loi 11 qui contient la classification tripartite.

d'origine, il se perd lui-même pour ainsi dire, il cesse d'être une personne : Ceci suffit à expliquer l'introduction de la terminologie classique.

Avec notre étymologie présente à l'esprit on entend plus aisément les textes mêmes de l'époque classique. Les jurisconsultes, en effet, pour énoncer les cas et les effets de la *capitis deminutio*, ont reproduit le langage consacré, bien que le sens primitif leur en échappât quelquefois. Il est plus d'un texte où l'idée de souche généalogique a présidé à l'emploi du mot *caput*. (V. 1. 103 et 195 § 5, D. *de verb. sign.* — Inst. I, XIII, § 1. — Ulp. reg. XI, § 5). Cette idée facilite notamment l'intelligence de deux textes, l'un de Paul (l. 3, § 1, D. *cap. min.*), l'autre de Gaïus (I, § 162), dont M. de Savigny s'autorise pour faire de la diminution de capacité la cause efficiente de la *capitis deminutio*, et sur lesquels on ne lui a qu'imparfaitement répondu (1).

---

(1) Voici comment nous traduirions Paul : « L'émancipation du fils ou autres personnes entraîne manifestement la *capitis deminutio* (proprement dite), QUOIQUE l'on ne puisse être émancipé qu'en passant par une condition qui offre l'image de la servitude. Il en est autrement quand c'est un véritable esclave qui est affranchi : c'est que la *généalogie servile* (*caput servile*) n'a pas d'existence légale (*nullum jus habet*) et ne peut dès-lors être perdue. »

Gaïus nous semble devoir être ainsi traduit : « La *minima capitis deminutio* arrive.... à ceux qui sont donnés *in mancipio* et qui sont affranchis du *mancipium*, à tel point que, autant de fois on est mancipé ou affranchi, autant de fois on subit la *capitis deminutio*. »

Dans le texte de Paul, nous avons traduit *quoique* et non *parce que*, et entendu la seconde phrase d'une manière nouvelle. Dans le texte de Gaïus nous suppléons AUT *manumittatur* et non AC *manumittatur*.

Voici maintenant, selon nous, la pensée de Paul et de Gaïus. L'émancipation implique la mancipation. L'ingénu mancipé aurait pu être considéré comme perdant la liberté (comp. M. Demang. t. I, p. 354, et M. de Savigny lui-même, p. 450 *in fine* de la trad. Guenoux), dès lors, pas de *capitis deminutio* simple (*minima*) à raison de la mancipation ; nécessairement aussi, pas de *capitis deminutio* par suite de la manumission ultérieure, car pour l'esclave

40. — En résumé, il y a à un certain égard dans la *capitis deminutio* un changement *in pejus*, et M. de Savigny a raison sur ce point. Mais ce n'est pas dans la capacité juridique que se produit l'amoindrissement; il consiste dans le détachement de ces lares qu'on honorait et dont on était protégé, et il se produit soit qu'en fait la capacité juridique augmente, soit qu'elle diminue.

La perte de l'agnation est un corollaire immédiat, — la perte des droits héréditaires un corollaire médiat; — la perte qui constitue l'essence de la *capitis deminutio* c'est la perte des ancêtres et des *sacra privata*, la *perte de la généalogie*.

qu'on affranchit il n'est pas question de *capitis deminutio*. Malgré *(quum nemo)* cette similitude spécieuse *(imaginaria)*, il est manifeste, dit Paul, que l'émancipation entraîne la *capitis deminutio (minima)*, ce n'est que pour l'esclave proprement dit qu'il en est autrement, car la généalogie servile n'existant pas au point de vue du droit ne peut être perdue.

Et Gaïus dans le même ordre d'idées explique qu'à chaque mancipation il y a une *capitis deminutio*, à chaque manumission une autre. En effet à chaque mancipation l'enfant sort de sa famille, à chaque manumission il y rentre en cessant d'être la souche d'une famille nouvelle. Toutefois ni la remancipation qui a lieu en vertu de la fiducie, ni la manumission finale n'entraînent de nouvelle *capitis deminutio*; car la dernière mancipation qu'a faite le père a fait sortir définitivement l'enfant de la famille agnatique : la remancipation ne l'y faisant pas rentrer, la manumission finale ne l'en fait pas sortir.

On nous pardonnera cette digression qui ne nous paraît pas sans intérêt et qui d'ailleurs n'est pas complètement étrangère à notre sujet.

IIᵉ Période. — Période de Transition.

—

Physionomie générale.

———

41. — Nous avons étudié, au point de vue de la situation des ascendants, la succession *ab intestat* de la loi des XII Tables.

La deuxième période historique est remplie par la décadence graduelle de ce système. Elle commence où finit la première, — mais il faut fixer le point de séparation.

Etabli à titre de testament subsidiaire, le système décemviral devait demeurer sauf tant qu'il resterait l'expression à peu près exacte des intentions des défunts, et ce caractère devait lui appartenir aussi longtemps que le polythéisme et les Dieux Lares, régnant sans conteste, formeraient la préoccupation essentielle de l'esprit public.

Or, la foi des premiers Romains n'a commencé d'être menacée quepar la philosophie Stoïcienne, et l'introduction de cette philosophie dans le monde romain ne remonte pas au-delà des dernières années du VIᵉ siècle de Rome. Il était donc impossible que la décadence des institutions nées de l'ancienne croyance, et notamment la décadence de la succession *ab intestat*, commençât plus tôt.

En outre, pour que la révolution se transportât dans l'ordre positif, ce n'était pas assez que la philosophie eût fait école; il fallait qu'elle gagnât l'esprit de ceux à qui leur position permettait de la traduire en actes de réforme. C'est ainsi que l'hérédité *ab intestat* des XII Tables est restée florissante jusque vers le milieu du VIIe siècle, jusqu'au temps de Cicéron.

Ce n'est pas que le système eût échappé, depuis la rédaction décemvirale, à toute modification : témoin la jurisprudence Voconienne; mais l'exclusion des femmes agnates autres que les sœurs, loin d'être le prodrôme de l'idée philosophique nouvelle, aboutit à porter, plus loin que la loi des XII Tables elle-même, les conséquences du dogme antique, et réalise, quel qu'ait été le but ou le prétexte de son introduction, un retour vers les plus anciens errements (sup. n° 22). Voilà pourquoi nous la faisons rentrer dans la première période, bien que la loi Voconia, sur laquelle elle paraît s'être greffée, se place vers l'an 585 de Rome, presque trois siècles après la loi des XII Tables.

Notre deuxième période commence donc seulement au VIIe siècle de R.

42. — C'est aux préteurs que revient l'honneur d'avoir les premiers agi dans le sens de l'idée nouvelle.

La préture fut, au dire des historiens, créée en 387, mais elle n'atteignit son plein développement qu'au cours du VIe siècle de Rome.

Investi du pouvoir juridictionnel, en possession du droit de fixer par édit les principes d'interprétation qui dirigeraient sa jurisprudence, le préteur, sans être autorisé à modifier la loi, avait en fait toute facilité de l'éluder ou de la fausser dans les résultats. Le jour où, devenu philosophe, il trouva sans base rationnelle les institutions antiques, leur ruine fut marquée pour l'avenir. Il entama contre elles une lutte d'autant plus efficace qu'elle se voilait des apparences du respect. Rien n'est plus curieux que les

efforts de subtilité à l'aide desquels, en maintenant la lettre, il détruisait l'esprit, et parvenait, pour ainsi dire, à
violer légalement la loi (1). Ces procédés obliques, néces-
sités par les limites des attributions prétoriennes, s'adap-
taient d'ailleurs à merveille au tempérament d'une époque
où la masse ignorante était encore sous le joug des antiques croyances.

En matière d'hérédité *ab intestat*, le préteur, sans toucher aux divisions en ordres de la loi des XII Tables, pa-
ralysa ou modifia les résultats des vocations qu'elle établissait. L'intention de transmettre ses biens aux parents
selon la nature lui paraissant raisonnable, il la présuma
chez les autres, et il en tint compte autant qu'il le put par
la *bonorum possessio unde cognati*. C'est le premier pas et
le plus grand : la famille naturelle est reconnue, — en
sous-ordre, il est vrai. Puis la *bonorum possessio unde
liberi* est accordée aux enfants émancipés : voilà la famille
naturelle qui envahit la famille religieuse. La *bonorum
possessio contrà tabulas* est un nouveau progrès vers la
fusion. Enfin, la *bonorum possessio unde decem personæ*
fait hardiment prévaloir certains parents selon la nature
(et parmi eux, les ascendants) sur l'émancipateur *extraneus*, héritier au rang d'agnat d'après la loi des XII
Tables.

43. — Le Christianisme apparaît. De plus en plus se
répand cette opinion qu'une religion pour être admissible
doit être monothéiste et universelle. Les titres des Dieux
domestiques devenus douteux, l'organisation de la famille
agnatique cesse de satisfaire l'esprit public. Les mœurs,

---

(1) Le plus souvent il fait fraude à la loi. On pourrait lui appliquer un mot
de Paul (L. 29 D. de legib., 1-3) : « *Contra legem facit qui id facit quod
lex prohibet, in fraudem vero qui, salvis verbis legis, sententiam circum-
venit.* »

l'initiative toute-puissante des premiers Empereurs, les prudents, tout s'unit contre elle et ce qui s'y rattache : la *manus* tombe en désuétude, la *patria potestas* est amoindrie par la reconnaissance au fils de famille militaire d'un patrimoine distinct *(peculium castrense)*; la réaction en faveur de la famille naturelle conduit jusqu'à entamer à son profit le principe fondamental de la libre disposition *(querela inofficiosi testamenti)*.

44. — Un peu plus d'un siècle après l'ère chrétienne, la réforme s'accuse par les sénatus-consultes Tertullien et Orphitien. Par le premier, les mères peuvent, en cette qualité, succéder à leurs enfants dans l'ordre des agnats, mais non pas toutes les mères : la réforme reste un privilége inspiré par les mêmes préoccupations que les lois caducaires. Toutefois, un pas est fait vers la constitution d'un ordre d'ascendants : la mère vient à un rang spécial, et non plus avec la qualité générale de cognate. — Le sénatus-consulte Orphitien appelle par réciprocité les enfants à la succession de leur mère.

45. — A partir de Constantin, le Christianisme triomphe dans l'Empire. La famille agnatique, dont on a oublié l'origine religieuse, n'est plus dès long-temps rattachée qu'à l'idée de puissance paternelle, et cette idée elle-même est restreinte dans ses effets : l'indépendance du fils de famille au point de vue du patrimoine s'affirme de plus en plus par le pécule *quasi-castrense* des fonctionnaires, et par la composition, pour les fils de famille quelconques, d'un patrimoine et d'une hérédité *ab intestat* distincts, au moyen de certains biens dits *lucra nuptialia*.

La famille chrétienne est décidément posée en face de la famille païenne. On essaie des transactions : Ce n'est qu'au prix de restrictions que sous Théodose le droit du sénatus-consulte Tertullien est généralisé, et que sous Anastase les frères émancipés sont admis à la succession de leurs frères.

46. — Enfin Justinien porte les derniers coups au vieil édifice. Le patrimoine des fils de famille se complète, ils ont pour certains biens une succession même susceptible de testament, pour les autres une succession *ab intestat*, et la qualité d'ascendant selon la nature est un titre à cette succession. Toutes les mères ont, sans restriction, les droits du sénatus-consulte Tertullien. L'émancipation transformée ne peut plus attribuer qu'à un ascendant les droits de succession à l'émancipé. Enfin, l'avènement de la parenté d'origine servile à l'hérédité des affranchis achève de ruiner la vieille théorie.

Dès ce moment, en fait, le système de la loi des XII Tables n'existait plus ; toutefois, il demeurait légalement la base du droit héréditaire. A défaut des mêmes héritiers c'étaient les mêmes ordres : figures nouvelles, mais vieux cadres; on parlait encore d'agnats. Les éléments de la régénération étaient acquis, il restait à les rassembler et à les unifier en les simplifiant.

Ici finit la période de transition. Elle ne remplit pas moins de six siècles, de Cicéron à Justinien.

47. — Les *bonorum possessiones undè cognati* et *unde decem*, la constitution des pécules, le Sénatus-Consulte Tertullien et sa généralisation progressive, enfin la reconnaissance de la cognation servile,— voilà les faits saillants.

Cicéron, Auguste, les Antonins, Constantin, Théodore II et Justinien,— voilà les noms indicatifs des principales dates.

Dans cette période, on l'a vu, nous réunissons le droit honoraire, le droit des Sénatus-Consultes et celui des Constitutions. Leur sens général est le même : lutter contre les conséquences de la vieille conception théologique. Quant aux caractères secondaires par lesquels chaque faisceau se particularise, nous les avons déjà indiqués (sup. n° 6) : ils correspondent aux états successifs de l'esprit public relativement à la croyance primitive.

Au travers de ces vicissitudes. pas de système coordonné, embrassant toutes les situations. Le préteur, il est vrai, a touché à toutes les parties du droit successoral, mais son travail n'est pour ainsi dire qu'une broderie dont la loi des XII Tables est le canevas. Au fond de tout, la loi des XII Tables : partant, pas de physionomie propre.

Voilà pourquoi, adoptant dans l'étude de cette période la méthode analytique, nous supposerons tour-à-tour le défunt dans les divers états juridiques possibles, et nous montrerons pour chacun les modifications qu'a subies la situation des ascendants jusqu'à la veille de la reconstruction totale.

48. — Une personne en droit romain peut être ingénue ou affranchie. Un ingénu peut être *sui juris* ou *alieni juris*. De là la division suivante :

§ 1er. Succession des ingénus *sui juris*.
§ 2. Succession des fils de famille.
§ 3. Succession des affranchis.

§ Ier.

Succession des ingénus sui juris.

---

49. — On devient *sui juris* par la mort des ascendants ayant la puissance ou aptes à la recueillir.

On le devient aussi par une émancipation.

Le lien d'agnation subsiste au premier cas, il est perdu dans le second. Dans un système de succession fondé sur l'agnation, il devait y avoir deux règlements radicalement différents. Mais du moment que l'agnation tend à perdre de son importance, les deux situations et leurs règlements tendent à l'assimilation. Aussi réunissons-nous dans un même paragraphe l'histoire de la succession des ingénus *sui juris,* émancipés ou non, pendant la période de transition. Les deux hypothèses ont toujours été embrassées dans les mêmes réformes : ainsi de la *bonorum possessio unde cognati,* ainsi du sénatus-consulte Tertullien et de ses développements.

Nous trouverons pourtant quelque chose de particulier à la succession de l'émancipé, — c'est la *bonorum possessio unde decem.*

50. — I. — *Bonorum possessio unde cognati.* — On sait comment sous la loi des XII Tables, deux seulement des ascendants pouvaient arriver à l'hérédité d'un ingénu *sui juris*, et comment même ce n'était pas en leur qualité d'ascendant. De ces deux hypothèses l'une devint de plus en plus rare, et finit par disparaître, l'autre se fit de plus en plus fréquente et finit par être nécessaire : la première était liée à la *manus*, et la *manus* tomba en désuétude; la seconde était liée à une clause de fiducie qui passa dans les mœurs et que la loi même finit par s'incorporer.

Le droit de l'ascendant émancipateur ne s'appliquait évidemment qu'à la succession d'un émancipé; la *manus* pouvait faire succéder la mère à un ingénu devenu *sui juris* sans émancipation. Quand la *manus* eut disparu, il n'y eut plus aucun moyen pour qu'un ascendant quelconque succédât à un *sui juris* devenu tel sans émancipation : c'était le système décemviral dépouillé de toute atténuation.

Quant à la succession de l'émancipé, tous les ascendants en étaient aussi exclus, sauf celui qui avait émancipé *contractâ fiduciâ*, et qui ne pouvait être que le père ou un ascendant paternel du sexe masculin.

Frappé de cette situation des ascendants, et de l'exclusion de tous les membres de la famille purement naturelle, le préteur créa l'ordre des cognats, qui fut le troisième ordre lorsque la gentilité eut disparu.

Dans l'origine on n'avait connu d'autre parenté que l'agnation; puis, sous le nom de *cognati (quasi ex uno nati)* (1), on désigna les parents par les femmes; enfin l'expression *cognatio* fut étendue à tous les parents quelconques, et l'agnation n'en fut plus qu'une espèce privilégiée (2). Il fut

---

(1) L. 1, § 1, D. *unde cognati*, 38-8.

(2) G. I, § 156. — Paul, Sent. IV, tit. VIII, § 14. — Laferrière, Hist. du Droit, t. I, p. 78.

même admis que la cognation était impliquée forcément, en dehors de tout lien naturel, par l'agnation résultant de l'adoption, autant du moins que durait cette agnation (1).

C'est dans la qualité générale de cognat que le préteur reconnut un titre à la succession.

51. — Il eut pour instrument d'exécution la *bonorum possessio* : il ne la créa pas pour ce but, il l'y adapta.

D'où venait cette institution ?

Dans la procédure originaire, lorsqu'une succession était disputée entre deux prétendants, la *petitio hereditatis* était soumise au tribunal des Centumvirs ; mais auparavant devaient être accomplies devant le magistrat les formalités du *sacramentum*, et il appartenait au magistrat de donner la possession intérimaire à l'un ou l'autre des plaideurs : voilà la *bonorum possessio*. (G. IV, §§ 16 et 17).

Celui qui obtenait la *bonorum possessio* avait pour se faire mettre en possession effective l'interdit *quorum bonorum*. La considération de cet avantage fut probablement ce qui porta à demander, même indépendamment de toute contestation, la *bonorum possessio*. Cette pratique, passée à l'état de jurisprudence, prit place dans l'édit des préteurs. Dès lors la *bonorum possessio* fut assurée à celui qui aurait le meilleur titre à l'hérédité : aux héritiers siens la *bonorum possessio unde liberi* ; aux agnats et à tous ceux que la loi des XII Tables appelait à leur rang, la *bonorum possessio unde legitimi*.

De là à accorder la *bonorum possessio* au plus proche cognat lorsqu'il n'y avait pas d'héritier du droit civil, la distance n'était pas grande : celui-là n'a-t-il pas le meilleur titre, à qui personne ne peut faire obstacle ? On commença

---

(1) L. 23, D. *de adopt.* 1-7.

sans doute encore par des décisions d'espèces, *cognitâ causâ;* enfin il y eut aussi un édit *unde cognati;* — et voilà comment la *bonorum possessio*, originairement employée à confirmer le droit civil, fut utilisée pour le compléter, *supplendi juris gratiâ*.

A quel moment la *bonorum possessio unde cognati* passa-t-elle dans l'Edit du préteur ? On ne peut le dire précisément. Mais il en est question dans le plaidoyer de Cicéron *pro Cluentio* (n° 60), et d'autre part, en considérant l'époque de l'introduction du Stoïcisme à Rome, nous avons conjecturé que la réaction contre l'ancienne conception de la famille ne remonte pas au delà du milieu du VIIe siècle de R. Ce serait donc à peu près entre la naissance de Cicéron (an de R. 647) et le temps où il prononçait ses harangues que se placerait l'édit *unde cognati*.

52. — Cette *bonorum possessio*, pas plus qu'aucune autre, ne fait d'héritiers (G. III, § 32). Mais, en fait, le *bonorum possessor* à la situation d'un héritier, *loco heredis constituitur*. Lorsque, mis en possession effective par l'interdit *quorum bonorum*, il a continué cette possession pendant un an, l'*usucapio pro herede* est accomplie et le *bonorum possessor* est devenu *dominus* (G. II, §§ 53-58). On voit avec quelle habileté le préteur tire parti du droit civil pour arriver à ses propres fins.

53. — A quels ascendants la *bonorum possessio unde cognati* est-elle accessible ?

A tous les ascendants, sans distinction à raison de la ligne ou du sexe.

Elle est accessible même aux ascendants qui auraient subi une *capitis deminutio* en conservant la cognation, par exemple à la mère libérée de la *manus* par voie d'émancipation (Voy. aussi sup. n° 29, 1re espèce). A l'inverse elle est donnée même dans la succession d'un défunt qui avait été *capite minutus* en conservant la cognation, ce qui profite à tous les ascendants d'un émancipé. C'est qu'en effet la *capitis diminutio* n'étant que la perte de la généalogie agnatique (sup. n° 40) ne saurait avoir d'influence sur la généalogie naturelle (G. I, § 158).

L'ascendant même qui aurait pu réclamer l'*hereditas* et qui ne l'a pas fait, conserve son droit à la *bonorum possessio unde cognati*. Ceci peut arriver pour la mère *in manu* dans la succession d'un *sui juris* devenu tel sans émancipation, et pour l'ascendant émancipateur dans la succession d'un émancipé. L'un et l'autre pouvaient être héritiers dans le second ordre : il leur est loisible de venir seulement dans le troisième comme cognatis. (L. 5, D. *unde cogn.*, 38-8).

De cela que la simple cognation est le fondement de la *bonorum possessio unde cognati*, il suit que la mère et les ascendants maternels peuvent la réclamer dans la succession des *liberi naturales* et même des *vulgo quæsiti* (1).

Il en résulterait logiquement aussi que le père devrait par cette *bonorum possessio* succéder à ses *liberi naturales*, puisque le lien entre lui et eux est constaté. Toutefois, les textes ne fournissent à cette déduction aucun appui, et peut-être est-il plus sûr de dire avec M. Demangeat (t. II, p. 56), que la cognation n'est pas ici prise en considération.

54. — Le préteur n'appelle les cognats qu'à défaut d'héritiers siens et d'agnats ou de *manumissor* : la *bonorum possessio unde cognati* n'occupe donc hiérarchiquement que le troisième rang. Toutefois, il y a des cas où elle se trouve nécessairement au deuxième et même au premier rang. Elle est forcément au deuxième rang lorsque le *de cujus* était du sexe féminin, ou qu'étant du sexe masculin il n'était pas issu de justes noces, — car les femmes n'ont pas d'héritiers siens, et les *liberi naturales* ou les *vulgo*

---

(1) L. 2 et l. 4 D. *unde cogn.* — Arg. l. 8, eod.

quæsiti, naissant *sui juris,* n'ont ni agnats, ni émancipateur (à moins d'une adrogation). Elle est forcément au premier rang lorsque les deux cas ci-dessus se trouvent réunis, c'est-à-dire quand le *de cujus* était une femme née hors de justes noces.

55. — Tous les cognats jusqu'au 6e degré (et même en un cas au 7e), peuvent succéder en vertu de l'édit, mais ils ne viennent pas confusément. Les plus proches excluent les plus éloignés. A égalité de degré il y a concours : « *omnes simul admittuntur.* » (L. 1, § 10 D. unde cog.).

Ainsi un *sui juris* non émancipé peut laisser à sa survivance son père et sa mère (sup. n° 29, 1re espèce); cette hypothèse se réalisant, le père et la mère concourront : « *bonorum possessionem habebit mater cum patre, quasi cognata,* » dit la loi 2 § 18 D. ad Tertull. Il en est de même dans la succession d'un émancipé pourvu que le père ne soit pas l'émancipateur (1).

Le concours entre cognats d'égal degré a lieu alors même que l'un appartient à la ligne directe et l'autre à la collatérale, ou que, tous deux appartenant à la ligne directe, l'un est dans la ligne descendante et l'autre dans la ligne ascendante. Ainsi, 1° l'oncle maternel *(avunculus)* et le neveu *filius sororis,* viennent en concours avec le bisaïeul maternel *(proavus avi materni pater),* — ils sont tous au 3e degré; — 2° le petit-fils, *filius filiæ,* le frère ou la sœur non agnats, concourent avec l'aïeule paternelle, l'aïeul et l'aïeule maternels, — ils sont tous au 2e degré; —

----

(1) Dans la théorie pure de la *bonorum possessio unde cognati proximi,* cette égalité entre le père et la mère ne nous paraît pas contestable. Il faudrait une exception au principe général et il n'y en a pas trace. — Cette égalité existait-elle aussi dans la *bonorum possessio unde decem* ? A-t-elle subsisté dans les deux *bonorum possessiones* même après le Tertullien ? Nous établirons l'affirmative sur l'un et l'autre point. (Inf. n° 68).

3° le fils et la fille non *sui* du défunt concourent avec sa mère et, s'il y a lieu, avec son père, — tous sont au 1er degré.

56. — Cette dernière conséquence du principe violait trop manifestement les intentions probables du défunt, pour que le préteur ne cherchât pas à l'esquiver. C'est sans doute dans ce but qu'il donna la *bonorum possessio unde liberi* aux enfants qui eussent été *sui* sans une *capitis deminutio* réalisée dans leur personne ou dans celle d'un de leurs ascendants (1); c'était corriger la loi, c'est-à-dire la faire : le préteur s'en tira par une fiction de rescision de la *capitis deminutio* (l. 6, § 1er, D. *de bonor poss.*, 37-1).

Le remède est d'ailleurs insuffisant. Lorsque le *de cujus* est une femme, il ne peut être question de *sui*, ni légalement ni dès lors fictivement, et rien ne peut éviter le concours des père et mère de la défunte avec ses enfants. Ce concours a encore forcément lieu, alors même que le *de cujus* est un homme, si son fils a été donné en adoption et se trouve encore sous la puissance du père adoptif; car le préteur n'est pas allé jusqu'à accorder les droits d'héritier sien dans la famille naturelle à celui qui, à la faveur de l'agnation civile subsistante, jouit des mêmes droits dans la famille adoptive (2). Enfin, les enfants de la fille du défunt restent exposés au concours de l'aïeule paternelle, de l'aïeul et de l'aïeule maternels.

57. — Appeler les ascendants à concourir avec des descendants c'était méconnaître au profit des ascendants la gradation normale des affections; mais c'était la méconnaître à leur détriment que de leur faire subir le concours de collatéraux comme l'oncle et le neveu.

---

(1) L. 4, D. *si tab. test.*, 38-6.

(2) Inst. III, tit. I, § 13. — L. 2, § 9, D. *ad Tertull.*

Tout cela provient de ce que le préteur ne fait pas de la qualité d'ascendant un titre spécial (1). Il s'en tient à la qualité générale de cognat. Par là les parents sont tous appelés, mais ils le sont dans un pêle-mêle vicieux.

Enfin, la persistance du droit des XII Tables conserve une énormité. Les cognats, n'arrivant qu'à titre supplémentaire, les ascendants qui n'ont droit qu'à la *bonorum possessio unde cognati* sont exclus non-seulement par l'ordre des héritiers siens et de ceux que le préteur y assimile (ce qui serait irréprochable), mais aussi par le *manumissor* s'il s'agit d'un émancipé, par le plus proche agnat dans le cas contraire. Or, ce qu'il ne faut pas oublier, c'est que le *manumissor* peut n'être pas même parent du défunt, c'est que les agnats sont appelés sans limitation de degré (Inst. III, tit. v, § 5), en telle sorte qu'un étranger quelquefois, que souvent un cousin tant éloigné qu'on voudra pourvu qu'il se rattache au défunt par une série de générations masculines non brisée par des *capitis minutiones,* recueillera la succession avant tous les ascendants du défunt, avant sa mère, avant son père, dans l'hypothèse où le *de cujus* peut laisser son père!

Le préteur s'efforçait bien de restreindre l'inconvénient résultant de la préférence des agnats : appliquant avec empressement la règle *in legitimis hereditatibus successio non est,* il considérait la loi comme satisfaite et appelait les cognats, dès que le plus proche agnat ne faisait pas adition (2). C'était là un palliatif utile, mais insuffisant.

Quant aux droits d'émancipateur, la clause de fiducie les réservait ordinairement à un ascendant. Mais il se pou-

---

(1) L'édit ne favorise les ascendants en regard des collatéraux qu'en leur accordant un an, au lieu de cent jours, pour demander la *bonorum possessio.* (Ulp. reg. XXVIII, § 10.)

(2) G. III, § 28, — et Inst. III, tit. II, § 7.

vait qu'on l'eût omise, et c'est en vue de ce cas que le préteur institua la *bonorum possessio unde decem personæ*,
dont nous allons maintenant parler.

58. — II. *Bonorum possessio unde decem personæ*. —
Spéciale à la succession de l'émancipé *non contractâ fiduciâ*, cette *bonorum possessio* constitue une entreprise du
préteur sur le droit civil. Dix cognats, grâce à elle, passent avant le *manumissor extraneus*, qui vient pourtant
loco patroni en qualité d'*heres legitimus*. Ces dix cognats
sont les parents en ligne directe jusqu'au deuxième degré,
et les frères et sœurs. Y figurent par conséquent le père,
la mère, les aïeuls et les aïeules paternels et maternels.

59. — La clause de fiducie profite à un seul ascendant,
toujours du sexe masculin et de la ligne paternelle, quel
que soit d'ailleurs le degré de sa parenté. — La *bonorum
possessio unde decem* protége tous les ascendants, sans distinction de sexe ni de ligne, mais pas au-delà du 2ᵉ degré.
La clause de fiducie attribue à l'ascendant un droit
exclusif; la *bonorum possessio unde decem* expose l'ascendant à un partage avec des parents au même degré que
lui, ascendants, descendants ou collatéraux. En effet, fondée sur le lien naturel comme la *bonorum possessio unde
cognati*, la *bonorum possessio unde decem* est soumise aux
mêmes règles : exclusion des plus éloignés par les plus
proches, concours à égalité de degré.

60. — Nous ne pensons pas qu'il y eût exception pour le
cas où le défunt laissait son père et sa mère. M. Demangeat enseigne que dans l'hypothèse le père prenait seul
toute la succession (t. II, p. 90); le savant professeur invoque un texte de Modestin (l. 10, D. *de suis et legit.* 38-
16) ainsi conçu : « *Si ad patrem manumissorem filii intestati legitima hereditas perveniat, vel non manumissori bonorum possessio competat, mater defuncti summovetur.* » —
« Cette *bonorum possessio*, dit-il, qui appartient au *pater*

non manumissor ne peut être que la *bonorum possessio unde decem personæ.* »

Remarquons que la conclusion n'est pas forcée : Modestin fait allusion à deux hypothèses, l'une où le père se présente à l'hérédité légitime comme *manumissor*, l'autre où il obtient une *bonorum possessio* sans invoquer la qualité de *manumissor* : or, s'il n'invoque pas cette qualité, ce peut être parce qu'elle appartient à un *extraneus* comme le suppose M. Demangeat, mais ce peut être aussi parce qu'elle n'appartient à personne, soit que l'aïeul émancipateur soit prédécédé, soit que le défunt *sui juris*, qui laisse son père, n'ait jamais subi d'émancipation (sup. n° 29), et alors c'est de la *bonorum possessio unde cognati* qu'il s'agit.

D'ailleurs, même en donnant aux mots *non manumissori* la valeur que leur attribue M. Demangeat, nous repousserions encore sa conclusion. L'expression *mater defuncti summovetur* ne signifie pas que la mère est exclue de la succession ; elle se rattache à la théorie du sénatus-consulte Tertullien sur laquelle nous allons nous expliquer *infrà*, n°s 66 et s.

Pas plus donc pour la *bonorum possessio unde decem* que pour la *bonorum possessio unde cognati*, nous ne trouvons de motif d'abandonner, à l'égard des père et mère, la règle générale *omnes simul admittuntur* (sup. n° 55).

61. — III. — *Sénatus-consulte Tertullien.* — Les règles de la succession d'un ingénu *sui juris* demeurèrent longtemps dans l'état où le préteur les avait mises à l'aide des deux *bonorum possessiones* ci-dessus étudiées. Elles étaient loin pourtant, on l'a vu, d'être satisfaisantes.

Mais leurs imperfections étaient rarement mises au jour. Il n'est pas, en effet, dans l'ordre de la nature que les ascendants survivent aux descendants. Toutefois, il n'est pas encore fort rare qu'au moins le père ou la mère survivent à leur enfant ; mais la question de succession ne pouvait s'élever qu'autant que le défunt était *sui juris* ; or, la puissance paternelle ayant une durée indéfinie ne cessait que par la mort des ascendants ou l'émancipation : dans la première hypothèse la mère survivante était le plus souvent, à raison de la *manus*, appelée dans l'ordre des agnats; quant au père, il fallait un concours de circonstances exceptionnelles pour qu'on pût le trouver survivant (sup. nᵒ 29, 1ʳᵉ espèce). Dans la seconde hypothèse, la fiducie pour le père, la *bonorum possessio unde decem* pour le père et la mère, évitaient généralement en fait des résultats trop choquants. — Autant de raisons pour qu'on ait tardé à sentir les imperfections de la réglementation assez vivement pour les réformer.

Mais quand la *manus* fut à peu près inusitée, quand on eut de temps en temps le spectacle d'un cousin agnat éloigné excluant la mère, quand dans la succession d'un enfant non émancipé la mère se trouva moins bien traitée que pendant la période florissante des institutions primitives, — les vices du système frappèrent tous les yeux, et les détenteurs de la puissance législative s'occupèrent d'y remédier : le remède qu'ils trouvèrent s'étendit à la succession des émancipés, bien qu'il y fût moins indispensable.

Claude, le premier, rapporte Justinien, *matri ad solatium liberorum amissorum legitimam eorum detulit hereditatem* (Inst. *de senatus-c. Tertull.*, § 1). C'était une faveur individuelle, que la toute-puissance impériale renouvela sans doute plus d'une fois.

Le sénatus-consulte Tertullien disposa en termes généraux, mais garda néanmoins, à raison des conditions qu'il exigea, l'empreinte du privilége (inf. nᵒ 63).

62. — Quelle est la date de ce sénatus-consulte?

Il s'est élevé, à cet égard, une discussion sans grand intérêt.

Les Institutes (§ 2, tit. cit.) portent : *divi Hadriani temporibus*. Un certain nombre d'auteurs (notamment Heineccius et M. Ducaurroy) s'en tiennent à la lettre de ce texte.

D'autres ont remarqué qu'il y eut un consul du nom de Tertullus non pas sous Adrien, mais sous Antonin le pieux, et ils ont rapporté le sénatus-consulte au règne d'Antonin, alléguant qu'il n'est pas sans exemple que cet empereur soit désigné sous le nom d'Adrien, son père adoptif. (Comp. Inst. III, tit. XX, § 4, et L. 49, § 1er in f. D. *de fidej.*).

Il semble bien que Gaïus n'ait pas connu ce sénatus-consulte au moment où il écrivait ses Institutes, ou du moins la partie de ses Institutes où il est question de l'hérédité *ab intestat*. D'autre part, il appert d'un texte qui forme au Dig. la loi 8 *ad Tertull.* qu'il aurait écrit sur le sénatus-consulte un traité spécial. Il est donc vraisemblable que ce sénatus-consulte est contemporain de Gaïus. Mais à quelle époque vivait Gaïus?

Si l'on pense avec M. Ortolan (t. I, nº 371) que Gaïus a vécu sous Antonin et Marc-Aurèle, on sera amené à rapporter le sénatus-consulte au règne d'Antonin et non à celui d'Adrien.

63. — Le sénatus-consulte Tertullien n'est encore, avonsnous dit, qu'un droit de privilége : il ne prend souci de la mère que si elle a le *jus liberorum*. Le droit de succession devient ainsi un corollaire de la loi Pappia Poppæa, et tend à encourager à la procréation des enfants (1) : nous disons à la procréation des enfants, et non au mariage, car il est indifférent pour le *jus liberorum* que les enfants soient nés de justes noces, du concubinat, ou même de relations passagères; le but, c'est le peuplément, non la moralisation, — but purement économique, si l'on peut employer ce

---

(1) La première faveur accordée par Claude paraît avoir procédé du même esprit ; du moins la mère qui en a été l'objet avait eu plusieurs enfants : « *liberorum amissorum,* » dit le texte.

mot à propos d'une époque qui n'a pas soupçonné la science économique.

Pour qu'une femme ait le *jus liberorum*, il faut et il suffit : qu'elle ait eu trois accouchements si elle est ingénue, quatre si elle est affranchie ; que ces accouchements aient eu lieu à terme (au plus tôt après six mois de grossesse), et que de chacun soit né un enfant vivant.

Il n'est pas nécessaire que la mère, au moment où elle se prévaut du sénatus-consulte ait encore actuellement le nombre exigé d'enfants.

L'arbitraire impérial peut d'ailleurs accorder le *jus liberorum* à une femme qui n'a jamais eu d'autre enfant que le *de cujus* (1).

64. — Il est sans importance que le décédé fût illégitime : le sénatus-consulte, comme l'Edit prétorien, fonde le droit de succession sur le lien naturel (Inst., § 7).

La même raison explique que le sénatus-consulte s'étende à la succession d'un émancipé, et que la mère qui a subi la *capitis deminutio* ne perde pas ses droits. Ceci doit s'entendre de la *capitis deminutio* proprement dite : la perte de la liberté et celle de la Cité éteignaient tous les droits, et ces droits ne revivaient même pas au cas où la liberté et la Cité étaient plus tard recouvrées. Ainsi décident les §§ 8 et 4 de la loi 1 D. *ad Tertull.*

Toutefois, d'après le § 6 de la même loi, il semble (2) que la mère *rei capitalis damnata* quoique *non restituta* pût succéder en vertu du sénatus-consulte. M. Demangeat (t. II, p. 44) accuse les commissaires de Justinien d'une interpolation. On a émis d'autre part l'opinion que le § 6 s'occupe des personnes simplement notées d'infamie, qui sont

---

(1) Sur tout cela, Paul, sent., liv. IV, tit. IX.

(2) Il s'agit, dans les paragraphes cités de la loi 1 *ad Tertull.*, du sénatus-consulte Orphitien ; mais les décisions s'étendent au s.-c. Tertullien.

appelées quelquefois *rei capitalis damnatæ* (l. 103 D. *de verb. sign.* 50-16).

Cette dernière interprétation nous paraît forcée. La loi 103 dit précisément que si pour les gens du monde *(latinè loquentibus)* le mot *capitalis* a un sens général, il ne s'applique dans la langue du droit qu'à la peine de mort et à la perte de la Cité (voy. sup., nᵒˢ 38 et 39).

Nous préférons le sentiment de **M. Demangeat.**

65. — Quelle est la portée du Tertullien? Comment se comporte-t-il vis-à-vis du droit antérieur ?

C'est toute une théorie qu'il faut pour répondre à cette question,— et (que notre bonne foi nous excuse si nous nous sommes mépris) il nous a paru que cette théorie n'avait pas encore été nettement dégagée.

Nous attachant à prendre les termes dans leur sens rigoureux, nous avons attentivement examiné les textes, et nous allons exposer, à tout risque, ce que nous avons cru y trouver.

66.— Le sénatus-consulte Tertullien ne se substitue pas au droit antérieur, il le modifie. Fait en faveur de la mère, il ne lui enlève pas les avantages que le préteur lui offrait déjà par les *bonorum possessiones unde cognati* et *unde decem* : il rend plus efficaces ou plus complètes certaines des vocations établies par le préteur.

Le droit honoraire n'avait pu faire de la mère qu'un *bonorum possessor* ; — le Tertullien fait d'elle une *heres legitima.* La succession, voilà l'objet du droit prétorien ; — l'*hereditas,* voilà l'objet du sénatus-consulte Tertullien. Ce n'est pas là seulement une affaire de mots : toute la théorie du Tertullien est dans cette distinction.

Le titre et le rang d'*heres legitima,* telle est la faveur que le sénatus-consulte apporte à la mère *dans les cas où il s'applique :* quant à ceux où il ne s'applique pas, le droit prétorien subsiste, et la mère en tire le parti qu'elle peut pour arriver à la succession comme *bonorum possessor.*

Au reste, la mère qui est *heres ex senatus-consulto* peut, comme tout héritier légitime, obtenir du préteur la *bonorum possessio*, mais en vertu de l'édit *unde legitimi*.

Les textes, regardés de près, confirment ce que nous venons de dire. Quant ils portent *cessat senatus-consultum* ou *mater ex senatus-consulto non admittitur*, ou *senatus-consultum locum non habet*, — cela n'implique pas nécessairement que la mère soit absolument exclue de tout droit à la succession; cela signifie simplement que ce n'est pas par application du sénatus-consulte que la mère peut venir, c'est-à-dire qu'elle ne peut prétendre à l'*hereditas legitima*, ni par suite à la *bonorum possessio unde legitimi* : rien de plus, — car ces mêmes textes reconnaissent à la mère des vocations prétoriennes qui la feront arriver à la succession au moins pour une partie. (Voy. dans la loi 2 D. *ad Tertull.* les §§ 9 et 18).

Tout autre est le sens des expressions *matri obstare*, *matri nocere*, *matrem excludere*, qu'on trouve dans d'autres textes : Elles font porter l'exclusion non pas seulement sur le sénatus-consulte, mais sur la mère elle-même. C'est que dans les cas où elles sont employées il n'y a pas même place pour l'ordre des *legitimi*, et c'est indirectement, mais par une conséquence forcée, que le sénatus-consulte se trouve écarté, car il n'opère que sur l'ordre des *legitimi*; mais à plus forte raison dans ces cas les *bonorum possessiones* fondées sur la simple cognation sont-elles sans application : en telle sorte que la mère se trouve véritablement exclue sans aucun moyen d'arriver à la succession. (Voy. même loi, §§ 6, 8, 11, 12 et 13). — Même dans de semblables hypothèses on se borne quelquefois à dire que le sénatus-consulte ne s'applique pas (§ 14), mais on peut dire davantage et ordinairement on le dit.

Voilà la clef de la théorie. Passons aux applications.

67. — Quand il y a des héritiers siens ou des enfants assimilés aux héritiers siens pour la *bonorum possessio*

unde liberi, l'ordre des *legitimi* n'a pas lieu,— à plus forte raison celui des cognats. La mère est donc absolument exclue de la succession. « *Liberi defuncti sui*, dit le § 6 de la loi 2, OBSTABUNT MATRI EJUS, MATREMQUE EXCLUDUNT : *bonorum possessores etiam non sui* (ceux qui ont la *bonorum possessio unde liberi*, quoi qu'ils ne soient pas *sui*). » — Des expressions analogues se trouvent aux §§ 8, 11, 12 et 13.

Quand il n'y a aucun ayant-droit à la *bonorum possessio unde liberi*, l'ordre des *legitimi* peut s'ouvrir et le sénatus-consulte n'est plus nécessairement impossible. Mais parmi les personnes qui figurent dans l'ordre des *legitimi*, il en est qui sont préférables à la mère, ainsi le frère consanguin, s'il s'en trouve un. Théoriquement ici il n'est pas exact de dire : « *senatus-consultum cessat*, le sénatus-consulte ne s'applique pas » ; il s'applique à l'effet de ranger la mère parmi les *legitimi*, seulement en fait il est inefficace, la mère se trouve exclue comme un agnat du troisième degré l'est par celui du deuxième. Au lieu d'un frère, si c'est une sœur agnate ou un agnat plus éloigné qui se trouve dans l'ordre des *legitimi*, le sénatus-consulte s'applique, et cette fois utilement : la mère est *heres legitima*, en concours avec la sœur, ou à l'exclusion de l'agnat plus éloigné.

68. — Dans quels cas donc l'expression *senatus-consultum cessat* est-elle rigoureusement exacte? C'est lorsque la mère, quoi qu'il y ait place pour l'*ordo legitimus*, est réduite à la *bonorum possessio unde cognati* ou *unde decem*. Mais quand cela se présente-t-il?

Le principe est celui-ci : toutes les fois que l'application du sénatus-consulte nuirait *directement* à un enfant ou au père du *de cujus*, on fait abstraction du sénatus-consulte, *senatus-consultum cessat*, et c'est le droit antérieur qui reste applicable.

Première hypothèse. — Le défunt laisse un enfant qu'il avait donné en adoption et qui est encore dans la famille adoptive. L'édit n'admet cet enfant que dans l'ordre des cognats : si la mère vient dans l'ordre des *legitimi* elle passera avant lui. Mais Antonin, juge d'une espèce de ce genre, décide que le sénatus-consulte cesse. Conséquence immédiate : ouverture de la *bonorum possessio unde cognati*. Conséquence médiate : concours de la mère et de l'enfant. « *Divus Pius decrevit cessare senatus-consultum et simul esse admittendas ad bonorum possessionem unde proximi cognati matrem et filiam.* » (L. 2, § 9.)

Deuxième hypothèse. — Dans la succession d'un non-émancipé, ou d'un émancipé dont l'émancipateur est mort, le père, nécessairement simple cognat (Sup., n° 29), serait exclu si la mère venait comme *heres legitima*. Mais « *placet* (1) *matrem ex senatus-consulto propter patrem non venire;.... bonorum possessionem habebit mater cum patre quasi cognata* (2). »

Troisième hypothèse. — Dans la succession d'un émancipé dont le *manumissor* est *extraneus*, le père primerait ce *manumissor* à l'aide de la *bonorum possessio unde decem;* c'est donc à lui directement que nuirait le sénatus-consulte, s'il faisait venir la mère comme *legitima heres* : mais on s'en tient à la *bonorum possessio unde decem*, ce

---

(1) Même loi, § 18. Ce texte contredit très-formellement M. Demangeat (t. II, p. 37) et M. Ortolan (t. III, n° 1058), qui veulent que dans l'espèce le père prenne la succession à l'exclusion de la mère. M. Demangeat, d'ailleurs, ne se contredit-il pas lui-même, t. II, p. 117?

(2) Si le défunt laissait à la fois un enfant *in adoptivâ familiâ*, un père émancipé ou donné en adoption et sa mère, la combinaison des deux premières hypothèses amènerait le concours de ces trois personnes. — Si au lieu d'un enfant c'était un petit-enfant *in adoptivâ familiâ* que le défunt laissât avec sa mère, ou avec sa mère et son père émancipé ou donné en adoption, le petit-enfant serait exclu par sa bisaïeule, ou par son bisaïeul et sa bisaïeule, parce qu'il est moins proche d'un degré, et que la représentation n'est pas admise dans la *bonorum possessio unde cognati.*

qui amène le concours du père et de la mère. C'était la règle générale de cette *bonorum possessio*, nous l'avons dit plus haut, et le sénatus-consulte Tertullien ne l'a pas modifiée.

Cependant, pour attribuer toute la succession au père, on invoque (M. Demangeat, t. II, p. 37) un texte (la loi 10 D. *suis et legit)* que nous avons rapporté (Sup. n° 60), et dont nous avons renvoyé ici l'explication.

En admettant que ce texte se réfère à notre hypothèse, que dit-il? *Mater summovetur,* la mère est excluel mais de quoi? *De l'ordre des legitimi, de la bonorum possessio unde legitimi.* Le texte de Modestin est placé au titre *de suis et legitimis,* c'est donc bien de l'*hereditas* que s'occupait le jurisconsulte. *Mater summovetur ex hereditate legitimâ* équivaut à *cessat senatus-consultum* : on revient à la *bonorum possessio unde decem,* et au concours qui est, selon nous, la règle de cette *bonorum possessio.*

— Remarquons que toutes les fois que nous avons parlé du père, nous avons entendu le père naturel : le père adoptif, dès qu'il cesse d'être agnat, n'est plus même cognat, *pater esse desiit.* (L. 2, § 15 et l. 3 D. *ad Tertull.*)

69. — Les trois solutions qui précèdent sont données dans la supposition que le sénatus-consulte nuirait *directement* (1) à l'enfant ou au père. Voici des cas où il s'appliquera parce que le père ou l'enfant (2) se trouverait écarté de la succession alors même qu'on ferait abstraction du sénatus-consulte.

1° S'agissant de la succession d'un non-émancipé, supposons qu'il existe un agnat quelconque : le Tertullien

---

(1) Tel est le sens des Institutes (III, tit. III, § 3) : *Pater..... matri anteponitur, scilicet quum inter eos solos de hereditate agitur. »*

(2) Malgré le silence des textes, ce qui est vrai du père est vrai de l'enfant : la raison est la même.

devient applicable, sauf à rester en fait inefficace si l'agnat est un frère consanguin. « *Si sit adgnatus defuncti et naturalis pater sit in adoptivâ familiâ* (ou s'il est émancipé), *sit et mater : admittimus matrem, quoniam patrem adgnatus exclusit.* » (§ 17.)

Il peut arriver que le père soit écarté par l'application de la même idée et que cependant tout se passe entre le père et la mère seuls. Le § 18 (même loi 2) présente ce cas exceptionnel. Le défunt avait été donné en adoption à titre de fils (1) à son aïeul maternel : devenu *sui juris*, il meurt laissant sa mère et son père naturel. De par l'adoption dont il a été l'objet, sa mère est devenue son agnate au rang de sœur; elle a donc en elle-même la puissance légale d'exclure le père, simple cognat; mais si elle avait subi une *capitis deminutio*, ses droits de *consanguinea* n'existant plus, le sénatus-consulte *cesserait*, et la *bonorum possessio unde cognati* amènerait le concours. (Sup., n° 68, 2°.)

2° S'agissant de la succession d'un émancipé, supposons qu'il y ait, outre le père et la mère, un aïeul émancipateur. Le père que la *bonorum possessio unde decem* ne protége que contre le *manumissor extraneus*, est certainement exclu par l'aïeul émancipateur : donc le père n'empêche pas l'application du sénatus-consulte.

Mais en fait le sénatus-consulte profitera-t-il à la mère? D'elle ou de l'aïeul, qui doit être préféré?

Sur ce point il paraît y avoir eu difficulté entre les jurisconsultes Romains.

« Si on dit, écrit Paul (1. 5, § 2, *ad Tertull.*) que la mère passe avant l'aïeul, elle se retrouve en présence du père,

---

(1) Nous suppléons dans le texte « à titre de fils. » Si l'aïeul maternel adoptait à titre de petit-fils, la mère n'étant agnate de son fils qu'au rang de tante (*amita*), n'aurait, de par la jurisprudence Voconienne, aucun droit à l'hérédité. Le texte d'ailleurs dit *consanguinea*.

et alors la *bonorum possessio unde cognati* va amener le concours entre le père et la mère *(edicto prætoris inducetur pater)*; mais dès que la mère vient par la *bonorum possessio unde cognati,* l'aïeul, qui *loco patroni* a droit à l'hérédité légitime, *rursus vocabitur.* » Et il conclut : « *itaque rectius est avo jus suum conservare.* »

D'autre part, nous avons un texte d'Ulpien : « *Neque avus, neque proavus in Tertulliano matri nocent, quamvis fiduciam contraxerint.* » (L. 2, § 15, *eod. tit.*)

Comment concilier ces deux textes?

Le cercle vicieux dans lequel se débat Paul est imaginaire. Dès que le père est exclu par l'aïeul émancipateur, il faut faire définitivement abstraction de sa personne, comme on fait quand au lieu d'un aïeul émancipateur c'est un agnat qui l'exclut : « *Si sit adgnatus defuncti,* dit Ulpien (l. 2, § 17), *et naturalis pater sit in adoptivâ familiâ, sit et mater : admittimus matrem quoniam patrem adgnatus exclusit.* » Le raisonnement de Paul, s'il était fondé, conduirait dans ce cas aussi à écarter la mère : le bénéfice du Tertullien lui serait enlevé à cause du père, et non pour le père.

Peut-être l'embarras de Paul s'explique-t-il par un autre motif que celui qu'il donne. Le sénatus-consulte paraît (1) n'avoir réglé le rang de la mère dans l'ordre des *legitimi* que par rapport aux agnats proprement dits, mais non par rapport à l'aïeul émancipateur. Or, le droit prétorien antérieur préférait l'aïeul émancipateur à la mère, la *bonorum possessio unde decem* étant sans application à ce cas; c'est peut-être ce qui a décidé Paul en faveur de l'aïeul. Mais sa solution est si étrangement motivée que nous sommes disposé à la considérer comme une opinion isolée, et à penser avec Ulpien que le sénatus-consulte

---

(1) Ulp. reg. tit. XXVI, § 8, et Instit., *de Tertull.*, § 3.

dans l'espèce n'était pas seulement applicable idéalement, mais qu'il s'appliquait efficacement pour la mère.

70. — Pour achever d'établir notre théorie du Tertullien, comparons-la au résumé que présente Ulpien. (Reg., tit. XXVI, § 8.)

« *Intestati filii hereditas ad matrem ex lege duodecim Tabularum non pertinet; sed si jus liberorum habeat, ingenua trium, libertina quatuor, legitima heres fit ex senatusconsulto Tertulliano.....* » — Nous avons dit que l'objet du Tertullien était l'*hereditas*, non la succession à laquelle la mère avait déjà accès par les *bonorum possessiones unde cognati* et *unde decem*.

« *Si tamen ei filio neque suus heres sit quive inter suos heredes ad bonorum possessionem a prætore vocatur, neque pater ad quem lege hereditas bonorumve possessio cum re pertinet, neque frater consanguineus.* » — Pour que la mère, avons-nous dit, soit effectivement *heres legitima*, il faut : 1° Que personne ne puisse réclamer la *bonorum possessio unde liberi;* 2° que le père n'existe plus, ou qu'entre lui et la succession il y ait un obstacle indépendant du sénatus-consulte; 3° qu'il n'y ait pas dans l'ordre des *legitimi* un *heres* préférable, soit un frère agnat, soit le père émancipateur, soit même d'après Paul (Sup. n° 69) l'aïeul émancipateur. Si l'une de ces trois conditions manque, la conclusion qu'autorise l'argument *a contrario* c'est que la mère n'est pas *heres legitima*, ce n'est pas qu'elle ne peut recueillir la succession à aucun titre. Quand c'est la première ou la troisième condition qui fait défaut, la mère est absolument exclue; mais quand c'est la seconde, elle vient en concours avec le père par la *bonorum possessio unde cognati* ou *unde decem*.

Enfin, nous avons dit ce que dit Ulpien : « *Quod si soror consanguinea sit, ad utrasque pertinere jubetur hereditas* (1).

---

(1) Comment se fait le partage lorsqu'il y a plus d'une sœur? Nous croyons que la mère prend toujours moitié. (Voy. inf. n° 75, 1° et la note).

71. — Le sénatus-consulte Tertullien est affranchi de la règle *in legitimis heredibus successio non est*. Les personnes préférées à la mère dans l'*ordo legitimus* ne lui font obstacle qu'autant qu'elles exercent effectivement leurs droits, et réciproquement elle ne fait obstacle à ceux qui viennent après elle qu'autant qu'elle fait adition ou se fait donner la *bonorum possessio unde legitimi* (l. 2, eod. §§ 20 et 21). Pour connaître celui qui vient au défaut de la mère, ce n'est pas à l'ouverture de la succession *ab intestat* qu'il faut se placer, mais au moment où la mère répudie.

— La circonstance que la mère *liberis honorata* serait fille de famille ne l'empêche pas de recueillir le bénéfice du Tertullien, seulement l'adition ne peut avoir lieu qu'en vertu du *jussus* du père de famille. (Instit. § 2, h. t.). Quant à la *bonorum possessio unde legitimi*, il suffit d'une ratification postérieure du chef de famille. (l. 3, § 7, D. *de bonor. poss.* 37-1, et l. 6, § 1, D. *de acquir. vel. omitt. hered.* 29-2).

72. — Le sénatus-consulte n'exigeait de la mère que le *jus liberorum*. Une déchéance fut presque immédiatement (¹) établie contre elle, ce qui aboutit à exiger une seconde condition.

Est déchue de tout droit à la succession la mère qui étant majeure de 25 ans (2) n'a pas demandé pour ses enfants impubères la nomination de tuteurs.

---

(1) Modestin (l. 2, D. *qui petant tut.* 26-6), cite une constitution de Sévère. Mais la déchéance avait déjà été appliquée auparavant, au moins dans des cas particuliers. Le paragraphe 47 de la loi 2 *ad Tertull.* dont nous parlerons plus loin, nomme Antonin ; il désigne même Adrien, ce qui semble un argument pour l'opinion qui rapporte le Tertullien au règne d'Adrien ; mais il est possible que ce fût des *bonorum possessiones unde cognati* et *unde decem* qu'Adrien excluait la mère. (Voy. ce que nous disons à la fin du nº 72).

(2) L. 2. C. *si advers. delict.* 2-35.

Ceux qu'elle présenté doivent être aptes à la tutelle par leurs mœurs, et surtout par leur fortune. (L. 2, *D. ad Tertull.* § 37). La nomination que fait le magistrat ne couvre pas à cet égard la responsabilité de la mère (§§ 34 et 36). Si les personnes qu'elle a présentées sont excusées, rejetées ou mortes, elle doit en présenter d'autres (§§ 35 et 40).— Son devoir va selon Ulpien (§ 42) jusqu'à veiller à ce que les tuteurs gèrent effectivement. — Si l'enfant est insolvable, Ulpien croit que la mère est excusable de n'avoir pas fait nommer de tuteurs ; en le laissant *indefensus* elle lui a rendu un service, elle l'a soustrait aux poursuites des créanciers (§§ 26 et 45). — La mère doit remplir ses obligations le plus tôt possible, au plus tard dans le délai d'un an.

La mère, *qui tutores idoneos non petiit*, ne perd pas seulement le droit à l'hérédité résultant du Tertullien ; la déchéance s'étend même aux droits à la succession résultant de l'Edit : « *Videndum est an, matre prohibitâ jus suum vindicare, ipsam heredem dicimus fieri vel aliud nomen successionis inducere. Sed denegamus ei actiones...... ergo et adgnati ceterique succedent, aut, si nemo sit, bona vocabunt* (§ 47) (1).

La mère est relevée de la déchéance si l'enfant à qui elle n'a pas fait donner de tuteur meurt pubère (l. 3 C. *ad Tertull.* 6-56). On présume qu'il a pardonné, puisqu'il n'a pas disposé par testament de son hérédité.

73. — IV. *Sénatus-consulte Orphitien.* — Rendu sous Marc-Aurèle, ce sénatus-consulte est un corollaire du Tertullien. Il appelle avant tous autres les enfants à l'hérédité de leur mère : nouveau triomphe pour la famille naturelle.

---

(1) Voy. aussi les termes du § 6 aux Instit. *de Tertull.*

Auparavant, dans la succession d'une femme, les enfants ne venaient qu'au rang de cognats, après les agnats, après la mère de leur mère quand elle venait en vertu du Tertullien (1).

Le sénatus-consulte Orphitien ne leur donne pas d'ailleurs droit à la *bonorum possessio* en vertu de l'édit *unde liberi*, applicable aux héritiers siens et à ceux qu'on peut fictivement traiter comme tels, mais en vertu de l'édit *unde legitimi*.

Des décisions isolées dans le même sens avaient sans doute précédé le sénatus-consulte Orphitien, car les Instituts (*de Tertull.* § 3) parlent de constitutions.

74. — V. *Généralisation du Jus liberorum.* — La subordination au *jus liberorum* du bénéfice du Tertullien en faisait, avons-nous dit, un privilége. Plus on s'éloigna de la loi Pappia Poppæa, plus le fondement de ce privilége parut inacceptable.

Comme toujours, on commença par des transactions. Constantin (l. 1, Cod. Theod. *de legit. hered.* 5-1) établit que la mère ayant le *jus liberorum*, au lieu d'exclure complètement les agnats au-delà du deuxième degré, laissera un tiers au *patruus*, au fils ou petit-fils du *patruus*; mais qu'en revanche la mère *non liberis honorata*, au lieu d'être exclue par un agnat quelconque, prendra un tiers si l'agnat est au-delà du deuxième degré. Il va plus loin : les droits du *patruus*, de son fils ou petit-fils, sont indépendants de la persistance de l'agnation entre eux et le défunt.

Valentinien et Valens disposent qu'à plus forte raison les droits reconnus au *patruus*, à son fils ou petit-fils, appartiendront aux frères et sœurs, même après émancipation (l. 2, Cod. Theod., *de legit. heredit.*).

---

(1) Le Tertullien ne *cessait* au profit des enfants que dans la succession d'un défunt du sexe masculin (sup. n° 68, première hyp.).

C'est dans ces limites qu'il faut entendre le *jus liberorum* dont parle une constitution d'Honorius et Théodose (l. 1, C. *de jur. lib.*) : *Nemo posthac a nobis jus liberorum petat : quod simul hâc lege omnibus concedimus.*

Justinien, traduisant les idées de son temps, attaque de front la distinction du sénatus-consulte : *Immerito defraudabatur successione liberorum suorum*, dit-il aux Institutes en parlant de la mère; *quid enim peccavit si non plures sed paucos peperit ?* Et il supprime le *jus liberorum* (l. 2, C. de jur. lib. 8-59) comme il a supprimé la loi Poppæa dont l'esprit était le même.

75. — VI. — *Disparition de la bonorum possessio unde decem. — Modifications de Justinien au Tertullien.* — Si Justinien s'était borné à généraliser le *jus liberorum* (ce qui revient à le supprimer), la théorie que le Tertullien et les constitutions de Constantin, de Valentinien et Valens (citées au n° précédent) appliquaient à la mère *liberis honorata*, aurait subsisté, à cette différence près qu'au lieu d'être un droit de privilége, elle serait devenue le droit commun; pour les autres ascendants, les *bonorum possessiones* que nous avons étudiées auraient continué à produire leurs effets.

Mais Justinien fit à cet état de choses des modifications : il y fut amené par le même courant d'idées qui le porta à remanier plusieurs des institutions de famille.

L'émancipation ne se faisant plus par des mancipations, mais par rescrit (forme introduite par Anastase, l. 5, C. *de emancip.* 8-49) ou par déclaration devant le magistrat, il en résulte que l'émancipateur ne peut plus être autre que le père ou un ascendant paternel : la *bonorum possessio unde decem* disparaît. (Inst. *de bonor. poss.*, § 4; et L. 6, C. *de emancip.*).

La *capitis deminutio*, qui accompagne toujours l'émancipation, n'a plus d'influence sur les droits de succession entre frères et sœurs; la simple cognation leur suffit pour être héritiers légitimes (1). Donc : 1° dans la succession d'un non émancipé les frères et sœurs *vel sola cognationis jura habentes* (l. 7, pr. C. *ad Tertull.* 6-56) devront compter comme des agnats pour l'application du Tertullien ; 2° dans la succession d'un émancipé, l'émancipateur n'est plus le seul héritier légitime possible.

Justinien s'efforce d'accorder avec ces règles nouvelles le droit composite que l'Edit prétorien et le sénatus-consulte Tertullien avaient greffé sur la loi des XII Tables en ce qui touche le droit de la mère dans la succession d'un ingénu *sui juris*.

Essayons de résumer ses diverses constitutions.

Nous supposons, bien entendu, qu'il n'y a pas d'enfants réclamant la *bonorum possessio unde liberi*. Mais il faut noter ici une modification. L'enfant adopté par un étranger, bien qu'il soit encore *in adoptivâ familiâ*, exerce à l'égard de son père naturel les droits d'héritier sien (Inst. *de heredit. ab intest.*, tit. I, § 14), c'est-à-dire qu'il exclut le *parens manumissor*, et que la mère ne peut plus concourir avec lui par la *bonorum possessio unde cognati*. Ce que nous avons dit, sup. n° 68, première hyp., n'est plus applicable qu'à l'enfant adopté par un ascendant.

Quand il n'y a pas de *liberi*, voici les espèces possibles et leur solution :

1° Le défunt laisse des frères et sa mère, sans le père (l. 7, pr. C. *ad Tertull.*). Les frères, qui, d'après le Tertullien et la constitution de Valentinien et Valens auraient exclu la mère s'ils sont agnats, — pris un tiers s'ils ne le sont pas, — concourent avec elle par têtes. S'il y a, en outre,

---

(1) L. 15, §§ 1 et 2, C. de legit. hered. 6-58. Constantin et Valentinien dans les constitutions citées au n° précédent tendaient déjà à rendre les droits d'héritier indépendants de l'agnation. Anastase avait également laissé aux frères émancipés par rescrit une partie de leurs droits à l'égard de leurs frères.

des sœurs, le concours a lieu par têtes entre la mère, les frères et les sœurs. S'il y a seulement des sœurs avec la mère, la mère prend moitié, et les sœurs, quel que soit leur nombre, ont l'autre moitié : ce mode de partage vient du sénatus-consulte (1) ;

2° Le défunt laisse des frères et sœurs, et son père, sans la mère (l. 13 C. *de legit. hered.* 6-58). — Le père, qui dans le droit antérieur était complètement exclu par les frères et sœurs lorsqu'ils étaient agnats, — qui les excluait complètement lorsqu'il était *manumissor*, — a dans tous les cas droit à tout l'usufruit ;

3° Le défunt laisse tout à la fois des frères et sœurs, son père et sa mère. — Les frères et sœurs se partagent la nue-propriété, plus un tiers de l'usufruit. Le père et la mère ont chacun un tiers de l'usufruit (l. 7, § 1er, C. *ad Tertull.*).

Tout ce qui précède s'applique sans distinguer si le défunt était devenu *sui juris* avec ou sans émancipation.

— D'autres hypothèses sont possibles où il semble que le droit antérieur soit resté en vigueur ;

4° Le défunt laisse son père et sa mère, sans frères ni sœurs. — Si le père a la qualité d'émancipateur, il est pré-

---

(1) Justinien y a substitué plus tard le partage par têtes (nov. 22, ch. 47, § 2). — Pothier croit que le partage par têtes existait dans le sénatus-consulte, et que Justinien l'avait un moment abandonné (Pandectes, append. au liv. 38, tit. 17, ch. 1, art. 2, n° 5). — Mais les textes qui parlent de partage par têtes ne sont pas probants, parce qu'ils supposent seulement une sœur ; un seul (Paul, sent. liv. IV, tit. IX, § 9 a) suppose plusieurs sœurs, et justement il paraît contraire à l'idée de partage par têtes. D'ailleurs Justinien, dans la constitution où il est question du partage donnant toujours moitié à la mère, dit : *Pro veterum legum tenore ;* et la Novelle porte : *Senatus-consultum mediam partem dabat matri, residuam vero mediam sororibus, quantæcumque exstitissent.*

féré à la mère, *quia ei sit vetus jus servatum*. (L. 2, C. *ad Tertull.*, 6-56). — Si le père n'a pas cette qualité (soit que l'enfant ait été émancipé par un aïeul décédé depuis, soit qu'il n'eût pas subi d'émancipation), le père et la mère concourront selon la règle de la *bonorum possessio unde cognati*. (Sup. nos 55 et 68, 2º) : la loi 2 ne préférant le père que quand il est *manumissor*, autorise l'*a contrario*.

5º *Quid* si le défunt, outre son père et sa mère, laisse un aïeul émancipateur? — Justinien n'innove pas; le droit ancien demeure donc, avec la difficulté de concilier Ulpien et Paul (sup. nº 69, 2º). Toutefois, la loi 2 précitée ne préférant à la mère, à titre d'émancipateur, que le père, semble bien *a contrario* fournir une raison nouvelle d'écarter l'aïeul émancipateur.

6º *Quid* si le défunt laisse des frères et sœurs et l'aïeul émancipateur, sans la mère? — Les frères et sœurs sont préférés à l'aïeul (1); mais l'aïeul aura-t-il l'usufruit de la succession comme le père l'aurait en pareil cas (sup. 2º)?— Nous ne le croyons pas : la loi 13 *de légit hered.* dit *pater* et non *parens*.

7º Justinien ne parle pas non plus du cas où, en outre de ses père et mère, le défunt laisse un agnat autre que frère ou sœur. Il dit bien, abrogeant la constitution de Constantin (sup. nº 74), que ni le *patruus*, ni son fils ou petit-fils ne peuvent diminuer la part de la mère (l. 7, C. *ad Tertull.*, à la fin du *princ.*), mais un agnat autre que frère ou sœur servira-t-il à exclure le père au profit de la mère? C'était l'ancienne théorie (sup. nº 69 1º). Rien n'autorise à l'abandonner.

8º *Quid* si le défunt laisse son père et un agnat autre

---

(1) **L. 2, C.** *ad Tertull.* Il est évident que dans cette constitution attribuée à Dioclétien et Maximien les mots *fratribus et sororibus* sont une interpolation des commissaires de Justinien.

que frère ou sœur? — Le père est exclu d'après l'ancien droit, mais aura-il l'usufruit ? — La loi 13 C. *de legit hered.* porte à la négative; elle ne donne l'usufruit que contre les frères et sœurs, et cela paraît être en compensation de ce qu'elle les admet alors même qu'ils n'étaient pas liés au défunt par l'agnation.

76. — L'incohérence la plus bizarre éclate dans cette réglementation à la fois compliquée et incomplète.

Ainsi les frères et sœurs ont plus d'avantage à trouver en face d'eux le père et la mère, que le père seul : le père et la mère ne prennent ensemble que les deux tiers de l'usufruit, — le père, quand il est seul, prend tout l'usufruit.

Ainsi la mère a toute la succession, à l'exclusion du père, lorsqu'il y a un agnat autre que frère ou sœur ; — au contraire, le père est seul héritier à l'exclusion de la mère, lorsqu'il est *manumissor*.

Ainsi, un collatéral éloigné, pourvu qu'il soit agnat, se trouvant en présence du père seul, l'exclut et recueille toute la succession ; — au contraire, un frère, même agnat, laisse au père l'usufruit.

Ainsi, quand c'est le père qui se trouve seul avec des frères et sœurs, ceux-ci ont la nue-propriété tout entière, mais perdent tout l'usufruit; — quand c'est la mère, leur droit porte sur la pleine-propriété, mais sur une partie seulement.

77. — VII. *Résumé général à la fin de la deuxième période.*— Toutes les étrangetés que nous venons de signaler se rattachent au Tertullien, qui n'a eu en vue que la mère. Pour tous les autres ascendants la situation que nous avons exposée en traitant de la *bonorum possessio unde cognati* n'a reçu aucune amélioration, au contraire : d'une part la disparition de la *bonorum possessio unde de-*

cem l'a sous un rapport empirée (1); de l'autre, Justinien a supprimé d'une manière générale la règle de non-dévolution de degré à degré dans l'ordre des héritiers légitimes, règle à laquelle le sénatus-consulte Tertullien n'avait porté qu'une atteinte partielle : Justinien qui se vante de mettre, en détruisant cette règle, le comble à la perfection de ses lois (2), ne s'aperçoit pas qu'il rend plus difficile l'accès à la succession de l'ordre des cognats où sont encore relégués tous les ascendants autres que la mère ou l'émancipateur. (Comp. sup. n° 57).

En somme, il n'y a qu'un mot pour caractériser la réglementation dans laquelle se mire si complaisamment Justinien : c'est un chaos.

Entre les modifications faites par Justinien au Tertullien et la destruction radicale du système décemviral et de ses annexes, il n'y a plus que quelques années. Nous nous arrêtons au seuil de notre troisième période.

§ 2.

Succession des fils de famille.

SOMMAIRE.— 78.— Transition historique. — Jusqu'aux empereurs le fils de famille est sans patrimoine.
79.— Création du Pécule castrense.— Première idée de succession.
80.— Pécule quasi-castrense.
81.— *Bona materna.*
82.— Première idée de succession *ab intestat : Lucra nuptialia.*

---

(1) Il est vrai que l'émancipateur n'est plus jamais un étranger, mais cela ne profite qu'au père ou à l'ascendant paternel du sexe masculin : la *bonorum possessio unde decem* protégeant tous les ascendants des deux premiers degrés, établissait entre eux l'égalité.

(2) Inst. tit. III, *de legit. agnat. success.* § 7.

78. — Dans la théorie de la loi des XII Tables, il ne pouvait être question de la succession d'un fils de famille: sans patrimoine durant sa vie, il n'avait rien à transmettre après sa mort. Nous n'avons point à redire comment la puissance paternelle, dont c'était là un effet, dérivait de l'organisation religieuse de la famille primitive (Sup. n° 27). Quant aux conséquences elles étaient déplorables.

Aussi long-temps qu'on était précédé dans la famille par un ascendant du sexe masculin, aussi long-temps on était fils de famille, à moins d'une abdication volontaire de celui qui tenait la puissance. Cela pouvait durer toute une vie d'homme. Il était commun que celui qui avait travaillé n'eût travaillé que pour un ascendant, et qu'il lui fût réservé d'assister à la dissipation du produit de son travail, de le voir par le bon plaisir du chef enrichir un étranger, ou tout au moins de voir des frères et sœurs (1) peut-

---

(1) *Quod etiam gravius multis esse videatur,* dit Justinien, 1. 6, pr. C. *de bon. quæ liber.* 6-61.

être désœuvrés y prétendre un jour avec un droit égal au sien (1).

Quand la philosophie eut éveillé la raison publique, il était impossible qu'on ne fût pas frappé des inconvénients d'une puissance paternelle qui devenait quelque chose comme une exploitation. Mais l'agent ordinaire du progrès, le préteur, n'osa point porter la main sur cette puissance paternelle qui, plus que la religion d'où elle dérivait, était alors la base de la société romaine, — ou peut-être chercha-t-il vainement, pour ses aspirations de réforme, le déguisement de légalité dont il les voilait d'habitude.

Toujours est-il que c'est aux Empereurs qu'il faut rapporter l'initiative du progrès en cette matière. Ils commencèrent par les militaires, sollicitude qui ne doit pas surprendre.

79. — C'est probablement Auguste qui reconnut au fils de famille la propriété de tout ce qu'il aurait gagné ou reçu à l'occasion du service militaire. C'est ce qu'on appela *castrense peculium*. (L. 2 D. *de castr. pecul.*, 49-17). Le fils de famille est propriétaire de ce pécule et exerce les droits d'un propriétaire, mais sa propriété n'est pas complète au regard de la transmission après décès : il peut disposer expressément du pécule par testament, mais il n'en peut disposer tacitement par forme de succession *ab intestat;* à défaut de testament, les biens restent au père de famille. (L. 2 D. *eod.)*

40. — Après les soldats, les fonctionnaires. Constantin compose un pécule des biens acquis à l'occasion d'un em-

---

(1) Par la *collatio bonorum*, le préteur avait protégé les enfants en puissance contre les enfants émancipés, mais rien ne protégeait les uns à l'égard des autres les enfants en puissance.

ploi à la Cour (1). Ce pécule est dit *quasi-castrense* parce qu'il est une imitation du *castrense*. Toutefois il est l'objet d'une propriété encore moins complète : il n'est transmissible ni par testament ni par succession *ab intestat*.

81. — Nous sommes toujours dans le privilége; voici venir du droit commun : Constantin, en 319 (l. 1 C. *de bonis matern.*, 6-60), décide que les biens provenant à un fils ou à une fille de famille quelconque, de la succession de sa mère, lui demeureront propres, et que son père de famille n'en aura que l'usufruit, sauf à en devenir plein-propriétaire si c'est lui qui survit. Le fils de famille, tant qu'il est *in sacris*, n'a sur ces biens aucun droit de disposition après décès, soit expresse, soit tacite.

Aux biens provenant de la mère on ne tarde pas à assimiler les biens venant des ascendants maternels.

Les fils de famille ont un patrimoine, — ils n'ont pas encore de succession (sauf la succession testamentaire du pécule castrense, s'ils en ont un).

82. — L'idée de succession n'apparaît en droit commun qu'après la reconnaissance au profit du fils ou de la fille de famille de la propriété des biens qu'il tient de son conjoint *(lucra nuptialia)*. Théodose et Valentinien (l. 1 et 2 C. *de bonis quæ lib.)* avaient d'abord simplement fait pour ces biens ce que Constantin avait fait pour les *bona materna*. Puis ils firent davantage; ils décidèrent que les *lucra nuptialia*, à la mort du fils de famille, passeraient *jure hereditatis* à ses enfants d'abord, et à leur défaut au père, l'usufruit appartenant dans tous les cas au chef de famille.

Dès ce moment, les fils de famille, à l'égard d'une frac-

---

(1) Plus tard les avocats, les prêtres et les diacres eurent aussi un pécule.

tion de leur patrimoine, ont une succession, et dès ce moment aussi dans cette succession le droit de la parenté ascendante est posé.

En 469, Léon et Anthemius (l. 4 C. *eod.* tit.) intercalent, entre les deux ordres établis par Théodose et Valentinien, les frères et sœurs germains, les frères et sœurs consanguins ou utérins, toujours sauf l'usufruit du père de famille.

Il faut remarquer que dans ce réglement le père a un droit héréditaire à raison de sa qualité de père; l'aïeul ayant la puissance n'aurait que l'usufruit. La propriété des *lucra nuptialia*, pendant la vie de son petit-fils à qui ils avaient été adressés, ne lui appartenait pas, — elle ne lui appartiendra pas davantage quand ce petit-fils sera décédé laissant après lui son père; elle ne lui arriverait que si le père était prédécédé.

83. — C'est aux *lucra nuptialia* seulement que se restreint l'effet des constitutions citées au précédent numéro. Cependant la loi 3 porte *eorum dominium quæ ex matre vel ab ejus lineâ pervenerunt*, appliquant à ces *bona materna* les mêmes règles qu'aux gains nuptiaux. Mais cette phrase est évidemment une interpolation des commissaires de Justinien. C'est en effet par Justinien, en 529 (l. 11 C. *comm. de success.*, 6-59), que les biens, *quæ ex maternâ lineâ descendunt*, ont été assimilés aux *lucra nuptialia* sous le rapport de la transmission héréditaire.

84. — Justinien ne s'en est pas tenu là. *Inducimus*, dit-il (l. 6, § 1, C. *de bon. quæ lib.*), *ut in successione earum rerum quæ extrinsecus filiisfamilias acquiruntur, jura eadem observantur quæ nuptialibus rebus statuta sunt.*

Sous Justinien donc, tout ce qu'un fils de famille acquiert *aliunde quam ex re patris*, lui constitue un patrimoine, et peut, s'il décède en puissance, lui constituer une hérédité. Ce n'est plus désormais qu'à l'égard des biens qui proviennent *ex substantiâ patris*, que les fils de famille n'ont pas d'héritiers : ce qui était la règle est devenu l'exception.

Nous appellerons patrimoine du fils de famille, tous les biens susceptibles d'être transmis *jure hereditatis*. L'expression *pécule adventice* dont les commentateurs font usage, n'est pas romaine.

85. — Ce patrimoine du fils de famille comprend les pécules castrense et quasi castrense, mais sans détruire leur caractère de privilége. Ainsi un militaire fils de famille peut avoir deux sortes de biens propres : les uns qu'il administre, dont il jouit, dont il dispose à titre onéreux ou gratuit, — c'est le pécule castrense; les autres dont l'administration et l'usufruit appartiennent au père de famille dont il dépend, — c'est le patrimoine général du fils de famille. Même distinction pour celui à qui ses fonctions permettent d'avoir le pécule quasi-castrense.

La dévolution du pécule castrense, et aussi depuis Justinien du pécule quasi-castrense, peut être réglée par le testament du fils de famille. Pour les autres biens l'incapacité de tester, droit commun des personnes *alieni juris*, n'a jamais subi de dérogation.

86. — A côté de ces différences entre les pécules castrense ou quasi-castrense et le patrimoine ordinaire du fils de famille, ne faut-il pas en reconnaître une autre ?

La question s'est élevée sur un texte des Institutes (liv. 2, tit. XII, pr.). Il s'agit des militaires ayant un pécule castrense, et Justinien écrit : *Si intestati decesserint, nullis liberis vel fratribus superstitibus, ad parentes eorum jure communi pertinebit.*

Nul doute que sans distinction tout le patrimoine d'un fils de famille ne passe après sa mort à ses enfants, à leur défaut à ses frères et sœurs, en dernier lieu au père. Nul doute que sans distinction tout ce patrimoine n'arrive aux enfants ou aux frères et sœurs à titre de succession. On est également d'accord que le père recueille à titre de succession toute la portion du patrimoine qui n'avait pas de caractère privilégié; mais ce qui formait le pécule castrense (et par analogie le pécule quasi-castrense) est-il pris par le père *jure successionis,* ou bien *jure peculii* comme dans les premiers temps du pécule castrense ?

L'expression équivoque des Institutes, *jure communi* est la base de la controverse.

87. — Avant d'en donner la solution, indiquons l'intérêt qu'elle présente.

Si le père vient comme héritier, il n'acquerra que par l'adition, il sera tenu indéfiniment des dettes, il pourra par la *petitio hereditatis* réclamer en bloc tous les biens du pécule castrense ou quasi-castrense. — S'il vient *jure peculii,* il acquerra immédiatement par le seul fait de sa survie, il ne sera tenu des dettes que jusqu'à concurrence du pécule, et il ne pourra réclamer les biens dépendant du pécule qu'un à un par la *rei vindicatio.*

88. — Et maintenant comment trancher la difficulté? A notre avis elle n'existe même pas.

Justinien dans la loi 6 *(de bonis quæ lib.)* s'occupe de tout ce qui constitue le patrimoine du fils de famille : « *Si quis filiusfamilias aliquid sibi acquisierit, non ex ejus substantia cujus in potestate sit, sed ab aliis quibuscumque causis quæ ex liberalitate fortunæ vel laboribus suis ad eum perveniant.* » Est-ce que cela ne comprend pas le pécule castrense ou quasi-castrense qui n'est qu'une portion privilégiée du patrimoine? Et c'est à tous ces biens, à tout ce que le fils de famille acquiert *extrinsecus* (sup. nᵒ 84), que Justinien étend les règles de dévolution des gains nuptiaux et des *bona materna,* règles qui font du père, à son rang, un héritier.

Qu'on ne dise pas que Justinien a perdu de vue les pécules privilégiés : il y a si bien songé que dans le *principium,* craignant qu'on ne pousse l'assimilation jusqu'au bout, il rappelle que les biens qui composent ces pécules restent en dehors de l'usufruit du chef de famille.

Qu'importe après cela une expression obscure aux Institutes ?

Et d'ailleurs y a-t-il une expression obscure?... *Jus commune!* Mais c'est le droit commun *du patrimoine du fils de famille*. Quant aux règles qui subsistent à l'égard du pécule profectice, c'est-à-dire de ce qui provient *ex re patris*, elles sont devenues, nous l'avons remarqué, l'exception, et l'expression *jus commune* est la dernière qu'il faudrait choisir pour les désigner.

D'autre part un système qui, appelant les enfants, les frères et sœurs, comme *héritiers*, appellerait après eux le père à un autre titre, serait assez étrange pour avoir nécessité une disposition impérative et formelle. Or, les Institutes, dans le passage dont il s'agit, offrent le ton d'une exposition doctrinale, et non d'une disposition législative; où est le texte impératif ? Il n'y en a pas (1) : le seul texte qu'il y ait c'est la constitution qui prononce en termes généraux, c'est la loi 6 qui ne fait pour les pécules castrense et quasi-castrense aucune exception au droit commun des biens propres du fils de famille.

Nous concluons donc que, le fils de famille mourant sans postérité, sans frères ni sœurs, le père recueille tout son patrimoine à titre d'héritier, sans distinction entre les biens qui ont formé un pécule castrense, ou quasi-castrense, et ceux qui n'ont pas été dans cette condition spéciale.

89. — De cette assimilation il résulte que, pour les pécules privilégiés comme pour le surplus du patrimoine, le

---

(1) Si l'on se contentait des Instituts, comme il n'y est question que du pécule castrense, il faudrait par un nouvel effort de bonne volonté, étendre par analogie le texte au pécule quasi-castrense.

père succède en sa qualité de père, alors même qu'il existe un aïeul ayant la puissance. Il en résulte aussi, croyons-nous, que l'aïeul, ce cas échéant, aura l'usufruit sur le tout indistinctement : la disposition finale de la loi 3 C. *de bon. quæ lib.*, quoiqu'elle ne parle que des *bona materna*, doit s'étendre à tous les biens qui ont été assimilés à ceux-là. D'ailleurs, ce qui composait pour le défunt un pécule castrense ou quasi-castrense n'a plus le même caractère dans les mains de son héritier.

90. — Nous n'avons traité que du père ou de l'ascendant paternel. La mère n'a-t-elle aucun droit à la succession de son fils décédé en puissance?

Le sénatus-consulte Tertullien est sans effet à cet égard; il date d'une époque où les fils de famille n'avaient encore rien à transmettre par voie d'hérédité *ab intestat*. Quand les empereurs Léon et Anthémius firent aux *lucra nuptialia* la première application de l'idée d'hérédité *ab intestat*, il ne paraît pas qu'ils se soient occupés de la mère.

Justinien, étendant comme on sait le patrimoine des fils de famille et leur succession *ab intestat*, fut naturellement amené, lorsqu'il régla à nouveau les droits de la mère dans la succession d'un *sui juris*, à lui faire aussi sa part dans la succession du fils de famille. (L. 7, § 1, C. *ad Tertull.*, 6-56).

Si le défunt n'ayant pas d'enfants laisse, outre le *pater familias*, sa mère et des frères et sœurs, — le *paterfamilias* a tout l'usufruit comme s'il ne rencontrait que des frères et sœurs; mais la mère prend en nue-propriété une quote-part égale à celle qu'elle prendrait en pleine propriété si son fils était décédé *sui juris :* à savoir, une part virile s'il y a des frères et sœurs ou seulement des frères, une moitié s'il n'y a que des sœurs (1).

---

(1) Rappelons que Justinien a plus tard admis le partage par têtes même dans la dernière hypothèse. (Sup. n° 75, 1° et la note.)

Que s'il n'y a ni frères ni sœurs, mais seulement la mère en présence du père, il faut conclure du silence de Justinien que la mère n'aura absolument rien à prétendre.

Il est impossible, évidemment, de supposer des frères et sœurs avec la mère sans *pater familias,* car du moment qu'il s'agit d'un fils de famille le père existe, ou au moins un ascendant paternel, quelquefois l'un et l'autre.

91. — Dans les cas où la mère a des droits à exercer, elle les exerce sur tout le patrimoine du fils de famille, même sur les pécules castrense et quasi-castrense. Il y a bien un texte ainsi conçu : « *Si filius familias miles non sit testatus de his quæ in castris acquisierit, an ea ad matrem pertineant videndum est : sed non puto.* » (L. 10, pr. D. *ad Tertull.*, 38-17.) Mais cette décision de Pomponius se réfère à une époque où il y avait impossibilité qu'un fils de famille eût une hérédité *ab intestat*, et elle est donnée précisément pour faire comprendre que le sénatus-consulte Tertullien n'a rien changé à cette impossibilité.

92. — Faisons remarquer, en terminant, que, même sous Justinien, les ascendants maternels autres que la mère, et les ascendantes paternelles, sont privés de tout droit à la succession des fils de famille. La *bonorum possessio unde cognati,* introduite à une époque où les fils de famille n'avaient pas de succession, trouverait d'ailleurs difficilement application, car il y a toujours au moins un *héritier,* qui est le père de famille. Si pourtant il était arrivé que le père de famille eût répudié l'hérédité, il est probable qu'on aurait admis le plus proche cognat à réclamer la succession.

§ 3.

Successsion des affranchis.

---

93. — Tous les affranchis au temps de la loi des XII
Tables, les affranchis citoyens Romains lorsqu'on distin-
gua trois classes d'affranchis, — ont toujours eu le droit
de succession *ab intestat* passive (1). Mais en exposant le
système de la première période, nous avons montré que
dans la succession d'un affranchi il ne pouvait être question d'ascendants. (Sup., n° 33.)

Cette situation a subsisté jusqu'à Justinien.

La reconnaissance par le préteur de la parenté naturelle
ne profita pas à la cognation servile. Lors même que
l'ascendant d'un affranchi avait été lui-même affranchi et survivait à son descendant, il ne pouvait réclamer la
bonorum possessio unde cognati. C'est qu'on ne peut aller
chercher le germe d'une parenté dans un temps où l'une
des personnes que l'on considère était esclave, car celui
qui n'est pas libre n'est pas une personne et n'a pas les
droits d'une personne. (2) Ce n'est pas assez de dire que la
cognation servile ne donne pas accès à la *bonorum possessio unde cognati* : il n'y a pas légalement de cognation, et

---

(1) L'affranchi Latin-Junien n'avait pas d'hérédité. Quant au déditice, il
était à cet égard traité en citoyen ou en Latin-Junien, selon qu'il aurait été
dans l'une ou l'autre condition, abstraction faite des fautes qui l'avaient réduit
à l'état de déditice.

(2) Cependant quand le préteur donne au patron la *bonorum possessio contra tabulas dimidiæ partis*, il l'oblige à exécuter les legs faits aux ascendants
de l'affranchi : il reconnaît donc leur qualité.

ce n'est que par une extension irrégulière qu'on emploie ici ce mot (l. 10 § 5, D. *de grad. cogn.* 38-10.

Le sénatus-consulte Tertullien ne porta aucune atteinte à ces principes. Il les appliqua au contraire rigoureusement; la loi 2, § 2, D. *ad Tertull.* contient ce qui suit : « *Si filius vel filia libertini sint effecti, mater legitimam hereditatem vindicare non poterit, quoniam mater esse hujusmodi filiorum desiit.* » Il s'agit cependant ici d'un lien de parenté formé originairement dans la liberté, il s'agit d'une mère qui n'a jamais cessé d'être libre ; mais l'esclavage postérieur de l'enfant a détruit le lien commun : en vain l'enfant a-t-il recouvré la liberté, il a acquis une personnalité nouvelle, il n'a pas repris l'ancienne.

94. — Justinien (Inst. de *grad. cogn.*, tit. 6, § 10) révolutionne cette théorie. Il reconnaît qu'un lien de cognation unit légalement, malgré leur naissance et leur conception en servitude, les enfants affranchis à leurs père et mère affranchis, et cela implique forcément la réciproque, à savoir la reconnaissance de la qualité de père et de mère à l'égard des enfants nés et conçus en servitude (1). Justinien reconnaît de même à ces enfants la qualité de frères, soit entre eux, soit à l'égard des enfants ingénus du père ou de la mère.

La cognation servile reconnue, il était conséquent de la faire arriver à la succession *ab intestat.*

Si pourtant on s'en tenait au titre de *successione libertorum* aux Institutes, Justinien, s'arrêtant à moitié route, n'aurait admis à l'hérédité de l'affranchi que ses enfants, mais point ses auteurs, ni ses frères ou sœurs : « *Si sine li-*

---

(1) Le § 10 n'a tiré les conséquences de la parenté qu'au profit des enfants, mais, au point de vue de l'existence légale de la parenté, la réciproque que nous établissons n'en est pas moins nécessaire. Voyez d'ailleurs ce que nous disons dans la suite du texte.

beris decesserint, si quidem intestati, ad omnem hereditatem
patronos patronasque vocavimus (§ 3). »

95. — Suivant l'opinion générale, Justinien n'a pas commis l'inconséquence dont il s'est donné les apparences. Il
faut compléter les Institutes par la constitution même de
Justinien à laquelle elles renvoient.

Cette constitution, il est vrai, ne nous est point parvenue
dans son texte original, mais on l'a à peu près reconstituée
à l'aide des Basiliques, et dans cette restitution, qui forme
la loi 4, C. *de bonis libert.* (6-4), le § 8 appelle, après les enfants, les ascendants et les frères : « *Post liberos vocantur*
deinde ceteri ascendentes et parentes liberti, et fratres, si modo
sint liberi, id est manumissi. »

En ce qui touche les frères, les Institutes se corrigent
d'elles-mêmes : le § 10 au titre *de gradibus cognationis* leur
accorde le droit de succéder. Incomplet en ce point, le
§ 3 *de succ. libert.* peut bien l'être en un autre, et d'ailleurs ce même § 10 ne reconnaît-il pas virtuellement la parenté ascendante à l'égard des affranchis ? (sup. n° 94 et
note.)

Les lacunes dans la matière des successions d'affranchis
n'ont rien qui doive surprendre de la part de Justinien ; il
avoue quel embarras elle lui a causé : « *Quod jus usque ad*
nostra tempora satis obscurum atque nube plenum et undi-
que confusum fuerat... »

96. — Cette doctrine, en ce qui touche les ascendants,
est susceptible d'une contestation sérieuse.

La constitution, antérieure aux Institutes, appellerait,
remarquons-le, tous les ascendants, à quelque ligne et à
quelque sexe qu'ils appartinssent, sous la condition bien
entendu qu'ils eussent été affranchis. C'est, comme on voit,
une satisfaction complète donnée à l'idée de la famille naturelle, et nous n'avons pas encore trouvé une réforme
aussi subversive des anciennes idées. Est-ce seulement le

signe que la 3e période, celle de la régénération totale, est proche ?

On pourrait soupçonner davantage, et conjecturer que cette admission des ascendants à la succession de l'affranchi, au lieu d'être antérieure en date à la refonte du droit successoral, l'aurait suivie et ne serait qu'une application pure et simple de la Novelle 118 qui marque la 3e période. — Les Instituts font allusion (§ 3, *de bon. libert.*) à une constitution écrite en grec; sait-on la portée exacte de cette constitution ? Il ne faut pas oublier que les Basiliques, où on a cru la retrouver, sont avant tout un ouvrage de pratique dans lequel le droit des Novelles est confondu et fondu avec celui du Digeste et du Code. — Si l'on admettait cette conjecture, il faudrait dire que pendant toute la deuxième période les ascendants auraient été sans droit à la succession d'un descendant affranchi.

Nous nous en tiendrons pourtant à l'opinion commune : aucun des ascendants d'un affranchi, pas plus l'ascendant paternel du sexe masculin que les autres, n'ayant qualité d'agnat, il n'y avait pas de raison de distinguer entre les ascendants de l'affranchi, même pendant la période où nous sommes, et où la famille agnatique subsiste à la base du droit successoral.

97. — L'opinion générale une fois admise, arrive une autre question : Quel était, à défaut d'enfants, l'ordre respectif des ascendants et des frères dans la succession ? Composaient-ils tous un seul et même ordre ayant pour règles, comme la *bonorum possessio unde cognati*, que le plus proche exclut le plus éloigné, et qu'à degré égal il y a concours ? — Les ascendants venaient-ils, quel que fût leur degré, avant les frères et sœurs ? — Étaient-ce les frères et sœurs qui passaient avant les ascendants ?

Pour la première opinion, on peut dire que le § 8 de la constitution restituée paraît énumérer les ascendants et les frères sans les classer les uns par rapport aux autres : *post liberos vocantur deinde ceteri ascendentes et fratres.*

Pour la seconde opinion (1), on argumentera de ce que les ascendants sont, dans le texte, nommés avant les frères.

La troisième opinion invoquera la tendance des réformes que nous avons trouvées dans les diverses successions des ingénus. Nulle part, dans le droit de Justinien, nous n'avons vu les ascendants préférés aux frères; tout au plus certains ascendants concourent-ils avec eux : il en est ainsi, notamment dans la succession de l'émancipé (sup. n° 76, 1°, 2° et 3°), — et l'argument est d'autant plus sérieux que la succession à l'émancipé est issue de la succession à l'affranchi (sup. n° 32), et que des principes communs les ont généralement régies. Quant au § 8 de la constitution restituée, s'il nomme les ascendants avant les frères, c'est *honoris gratiâ*, comme plus tard la Novelle 118 *(præf.)* les nommera même avant les descendants.

———

Récapitulation.— Situation générale, à la fin de la deuxième période, des ascendants dans la succession ab intestat.

———

98. — Dans les diverses hypothèses où la succession *ab intestat* peut se présenter, nous avons vu que le dernier

———

(1) M. de Fresquet, t. II, p. 52; et probablement M. Demangeat, t. II, p. 73.

mot appartient à Justinien. Résumons brièvement les résultats du droit de Justinien, modificatif, mais non destructif du système décemviral.

Les ascendants sont primés par les enfants et descendants, quel que soit le sexe du défunt. Cependant il peut arriver qu'un enfant ou un descendant vienne en concours avec des ascendants ou même soit écarté par eux (sup. n° 75, comb. n° 68, première hyp., et note à la fin de la deuxième hyp.).

Le père est tantôt préféré à la mère (n°s 75, 4° et 90), tantôt primé par elle (n° 75, 7°), tantôt aussi il concourt avec elle (n° 75, 3°, 4°, 5° et n° 90). Il est quelquefois écarté par des collatéraux éloignés (n° 75, 7° et 8°); il concourt quelquefois avec les frères et sœurs, sans être aussi bien traité qu'eux (n° 75, 2° et 3°, et n° 90).

La mère n'est jamais exclue par des collatéraux; elle exclut les uns et concourt avec les autres (n° 75, 1°, 2° et 7°, et n° 90).

L'ascendant paternel mâle exclut quelquefois la mère (n° 90) et même le père (n° 75, 5°); tantôt il concourt avec les frères et sœurs, tantôt il est exclu par eux (n° 75, 5° et 6°. — Voy. pourtant n° 82 un cas où l'aïeul prend l'usufruit, et laisse la nue-propriété aux frères et sœurs).

Les ascendantes paternelles et les ascendants maternels des deux sexes ne peuvent venir à la succession que quand il n'y a ni frères, ni sœurs, (voy. pourtant n° 97), — ni père, ni mère, ni ascendant paternel ayant la puissance ou la qualité d'émancipateur, fût-il moins proche en degré, — ni collatéraux agnats autres que frères et sœurs, si éloignés qu'ils soient, — ni collatéraux cognats plus proches qu'eux. Ils concourent avec les collatéraux cognats de même degré (n°s 57 et 77).

99. — Nous sommes loin à coup sûr de la simplicité du système décemviral : pourtant les traces de la loi des XII Tables sont faciles à constater.

L'ordre des héritiers siens existe encore, et c'est ce qui

fait passer des collatéraux éloignés avant presque tous les ascendants.

La puissance paternelle produit encore une partie de ses anciens effets pécuniaires, et c'est pourquoi les ascendantes paternelles, et les ascendants et ascendantes de la ligne maternelle sont moins bien traités que les ascendants paternels mâles.

Enfin, jusque dans le langage de Justinien, on retrouve les vestiges de l'antique origine religieuse. *In sacris patris constituti* (1. 7, § 1, C. *ad Tertull.* 6-56) désigne encore les fils de famille, quoique les *sacra privata* aient depuis longtemps disparu.

—De grands progrès sont pourtant accomplis dans le sens de l'idée nouvelle : tous les citoyens ont une succession *ab intestat*. Tous les ascendants sont appelés à la succession, — il est vrai dans un ordre qui n'offre ni fixité, ni méthode.

Le droit des successions *ab intestat* ne satisferait plus les intentions probables chez le païen du temps des XII Tables : il ne satisfait guère mieux les intentions probables chez le chrétien du VIe siècle.

Il est devenu impossible de rien conserver du système primitif si l'on veut que la succession *ab intestat* soit ce qu'elle doit être, un testament présumé.

La deuxième période est à son terme. La route est parcourue : nous touchons au point d'arrivée.

3ᵐᵉ Période. — Droit des Novelles de Justinien.

---

100. — Si l'expérience de tous les jours ne démontrait la puissance de la routine, on ne s'expliquerait pas que dans un empire qui n'avait plus de Romain que le nom, on eût pendant des siècles redouté de porter les mains sur des institutions propres aux premiers Romains, filles de conceptions mesquines et de croyances naïves dont la tradition même avait disparu.

Au temps où Justinien règne à Constantinople, le Christianisme n'a plus dans l'empire d'autres ennemis que les hérésies qui naissent de lui-même, — rien dans les dogmes qu'il enseigne ne contrarie la gradation naturelle des affections de famille, — et pourtant nous avons vu Justinien conserver, à la base du règlement des successions *ab intestat*, la loi des XII Tables, c'est-à-dire la distinction des agnats et des cognats, là où le cœur laissé à lui-même ne trouve plus que des parents ; — la préoccupation des *sacra privata*, alors que Jésus a détrôné les Dieux. Mais il échoue dans cette œuvre éternellement impossible de demander au passé la satisfaction des aspirations présentes et d'allier l'erreur d'hier à la vérité d'aujourd'hui : nous connaissons le dédale inextricable où vont s'égarer ses efforts.

La nécessité le pousse, l'enhardit, et, mettant à néant d'un seul coup tous ses essais de restauration, il proclame en 543 la déchéance de l'idée antique et l'avènement de l'idée nouvelle. L'idée antique c'était la famille agnatique, — l'idée nouvelle, c'est la famille naturelle.

Fondée sur la première, l'hérédité *ab intestat* de la loi des XII Tables avait eu en son temps le caractère de testament présumé. Basée sur la seconde, la succession *ab intestat* des Novelles offre le même caractère : Justinien y veut traduire les sentiments, les intentions de ses contemporains : — on peut critiquer le résultat, — l'inspiration n'est pas douteuse.

101. — La Novelle 118, dans sa préface, abroge formellement les lois antérieures sur la succession *ab intestat*. Toute différence est abolie entre les agnats et ceux qui ne le sont pas ou ne le sont plus : *in omnibus successionibus adgnatorum cognatorumque differentiam vacare præcipimus.* (Cap. IV.)

Le terrain ainsi déblayé, il fallait construire. Voici comment est réglée la succession :

En premier ordre viennent les descendants; — en deuxième ordre les ascendants, les frères et sœurs germains et leurs enfants (1); — en troisième ordre, les frères et sœurs consanguins ou utérins et leurs enfants; — en quatrième ordre, les autres collatéraux.

Ainsi la qualité d'ascendant est devenue par elle-même un titre à la succession, comme elle est, pour tous ceux qui l'ont, un titre à l'affection. L'ordre des ascendants a

---

(1) Nous tenons compte ici de la Novelle 127 dont l'influence sur la Novelle 118 sera précisée plus loin.

son rang fixe. Toujours exclus par les descendants, les ascendants ne sont jamais exclus par des collatéraux : voilà qui répond assez bien à la hiérarchie des affections naturelles. Les frères et sœurs germains, mais non les simples consanguins ou utérins, sont leurs concurrents : cela est peut-être moins heureux.

102. — Les ascendants, disons-nous, sont toujours exclus par les descendants. — La présence d'un enfant adrogé ou adopté par un ascendant suffit-elle, lors du décès de son père, pour écarter l'ordre des ascendants? On a prétendu que cet enfant ne pouvait venir que dans le quatrième ordre; nous repoussons cette opinion. Quand Justinien décidait que l'enfant adopté par un ascendant sortirait de la famille de son père naturel, c'est un effet de l'ancien droit qu'il maintenait; il s'agissait donc de la famille agnatique; la qualité de fils selon la nature persistait : dans l'ancien droit elle donnait le rang de cognat; dans le nouveau droit elle donne le rang de *descendant;* le quatrième ordre ne reçoit que des collatéraux.

— Les *liberi naturales* et les *spurii* font-ils obstacle aux ascendants? — S'il s'agit de la succession d'une femme, les *liberi naturales* et même les *spurii* paraissent devoir écarter les ascendants même légitimes. La loi 5 C. *ad Orphitianum* (6-57) décidait ainsi, et il semble qu'elle dût encore être applicable.

Quant à la succession d'un homme, les *spurii* dont la filiation est incertaine en sont exclus. Les *liberi naturales,* quand ils se trouvent en présence des ascendants, prennent deux onces, c'est-à-dire 2/12mes de la succession. Il y a donc, dans ce cas particulier, concours des enfants avec les ascendants. (Nov. 89, cap. xii, § 4). Nous disons des enfants, car les *nepotes naturales* n'ont pas droit à la succession. (§ 6, et l. 12 C. *de natural. liber.* 5-27.)

103. — Au rang des ascendants nous avons nommé les frères et sœurs germains et leurs enfants, mais supposons d'abord qu'il n'y en ait pas.

Entre les ascendants, la règle est que le plus proche exclut le plus éloigné. Cette règle s'applique sans dérogation : la représentation n'a pas lieu pour les ascendants.

S'il y a plusieurs ascendants d'égal degré, le concours s'établit. On partage par têtes si les ascendants d'égal degré sont dans la même ligne. S'ils sont de lignes différentes, on partage par lignes; moitié pour la ligne paternelle, moitié pour la ligne maternelle.

Exemples : 1° Le défunt laisse sa mère et un aïeul paternel; — la mère a toute la succession;

2° Le défunt laisse un aïeul et une aïeule maternels et un bisaïeul paternel; — le bisaïeul est exclu, l'aïeul et l'aïeule partagent entre eux par têtes;

3° Le défunt laisse son grand-père et sa grand'mère dans la ligne paternelle, et sa grand'mère dans la ligne maternelle; — le grand-père et la grand'mère maternels auront ensemble une moitié, c'est-à-dire chacun un quart, et la grand'mère maternelle aura seule l'autre moitié (1).

Aux règles qui précèdent y a-t-il dérogation lorsque le défunt était resté en puissance jusqu'à sa mort, et qu'il laisse son père et sa mère? Le père conserve-t-il l'usufruit sur la totalité des biens qui formaient ce qu'on appelle le pécule adventice, se trouvant par-là mieux partagé que la mère? — Lebrun *(success.,* ch. V, sect. I, n° 4) adoptait l'affirmative par ce motif que l'usufruit ne finit pas par la mort du propriétaire, mais par celle de l'usufruitier. Cette interprétation nous paraît fausser le caractère de l'usufruit du père.

104. — Supposons maintenant qu'avec les ascendants il se trouve des frères et sœurs germains.

---

(1) Nov. 118, cap. II. — C'est évidemment par distraction que M. de Fresquet (*tr. de Dr. Rom.,* t. II, p. 40) applique le partage par lignes dès qu'il y a des ascendants dans les deux lignes, sans exiger qu'ils soient égaux en degré.

Dans ce cas, le plus proche ou les plus proches des ascendants concourent avec les frères et sœurs germains (1). Le partage se fait par têtes (2).

La Novelle 118 avait admis la représentation au profit des enfants de frères et sœurs germains prédécédés, mais seulement à l'encontre des frères et sœurs survivants. La Novelle 127 l'admet également quand il y a des ascendants : le cas échéant, entre les ascendants, les frères et sœurs survivants, et les enfants des prédécédés, le partage se fait par souches, c'est-à-dire que les enfants d'un frère prédécédé ne prennent à eux tous que la part afférente à leur auteur.

La Novelle 127 présente encore une lacune. Elle ne prévoit pas le cas où, tous les frères et sœurs germains étant prédécédés, leurs enfants se trouveraient seuls en présence des ascendants. Les ascendants devaient-ils alors prendre toute la succession ? Cujas a soutenu l'affirmative par ce motif, que la représentation est de droit étroit. La négative est manifestement dans l'esprit de la Novelle.

— Le concours des ascendants avec les frères et sœurs germains aurait pu amener le résultat suivant : le défunt laissant son père et un frère *in potestate patris*, le père et le frère auraient eu chacun moitié; mais la moitié du fils de famille serait rentrée dans la catégorie des biens soumis à l'usufruit du père de famille; le père se serait donc trouvé avoir plus que sa part. Justinien décide, par dérogation à la puissance paternelle, que dans l'espèce le père n'aura pas l'usufruit de ce qui revient à son fils.

105. — L'existence de collatéraux autres que ceux dont

---

(1) Nov. 118, cap. II. — Selon M. de Fresquet (voy. la note précéd.) les rères et sœurs germains excluraient tous les ascendants autres que père et fmère : c'est encore évidemment une distraction.

(2) Une difficulté s'est élevée sur ce point dans la jurisprudence française des pays de droit écrit. (Voy. inf., *Droit Français*, nº 152).

nous venons de parler ne nuit pas à la vocation des ascendants. Cependant si la mère, étant devenue veuve du père du *de cujus*, s'était remariée, et si le *de cujus* laisse avec elle des frères et sœurs, même non germains, la mère n'a qu'en usufruit ce que le défunt tenait de son père (Nov. 22, cap. 46, § 2).

106. — La mère succède à ses *liberi naturales*, et même aux *spurii*, de la même manière que s'il s'agissait d'enfants légitimes. Les ascendants de la mère ont les mêmes droits.

Le père est appelé à la succession d'un enfant *ex concubinatu* (Nov. 89, cap. XIII).

107. — Les ascendants d'égal degré viennent, avons-nous dit, en concours. Cela doit-il s'entendre même des ascendants adoptifs?

Le défunt qui avait été donné en adoption laisse ses père et mère naturels et son père adoptif. M. Demangeat (t. II, p. 117) enseigne qu'il y aura concours. Ne faudrait-il pas écarter d'abord le père adoptif *extraneus*? Mais, en admettant même que ce fût un ascendant, comment se fera le partage? Sera-ce par lignes, comme entre ascendants d'égal degré et de lignes différentes, et donnera-t-on 1/2 à la mère, tandis que le père naturel et le père adoptif, considérés l'un et l'autre comme membres de la ligne paternelle n'auront chacun qu'un quart? Ce résultat serait étrange, et il n'est pas moins étrange de compter dans la ligne paternelle un père adoptif qui souvent sera, selon la nature, un ascendant maternel?

Partagera-t-on par têtes? Mais ce serait une dérogation aux principes, et sur quel texte la fondera-t-on?

On éviterait ces embarras en refusant au père adoptif tout droit à la succession : la Nov. 118 ne parle pas de lui, et c'est sur le lien du sang qu'elle établit le droit héréditaire. D'ailleurs sous l'empire même du Tertullien, le père adoptif était exclu par la mère naturelle (l. 2, § 15, et l. 3, D. *ad Tertull.* 38-17).

108. — Lorsqu'un ascendant que son degré appelait à la succession vient à faire défaut, l'effet est différent selon les cas.

Si cet ascendant était héritier unique comme se trouvant seul à son degré, sans que le défunt eût laissé de frères ou sœurs germains, ou d'enfants issus d'eux, — on passe à l'ascendant ou aux ascendants du degré subséquent : c'est la *successio graduum*. Ce n'est qu'à défaut d'aucun ascendant qu'on arrive au 3e ordre de successeurs : *successio ordinum*.

Mais si l'ascendant qui fait défaut se trouvait appelé concurremment avec d'autres ascendants, avec des frères et sœurs ou des neveux, sa part accroît aux cohéritiers qui devaient concourir avec lui, et l'ascendant du degré subséquent n'a rien à réclamer : le droit d'accroissement fait obstacle à la *successio graduum*.

Contre cette opinion on a invoqué le § 18 de la loi 2, D. *ad Tertull.* (38-17). Ce texte suppose que sous l'empire du Tertullien un défunt laisse une sœur agnate *(consanguinea)*, son père et sa mère. Si la sœur accepte, la mère partage avec elle conformément au sénatus-consulte, et le père est exclu. Si la sœur répudie, le père et la mère concourent. Donc, dit-on, il n'y a pas accroissement, mais dévolution de degré à degré.

La théorie du Tertullien, telle que nous l'avons présentée (sup. n° 66 et s.), montre le vice de ce raisonnement. Quand le père est vivant, le sénatus-consulte ne s'applique, — c'est-à-dire la mère ne peut venir comme *legitima heres*, — qu'autant que l'ordre des *legitimi* se trouve ouvert à l'encontre du père par un autre qu'elle-même, par un agnat. Cet agnat répudie-t-il? La mère est seule en face du père : *cessat senatus-consultum*, il faut passer à l'ordre des cognats. Il ne s'agit pas plus de *successio graduum* que d'accroissement, il s'agit d'une dévolution d'ordre à ordre. Le texte invoqué n'a donc rien à faire ici.

109. — Le système de la Novelle se présente comme le

règlement uniforme de toute succession. « Necessarium esse perspeximus, dit la préface, *omnes simul ab intestato cognationum successiones per præsentem legem clarâ compendiosâque divisione disponere*, etc. »

La Novelle régit donc la succession du fils de famille comme celle de l'ingénu *sui juris* (1), celle de l'émancipé comme celle du *sui juris* devenu tel sans émancipation (2).

Dans ces diverses successions par conséquent tous les ascendants sont appelés : *nullâ servandâ differentiâ inter personas istas, sive feminæ, sive masculi fuerint qui ad hereditatem vocantur, et sive per masculi, sive per feminæ personam copulantur* (cap. IV) (3).

Mais la Novelle s'applique-t-elle à la succession des affranchis? Ce point n'a pas, que nous sachions, attiré l'attention des auteurs (4).

La question ne peut se poser qu'en admettant que la réglementation de cette succession, telle qu'elle est restituée au Code (1. 4, § 8, *de bonis libert.*) est émanée de Justinien antérieurement à la Novelle 118 (sup. 96).

Cela étant, que dans cette réglementation les ascendants vinssent après ou avant les frères et sœurs, ou en concours avec les frères et sœurs même non germains (sup. n° 97), il y a toujours une différence avec la Novelle.

---

(1) Sive suæ potestatis, sive sub potestate fuerit is cui succedunt (cap. II).

(2) In omnibus successionibus adgnatorum cognatorumque differentiam vacare præcipimus, sive per femineam personam, sive per emancipationem, etc. (cap. IV). — Ces mots tombent, il est vrai, sur le successeur, mais la décision doit être la même quand c'est le *de cujus* qui a subi l'émancipation.

(3) D'après Lebrun (*success.*, chap. V, sect. 1re, n° 4) il reste une différence entre le père et la mère, lorsque le défunt était en puissance du père (sup. n° 103, in fine).

(4) La place qu'occupe la Novelle dans la plupart des ouvrages de Droit Romain, suppose chez les auteurs l'opinion que cette novelle s'applique à la succession des affranchis.— M. de Fresquet paraît d'un avis contraire.

La Novelle s'est-elle substituée au système du Code?

On peut en douter. Quelque généraux qu'en soient les termes, la Novelle, comme son titre même l'indique, n'a eu pour but que la suppression de toute différence entre l'agnation et la cognation; or ni les frères et sœurs de l'affranchi, ni ses ascendants, n'avaient jamais été ses agnats : on n'est donc plus dans la sphère de la Novelle 118 (1).

Si malgré cette observation on étend jusque là l'influence de la Novelle, ce sera seulement pour déterminer l'ordre respectif des ascendants et des frères et sœurs: mais quant aux autres collatéraux, on sera obligé de les exclure au profit du patron dont les droits n'ont jamais été supprimés par Justinien (2).

110. A la base du système primitif de succession *ab intestat* nous avons trouvé l'idée religieuse. Arrivé au système final des novelles, c'est encore l'idée religieuse que nous rencontrons.

La religion chrétienne ne contrariait pas dans la famille l'ordre naturel des affections, mais elle faisait haïr l'hérésie; — et Justinien, traducteur consciencieux des intentions de ses contemporains, a écarté les hérétiques de la succession de leur parent orthodoxe.

Cette exclusion n'est pas, comme on l'a dit souvent, une tache dans l'œuvre de Justinien; elle trahit une imperfection de l'esprit public du temps, elle marque la place d'un progrès moral qui restait à accomplir, nous voulons parler de la notion et de la mise en pratique de la liberté de conscience.

----

(1) Comp. en matière de tutelle, M. Demangeat, t. I, p. 369.

(2) La Novelle 78, en accordant le *jus annulorum* aux affranchis, ajoute (cap. II), « *ut nihil neque post hanc legem nostram lœdantur jura patronatus,* » et quoique la suite du texte ne fasse allusion qu'à l'*obsequium* et à la *reverentia,* ces termes généraux comprennent le droit de succession. Les con-

SECTION II.

DROITS A L'ENCONTRE D'UN TESTAMENT.

—

---

cessions particulières du *jus annulorum* n'avaient jamais porté atteinte au droit de succession du patron (l. 5, D. *de jure aureor annul.* 40-10), et la Novelle 78 n'est que la généralisation de ces concessions comme le fait voir la rubrique du cap. I. (Comp. M. Demangeat, t. I, p. 179).

---

111. — Il ne suffit pas d'avoir déterminé les droits des ascendants dans la succession d'un défunt qui n'a pas laissé de testament. Il faut encore placer les ascendants en face d'un testament.

Que ce testament puisse nommément leur conférer des droits, rien de plus évident : tout-à-l'heure présumée, à présent expresse, c'est toujours la volonté du propriétaire qui s'exécute.

Que d'autre part les ascendants puissent invoquer la nullité du testament, alors par exemple que les formes légales n'ont pas été observées, ou que le testateur a perdu la capacité de tester, — rien de plus simple encore : la volonté qui ne s'affirme pas régulièrement ou qui vient d'un incapable, n'est pas légalement une volonté.

Mais qu'il soit question de droits à l'encontre d'un testament *jure factum, non ruptum, non irritum,* — c'est ce qui dès l'abord semble inconciliable avec les principes de la législation romaine.

Cette législation, en effet, n'a-t-elle pas à toute époque, reconnu au propriétaire la disposition de son hérédité ? La succession organisée *in abstracto,* y a-t-elle jamais été autre chose qu'une facilité offerte aux propriétaires, une interprétation proposée de leurs intentions, un testament supplétif ?

Comment donc cette législation aurait-elle imprimé le caractère de droits à des prétentions à l'hérédité qui se-

raient contraires à la volonté expresse du propriétaire décédé?

Etrange reniement du principe, — et qui pourtant s'est
réalisé. Nous verrons quelles déviations successives ont
préparé cet écart de logique ; mais pour que les idées que
nous exposerons sur la génération historique soient bien
comprises, il faut que nous fassions connaître les institutions qu'elle a produites. Disons immédiatement que malgré ces altérations, le principe *uti legassit ita jus esto* a
toujours été tenu pour fondamental dans la législation des
successions.

112. — Dans le droit de l'époque classique, on trouve
deux recours contre le testament accessibles à des ascendants : la *bonorum possessio contrà tabulas dimidiæ partis*
et la *querela inofficiosi testamenti*. Etudions-les telles qu'elles
se rencontrent à l'époque classique, en laissant de côté
pour un moment la question de filiation historique et
d'ordre chronologique.

113. — I. *Bonorum possessio contrà tabulas dimidiæ partis.* — Nous avons exposé (sup. nᵒˢ 51 et 52) l'origine et le
caractère de la *bonorum possessio* en général. La *bonorum
possessio contrà tabulas* en est l'application la plus hardie.

Elle a deux sortes de bénéficiaires : les descendants, et
le patron ou l'émancipateur. Nous n'avons à l'étudier que
sous cette dernière face, en tant qu'il s'agit d'un ascendant émancipateur.

Le préteur accorde la *bonorum possessio contrà tabulas* au
patron lorsque l'affranchi, à l'hérédité duquel il serait venu
ab intestat, a institué un héritier sans assurer à son patron
par le testament la moitié au moins de ses biens. C'est la
bonorum possessio contrà tabulas dimidiæ partis. Elle constitue tout à la fois une atteinte à la libre disposition et une
entreprise sur le droit civil qui la consacrait.

114. — Ce même bénéfice fut étendu par le préteur à l'é-

mancipateur, et nous croyons que le préteur ne dut pas faire de différence entre le *parens* et l'*extraneus*. Il semblerait pourtant résulter d'un texte d'Ulpien (l. 1, D. *si a par. quis manum.* 37-12) que le *parens manumissor* aurait seul profité de la *bonorum possessio contrà tabulas.* Mais de même que, grâce à l'analogie de l'émancipation avec l'affranchissement, l'émancipateur, quel qu'il fût, s'était trouvé appelé à l'hérédité légitime (sup. n° 32), — de même l'*extraneus* devait, tout comme le *parens,* acquérir la *bonorum possessio contrà tabulas* imitée de celle du patron. Ulpien convient lui-même que c'est l'analogie de situation qui a guidé le préteur : « *Emancipatus in eâ causâ est ut in contrà tabulas bonorum possessione liberti patiatur exitum* (pr. l. cit.). » Il est vrai qu'Ulpien dit *emancipatus a parente,* mais il y a identité de raisons pour celui qui a été émancipé par un *extraneus.*

Il est vrai aussi qu'Ulpien justifie l'extension de la *bonorum possessio contrà tabulas* par une explication qui ne convient parfaitement qu'au *parens : « Quod æquissimum prætori visum est, quia a parente beneficium habuit bonorum quærendorum; quippe si filius familias esset, quodcumque sibi acquireret, ejus emolumentum patri quæreret. »* — Mais il est évident que cette explication appartient à un tout autre ordre d'idées que la raison d'analogie qui la précède : c'est une justification, spéciale au *parens,* de la décision prétorienne, mais le motif juridique de cette décision, c'est l'analogie de l'émancipation avec l'affranchissement.

Il faut remarquer que le texte dont il s'agit est inséré au titre *si a parente quis manumissus sit :* il est tout naturel dès lors qu'il soit spécial au *parens.* Il se pourrait d'ailleurs qu'Ulpien n'eût traité nulle part des droits de l'*extraneus ;* c'est que l'hypothèse du *manumissor extraneus* était à peu près supprimée en fait par l'usage de la fiducie. Ce même Ulpien n'a-t-il pas omis la *bonorum possessio unde decem* dans l'énumération qu'il donne des *bonorum possessiones ab intestato* (reg., tit. XXVIII, § 7)? — La *bonorum possessio unde decem* elle-même, qu'elle soit antérieure ou postérieure en date, a contribué à rendre encore plus rare l'application de la *bonorum possessio contrà tabulas* au profit d'un *extraneus*. En effet, pour obtenir la *bonorum possessio contrà tabulas*, il faut n'être empêché de succéder *ab intestat* que par le testament ; or, il n'en est plus ainsi pour le *manumissor extraneus* qu'autant qu'il n'existe aucun des dix parents privilégiés.

Il suffit au surplus à notre sujet que la *bonorum possessio contra tabulas* ait appartenu au *parens manumissor*.

115. — Le préteur ne s'était pas occupé du patron de l'affranchie. Que penser de l'émancipateur d'une fille ? (Ulp. reg. XXIX, 2).

La fille émancipée était sous la tutelle de l'émancipateur, comme la fille affranchie était sous la tutelle du patron ; comme elle, elle ne pouvait tester que *tutore auctore* ; l'émancipateur, pas plus que le patron, n'avait besoin, par conséquent, d'être protégé contre le testament (G. I, 166 et III, 43).

Toutefois, quand la tutelle des femmes cessa d'être générale et sérieuse, il paraît qu'on appliqua à l'émancipateur d'une fille les mêmes règles qu'à l'émancipateur d'un homme. C'est ce qu'on peut induire de la l. 3, § 1, D. *si a par. quis manumis.*

116. — Dépendant de la qualité de *manumissor*, la *bonorum possessio* dont il s'agit ne saurait appartenir à un ascendant que s'il a eu la puissance, c'est-à-dire s'il est du sexe masculin et de la ligne paternelle. Ulpien donne à cet égard les termes de l'Édit : *In eo qui a patre avove paterno proavove avi paterni patre...* (1).

____

(1) L. 1, § 1, D. *si a par. quis manum.* — Ces termes se réfèrent à l'émancipation avec fiducie, mais n'impliquent pas que le *manumissor extraneus* fût exclu de la *bonorum possessio* (sup. n° 114).

Le droit de l'émancipateur contre le testament ne se transmet pas à ses enfants ; le contraire avait lieu pour le patron : l'assimilation n'était pas entière (1. 1 , § 5, eod.).

117. — Il y a, avons-nous dit, une *bonorum possessio contrà tabulas* destinée aux enfants du testateur : pour que celle-là soit accordée, il faut et il suffit qu'il existe un testament susceptible de donner un héritier civil ou un successeur prétorien (Ulp. reg. XXVIII, 5 et 6).

Pour qu'il y ait lieu à la *bonorum possessio contrà tabulas* de l'émancipateur, *oportet hereditatem aditam esse, vel bonorum possessionem (secundum tabulas) petitam* (¹). — La *bonorum possessio* est dite dans le premier cas *contrà lignum* ou *contrà testamentum*, — elle est dans le second cas *contrà heredem*.

Il est en outre nécessaire qu'aucun descendant n'ait demandé la *bonorum possessio contrà tabulas* offerte aux descendants omis, et qu'aucun n'ait intenté la plainte d'inofficiosité.

Enfin, le *parens* n'a la *bonorum possessio contrà tabulas* que quand il a été omis ou que le testament lui donne moins de moitié des biens. Pour l'en priver il suffit que le testament lui donne la moitié à quelque titre que ce soit (1. 3, §§ 15 et 16, D. *de bon. libert.*).

118. — La *bonorum possessio contrà tabulas* des descendants rescinde l'institution pour le tout; dès-lors, le testament tombe, et ce n'est que par faveur que le préteur en retient certaines dispositions privilégiées. Au contraire la *bonorum possessio* de l'ascendant ne rescinde l'institu-

---

(1) L. 3, § 5, D. *de bon. libert.*, 38-2. Voy. aussi 1. 4, D. *de bon. poss. cont. tab.*, 37-4.

tion que partiellement : toutes les dispositions du testament subsistent, seulement l'ascendant n'est obligé d'exécuter pour sa part que celles qui s'adressent aux personnes privilégiées. (1).

L'ascendant n'obtient que la moitié, ou le complément de la moitié. Il paraît cependant que quand l'héritier était une *turpis persona*, l'émancipateur obtenait la totalité (l. 3, pr. D. *si a par. quis manum)*.

119. — La *bonorum possessio* ne porte pas sur les biens acquis *in castris*, c'est-à-dire sur les biens qui, si l'émancipé était encore en puissance, lui constitueraient un pécule castrense, et ceci doit être étendu au pécule quasi-castrense dès le moment où il a été connu : si le droit de l'émancipateur est fondé, comme le dit Ulpien, sur le service qu'il a rendu à l'émancipé en lui permettant d'avoir des biens personnels, ce droit ne peut frapper les biens que le *fils de famille* lui-même conserve propres (2).

120. — Si l'émancipateur a reçu de l'argent pour émanciper, — ou si, après l'émancipation il en a reçu pour ne jamais se prévaloir de la *bonorum possessio contrà tabulas (ne judicia filii inquietet)*, — il est repoussé par l'exception de dol. (l. 1, § 3, D. *si a par.*).

Il est non recevable lorsque, après le décès de l'émancipé, il a approuvé le testament, expressément ou tacitement, par exemple en recevant de l'institué ce que le testament lui adressait.

---

(1) Les descendants, les ascendants, la femme ou la bru *dotis nomine* (l. 1, pr. D. *de legat. præst.* 37-5.

(2) L. 1, § 4. D. *si a par. quis man.* — Nous avons critiqué (sup. n° 214) la raison donnée par Ulpien. Son inexactitude éclate ici : L'affranchi, à la différence de l'émancipé, doit à l'affranchissement d'avoir en propre les biens acquis *in castris* comme tous autres biens ; cependant, la *bonorum possessio* du patron ne porte pas sur les biens acquis *in castris* (l. 3, § 6, D. *de bon. libert.*).

La loi 5 *cod.* rapporte qu'on considéra comme déchu un père que Trajan avait forcé d'émanciper son fils à raison des mauvais traitements qu'il lui infligeait.

121. — II. *Querela inofficiosi testamenti.* — *Légitime.* — La *querela inofficiosi testamenti* est une espèce de pétition d'hérédité par laquelle, en demandant la rescision du testament, on revendique l'hérédité comme si elle était déférée *ab intestat.*

Le nom de cette action vient de ce que celui qui l'intente se plaint que le testateur, manquant à l'*officium pietatis*, lui ait fait l'injure de lui préférer un autre héritier. En cela, elle ressemble à l'action d'injures. (M. de Savigny, trad. Guénoux, t. II, p. 129).

Parce que c'est une pétition d'hérédité elle est portée devant les centumvirs, — et parce que c'est une action d'injures, elle se perd par l'expiration d'un bref délai et ne se transmet aux héritiers de celui en la personne de qui elle s'est ouverte qu'autant qu'il l'a intentée ou a du moins manifesté l'intention de l'intenter.

La *querela*, voie extraordinaire, suppose un testament contre lequel de droit commun il n'y aurait aucun moyen à faire valoir, un testament fait par une personne capable, régulier en la forme et au fond. Encore y a-t-il des testaments que la *querela* ne peut atteindre :

1° Un fils de famille n'ayant capacité de tester que sur son pécule castrense, ce cas était le seul où à son égard la *querela* eut été possible, et ce cas en fut formellement dispensé. Disons de suite que la dispense s'étendit au pécule quasi-castrense lorsqu'il fut permis d'en disposer par testament. En définitive la *querela* n'a jamais lieu contre le testament d'un fils de famille. (L. 24 et l. 37 § 1, C. *de inoff. test.* 3-28. Voy. pourt. inf. n° 144).

2° Le testament d'un militaire étant plus aisément valable que celui d'un *paganus*, la *querela* se serait trouvée presque toujours possible contre lui. On l'y soustrait expressément, pourvu (ajoute Justinien) qu'il ait été fait *in expeditione.* L'immunité subsiste au profit du vétéran, si toutefois il est mort dans l'année depuis le congé. (Inst. pr. et § 3 *de militari test.* II, XI).

Le testament du fils de famille militaire, fait sur le pécule castrense, se trouve compris à la fois dans les deux exceptions ci-dessus. Le testament du fils de famille vétéran, fait après le congé, ou bien fait *in expeditione* mais non suivi de la mort du testateur dans l'année du congé, n'est plus protégé que par la première exception. Que si le défunt quand il a testé, était déjà *sui juris* et n'avait plus le privilège des militaires, ni l'une ni l'autre des deux exceptions ne lui est applicable : son testament est exposé à la plainte d'inofficiosité, alors même qu'il ne laisserait pas d'autres biens que ceux qui ont formé le pécule castrense (l. 8, §. 3, D. *de inoff. test.* 5-2).

122. — La *querela* est ouverte à tous les ascendants, mais son exercice effectif est subordonné à diverses conditions.

Ceux-là peuvent intenter la *querela* que le testament accuse implicitement d'avoir démérité ; or, cette accusation ne peut s'induire du testament qu'à l'égard des personnes qui sans lui succéderaient. Donc, les ascendants ne peuvent intenter la *querela* contre le testament de leur descendant, qu'autant qu'ils étaient appelés à sa succession soit par le droit civil, soit par l'Edit (1), et qu'ils y étaient appelés en ordre utile.

Ce que suppose cette condition a été longuement étudié dans la première section de ce travail. Constatons simplement que la *querela* des ascendants ne se rencontre

---

(1) Celui qui n'est appelé que par l'édit doit, avant d'intenter la *querela,* demander — *litis ordinandi gratiâ* — la *bonorum possessio* à laquelle il aurait droit *ab intestat ;* c'est alors seulement qu'il a titre de successeur. (L. 2, C. *de inoff. test.,* et l. 8, pr. D. eod.).

qu'à défaut de descendants appelés à la succession par le droit primitif, par le préteur, par le sénatus-consulte Orphitien ou par les constitutions.

Quand le défunt est un affranchi, la plainte d'inofficiosité des ascendants ne peut jamais avoir lieu (1). Nous venons de voir (n° 121), qu'il en est de même quand le défunt est un fils de famille.

123. — Il arrive cependant qu'un ascendant, qui dans l'ordre de la succession *ab intestat* aurait été primé par d'autres, puisse intenter la *querela* : « *Si is,* écrit Paul (l. 31, pr. D. *de inoff. test.) qui admittitur ad accusationem nolit aut non possit accusare, an sequens admittitur videndum est; et placuit posse.* » Et c'est précisément à un ascendant que Papinien applique la règle « *Pater filium emancipavit, et nepotem ex eo retinuit : emancipatus suscepto postea filio, duobus exheredatis, patre præterito, vita decessit : in questione de inofficiosi testamenti, præcedenti causa filiorum, patris intentio adhuc pendet : quod si contra filios judicetur, pater ad querelam vocatur et suam intentionem implere potest.* » (l. 14, D. *eod.*).

Justinien pourtant semble dire (l. 34, C. *eod.*) que cette dévolution n'était pas admise avant lui. Il ne faut pas s'arrêter à cette apparence : Dans sa constitution, qui paraît d'ailleurs spéciale aux descendants, Justinien accorde aux appelés du degré subséquent la *querela* personnelle à l'appelé qui les précédait, c'est-à-dire qu'il permet d'attaquer le testament comme ayant manqué à l'*officium pietatis* à l'égard, non pas de ceux qui se plaignent, mais de celui qui les primait dans la succession *ab intestat* et

---

(1) Les ascendants d'un affranchi n'ont qu'un privilège : quand le testament est rescindé par la *bonorum possessio contrà tabulas* du patron, les dispositions que ce testament pouvait contenir en leur faveur sont opposables au patron. (Sup. n° 93; comp. n° 118).

qui n'a même pas manifesté l'intention de se plaindre. C'est là ce que le droit antérieur à Justinien ne permettait pas, — mais il admettait l'appelé du degré subséquent à se plaindre pour son propre compte quand l'appelé préférable n'avait pas voulu ou pas pu faire rescinder le testament (1).

124. — Le *querelans* pour réussir doit administrer la preuve qu'il n'a donné au défunt aucun sujet légitime de tester à son détriment. Il en est ainsi même quand le *querelans* est un ascendant (2).

Dans le droit classique l'appréciation de la légitimité des motifs du testateur est abandonnée à la sagesse des juges.

125. — La théorie de la *querela* a dans les textes un complément, la *quarte legitime*.

L'ascendant, puisque c'est lui seul qui nous occupe, ne peut intenter la plainte d'inofficiosité si le testament lui adresse, à quelque titre que ce soit, des avantages dont la somme soit au moins égale au quart de ce qu'il aurait eu *ab intestat*. Il ne le peut que si le testateur ne lui a rien laissé ou s'il lui a laissé moins du quart.

Le mode de calcul de la quarte ne nous occupera point : nous ne prenons des principes généraux de la matière que ce qui est indispensable à notre sujet.

---

(1) Vinnius, *Select. jur. quæst.* liv. 1. ch. 20 ; Pothier, Pand. t. III, *ad tit. de inoff. test.* n° 10 note 4. — M. Labbé a proposé une explication différente et fort ingénieuse (*Revue pratique*, t. V, p. 212). Selon lui, l'hypothèse de la constitution 34 est celle où le fils et le petit-fils étaient tous deux sous la puissance du défunt, où le fils décède pendant que l'héritier institué délibère, et où l'institué renonce postérieurement à ce décès ; dans cette hypothèse, le petit-fils se serait trouvé sans droit propre à la *querela*.

(2) La loi 28, C. *de inoff. test.* ne contient rien de contraire.

126.— Pour être recevable à intenter la *querela*, il faut n'avoir renoncé à son droit ni expressément, ni implicitement, et en particulier n'avoir pas laissé passer le délai de 2 ans depuis la mort du testateur.

127. — Etant réunies toutes les conditions voulues pour qu'un ascendant puisse intenter la *querela*, supposons qu'en effet il l'ait intentée et voyons le résultat.

L'ascendant a-t-il succombé? Le testament subsiste, mais le plaignant perd les avantages qui s'y trouvaient consignés en sa faveur. (L. 8, § 14, D. *de inoff. test.*).

L'ascendant a-t-il triomphé? Le testament est rescindé *ipso jure*, et le plaignant se trouve successeur *ab intestat*. Celles des dispositions testamentaires qui auraient déjà été exécutées donnent lieu à la *condictio indebiti* (1).

128.— Que si au lieu d'un ascendant il s'en trouve deux au même degré, la plainte intentée par un seul et suivie de succès profite à tous les deux. Toutefois, si le cohéritier du *querelans* victorieux avait renoncé d'une manière quelconque au bénéfice de la *querela*, ou si l'ayant lui-même intentée il avait succombé, la part qu'il devait prendre accroît à celui qui a obtenu gain de cause.

Dans le cas où le co-héritier du *querelans* tenait du testament sa quarte légitime, le *querelans* n'obtiendra que la moitié, et le cohéritier conservera sa quarte, mais que deviendra le dernier quart? M. Demangeat le laisse à l'institué. M. Vernet admet le co-héritier du *querelans* à le réclamer contre l'institué. Cette dernière opinion nous parait d'accord avec le principal effet de la *querela*, l'ouverture de la succession *ab intestat;* elle amènera, il est vrai, ce résultat « qu'un seul et même individu sera tout-

---

(1) l. 8. § 16 D. eod. — et le savant commentaire de ce texte par M. Demangeat (t. I, p. 701 et s.).

à-la-fois et par rapport à l'héridité de la même personne, héritier *ab intestat* et héritier testamentaire. » (1).

129.— III. *Cumul de la bonorum possessio contrà tabulas et de la querela.*— La *querela* des ascendants et la *bonorum possessio contrà tabulas dimidiæ partis* offrent des ressemblances : l'une et l'autre sont dirigées *contrà heredem,* c'est-à-dire supposent que l'institué a fait adition ou au moins demandé la *bonorum possessio;* — toutes deux sont fondées sur une idée de rectification du testament dans le sens d'une obligation morale.

Elles diffèrent sous d'autres rapports :

La *bonorum possessio dimidiæ partis* n'ouvre pas la succession *ab intestat,* elle aboutit à imposer une institution d'héritier *(jubetur ita testari,* dit Gaïus); — la plainte d'inofficiosité « *intestatum patremfamilias facit.* » (2)

La *bonorum possessio* n'a lieu qu'à l'égard d'un défunt émancipé et ne peut profiter qu'à un ascendant paternel du sexe masculin; — la plainte d'inofficiosité a lieu à l'égard de tout ingénu *sui juris* et est accessible à tous les ascendants.

La première est fondée sur le lien civil qu'établit le fait de l'émancipation, la seconde sur le lien naturel qui unit l'ascendant au descendant.

130.— Cette dernière différence nous amène à nous demander si le *parens manumissor* peut cumuler les deux bénéfices à raison de la double qualité qu'il possède.

L'affirmative rencontre une difficulté : la plainte d'inofficiosité n'est, on le sait, qu'une ressource suprême, *ultimum auxilium,* aussi les textes disent-ils « *qui ad hereditatem*

---

(1) Voy. M. Demangeat, t. 1, p. 704 ; M. Vernet, *Quot. disp.* p. 155 ; et la loi 19 D. *de inoff. testam.*

(2) Gaïus III, 41.— Ulp. reg. XXVIII § 1.— L. 6, § 1, D. *de inoff. test.*

totam vel partem ejus alio jure veniunt, de inofficioso agere non possunt » (Inst. *de inoff. test.* II-XVIII, § 2.); il semble donc que l'ascendant qui a la *bonorum possessio dimidiæ* doive être exclu de la *querela* (1).

Cependant, la décision favorable à l'ascendant résulte indubitablement d'un texte d'Ulpien : *Patrem, acceptâ, contrà tabulas bonorum possessione, et jus antiquum, quod et sine manumissione habebat, posse sibi defendere Julianus scripsit.* (L. 1, § 6 D. *si a par. quis manum*, 37-12.)

C'est que le *parens manumissor* agit à un double titre (2), comme ascendant pour la *querela*, comme émancipateur pour la *bonorum possessio*. C'est ce qu'indique la suite du texte : *Nec enim ei nocere debet quod jura patronatus habet, cum sit et pater.*

131. — IV. *Génération historique.* — Dans le fragment qui vient d'être rapporté, Ulpien appelle *jus antiquum* la plainte d'inofficiosité, paraissant ainsi la considérer comme antérieure à la *bonorum possessio* de l'émancipateur. Ceci nous amène naturellement à l'étude, que nous avions ajournée, de la génération historique et de l'ordre chronologique des deux institutions.

Il faut prendre à son début l'évolution qui a abouti à la mutilation du principe de libre testament.

Dans la religion antique le patrimoine était l'accessoire inséparable des Dieux domestiques; le testament qui disposait de l'ensemble devait être l'objet d'un respect vraiment religieux, et il en fut ainsi. Pourtant on ne tarda pas à trouver étrange qu'un propriétaire qui avait des enfants *in sacris* instituât un autre qu'eux pour son héritier. On n'eut pas la pensée de violer ses intentions, on voulut être

---

(1) Comme en est exclu l'adrogé qui peut réclamer la quarte Antonine.

(2) Au contraire l'adrogé n'a réellement qu'une seule qualité.

sûr qu'il les avait eues. De là l'obligation *d'exhéréder* les enfants en puissance, imposée au testateur qui voulait instituer un héritier.

Imaginée par une jurisprudence sans doute fort reculée, cette exigence ne diminuait en rien la liberté du testateur, mais elle supposait, chez ceux qui l'avaient crue nécessaire, une improbation inavouée des testaments qui préféraient aux enfants un autre héritier.

132. — Cette improbation s'accuse plus clairement par l'institution de la *querela*.

La nécessité d'exhérédation avait procédé de l'appréhension que le testateur n'eût institué un héritier que faute d'avoir songé qu'il avait des enfants : la *querela* procède de la supposition que le testateur qui a formellement exhérédé ses enfants n'a pas agi dans la plénitude de ses facultés.

En apparence le principe de la libre disposition n'est pas encore atteint : on veut bien l'appliquer, pourvu que ce soit à bon escient. Au fond, le mouvement de réaction est commencé : si l'enfant, pour faire tomber le testament, peut prouver directement que son auteur était *mente captus*, il n'a pas besoin de la *querela*, il n'a qu'à faire valoir la nullité du testament : *Si vere furiosus sit, nullum testamentum est.* (Inst. *de inoff. test.* à la fin du *pr.*) Mais dans la *querela*, la preuve de l'insanité résulte d'une présomption légale : il suffit à l'enfant d'établir qu'il n'avait donné à son auteur aucun sujet légitime de lui préférer quelque autre. La théorie de la *querela* implique donc l'opinion préconçue que nul ne doit, sans motifs graves, exclure ses enfants de sa succession, et elle aboutit à restreindre le droit du propriétaire. Seulement, par une habileté dont la jurisprudence romaine offre plus d'un exemple, on prête au défunt l'intention qu'il n'a pas eue mais qu'on veut faire prévaloir, en mettant sur le compte de la déraison l'intention qu'il a eue mais qu'on ne veut pas exécuter.

133. — Cujas attribuait l'introduction de la *querela* à une

loi Glitia, en se fondant sur ce que Gaïus paraît avoir traité de la *querela* dans un commentaire sur une loi de ce nom. (Voy. l'indication d'origine du fragment 4 D. *de inoff. test.*) Mais la loi Glitia est absolument inconnue, et la *querela*, à n'en juger que par les idées qu'elle suppose et la fiction qu'elle prend pour base (1), est issue du travail de la jurisprudence. L'expression *inductum est* dont on se sert aux Institutes, convient aussi bien à une innovation des Prudents qu'elle conviendrait peu à un acte législatif.

Quoi qu'il en soit, la *querela* existait dès le temps de Cicéron, car, dans son deuxième discours contre Verrès, il parle de testament inofficieux.

134. — La *bonorum possessio contrà tabulas* est venue plus tard.

Souvent, quand elle a pour bénéficiaires des descendants, — toujours, quand elle est donnée à l'émancipateur, elle constitue une entreprise directe sur le droit civil : elle n'a donc pu être que la dernière application de la *bonorum possessio*. Il ne faut pas s'arrêter à ce que dit Justinien (Inst. pr. *De bonor poss.*, III-IX) qui était à la fois trop loin et trop près de l'œuvre prétorienne pour en apprécier sainement la marche et l'esprit. Cicéron qui, nous l'avons vu (sup. n° 51) connaît la *bonorum possessio* supplétive du droit civil, ne fait jamais allusion à une *bonorum possessio* donnée *corrigendi juris gratiâ*. La *bonorum possessio contrà tabulas* est donc postérieure à Cicéron, et par-là même postérieure à la *querela*. On remarquera seulement que nous ne parlons jusqu'ici que de la *querela des descendants*.

135. — Dès qu'on regarda les propriétaires comme

---

(1) *Hoc colore quasi non sanæ mentis fuerint cum testamentum ordinarent.* (Inst. pr. *de inoff. test.*)

tenus d'observer dans la disposition de leurs biens ce qu'on appela l'*officium pietatis*, on fut naturellement porté à déterminer l'étendue de ce devoir : il le fallait pour que celui qui faisait son testament pût avoir quelque assurance qu'il serait exécuté. Cela fit naître l'idée d'une *portion légitime*. On fixa cette portion au quart de ce que la personne protégée aurait eu *ab intestat*. Pourquoi cette quotité? Par imitation de la quarte assurée par la loi Falcidie (1) à l'héritier institué contre les legs résultant du testament : cela est si vrai que la quarte légitime est quelquefois appelée Falcidie.

136. — Ainsi précisée et complétée, l'institution de la *querela* avait besoin d'être systématisée, juridiquement fondée. Ce n'est guère, à notre avis, qu'au temps des jurisconsultes classiques que la théorie se formula; nous appuyons cette conjecture sur la physionomie des textes. Ni dans ce que nous connaissons des Institutes de Gaïus, ni dans les règles d'Ulpien il n'y a trace de la *querela*; elle existait déjà, assurément, mais encore en voie de formation. Si la légitime, cette grave atteinte à la libre disposition, avait déjà été bien établie, les ouvrages élémentaires n'auraient pas gardé le silence sur la *querela* dont elle est le complément. Il s'agissait d'une théorie à faire, et les jurisconsultes ne s'en occupaient que dans des ouvrages spéciaux dont on trouve des fragments au Digeste (2).

Cette théorie, comment s'est-elle formulée?

Pour donner à la *querela* pure et simple un air de légalité, on avait inventé la fiction de folie : pour fournir à la

---

(1) L'esprit de la loi Falcidie était d'assurer l'exécution de la volonté des testateurs, en donnant à l'institué intérêt à l'acceptation, faute de laquelle tout le testament aurait été anéanti.

(2) Comp. l'*inscriptio* des lois 4, 9, 18, tirées de Gaïus, Modestin et Paul (D. *de inoff. test.*)

légitime une apparence de fondement juridique on trouva une autre fiction, c'est celle de la *co-propriété familiale.*

137. — L'expression *heres suus*, dont la signification primitive était perdue de vue, fut sans doute ce qui conduisit à l'idée de co-propriété. *Heres suus*, dit-on, c'est *héritier de soi-même;* cette étymologie est déjà indiquée dans les Institutes de Gaïus (II, § 157), et Paul la développe dans un fragment rapporté au Digeste (L. 11 D. *de liber. et post.* 28-2). Si cette étymologie est exacte, — comme l'expression est déjà dans la loi des XII Tables, il faut que l'idée de co-propriété familiale ait été le point de vue originaire du législateur Romain en matière de succession (1); or, ce point de vue n'a jamais été le sien; en voici les motifs :

1° On n'a jamais compris le fils de famille au nombre de ceux *qui domini sunt et alienare non possunt* (G. II, 62 et s.); on les range au contraire parmi ceux qui acquièrent pour autrui, à côté des esclaves qui certes n'ont aucun droit de co-propriété. (G. II, 87.)

2° L'idée de co-propriété est inconciliable avec les pouvoirs du père de famille sur ce qui provient de ses enfants. Ces pouvoirs dépassent la plus large administration; rien ne ressemble autant à la propriété exclusive sinon la propriété elle-même : *Hoc ita parentum fiebat, ut esset eis licentia, quod per unum vel unam eorum acquisitum est, alii filio vel extraneo donare, vel vendere, vel quocumque modo applicare.* (Inst. II-IX, § 1.)

3° Si les enfants sont co-propriétaires, comment comprendre que le testament du père ait pu longtemps les dépouiller par voie de prétérition? Comment comprendre même l'exhérédation formelle? — Paul, que l'objection

______

(1) C'est ce qu'ont pensé un grand nombre d'auteurs modernes, notamment Montesquieu et M. Fustel de Coulanges. (Sup. n° 16.)

embarrasse, répond (l. 11 D. *de lib. et post.*) : *nec obstat quod liceat eos exheredare, quos et occidere licebat*. La réponse ne prouve rien, car elle prouve trop : si la vie de l'enfant appartient au père de famille, à plus forte raison en est-il ainsi du produit de son travail.

4° Enfin, et ce motif commande tous les autres, la co-propriété contredit la notion de la puissance paternelle telle que nous l'avons dégagée de la religion primitive. (Sup. n°s 20 et 21) (1).

138. — Ce qui est vraisemblable, c'est que l'étymologie en question et l'idée de co-propriété n'ont été imaginées que par les jurisconsultes classiques préoccupés de justifier les restrictions que les mœurs tendaient à apporter au droit de libre disposition. Cette idée de co-propriété n'a jamais été présentée par les jurisconsultes romains qui l'ont émise, que comme une fiction et non comme un principe. Toutes leurs expressions le prouvent. Dans la loi 11 D. *de lib. et post.* Paul écrit : « *Quasi* olim hi domini » essent, qui etiam vivo patre *quodammodo domini* existi- » mantur..... Itaque post mortem patris non hereditatem » percipere *videntur*, sed magis liberam bonorum admi- » nistrationem consequuntur. » Les mêmes expressions se retrouvent chez Gaïus (II, 157) et chez Justinien. (Inst., § 2, II-XIX).

139. — Quant à la locution *heres suus*, on peut l'expliquer, comme M. Du Caurroy (*Instit. expliq.*, t. I, n° 667), en rapportant l'adjectif *suus* au défunt, ce qui rappellerait la puissance ayant appartenu à ce dernier sur celui qui

---

(1) Contraire à la *patria potestas*, la co-propriété aurait pu du moins être rationnelle tant que le produit du travail de l'enfant s'est confondu avec le produit du travail du père ; mais comment la justifier quand, grâce aux pécules, le fils de famille est propriétaire exclusif de ce qui ne vient pas du père ?

devient héritier. Mais il semblerait plus naturel que l'adjectif *suus* se rapportât à l'héritier lui-même, et peut-être n'est-il pas impossible de trouver une étymologie plus simple.

Il existe une certaine analogie extérieure entre les deux locutions *heres suus* et *sui juris* : pourquoi le mot *suus* de la première ne rentrerait-il pas dans le même ordre d'idées que le mot *sui* de la seconde?

Sui juris est une expression abrégée qui sous-entend le mot *dominus*, ou dans l'ancien langage *herus* : *herus sui juris*, comme nous disons *maître de ses droits*. A l'origine, *herus sui juris* et *herus suus* ont dû être synonymes. Puis le mot *herus* a disparu ; la première expression est restée elliptique ; dans la seconde, *herus* a été remplacé par son dérivé *heres*, mot qui n'a plus le sens général de *herus*, mais le sens spécial de notre mot *héritier*. Dès lors *heres suus* n'a plus désigné que celui qui devient à la fois, à raison d'un décès, *héritier* et maître de ses droits *(sui juris)* (1).

Pour embrasser tous les cas, même celui du § 7 aux Institutes (*de hered. ab intestat.* III-I) il faut dire : est *heres suus* celui qui vient à la succession d'une personne dont la mort l'a rendu *sui juris*, ou l'aurait rendu tel si cette mort était arrivée au moment où la succession lui est déférée.

— L'*heres suus* est en même temps héritier nécessaire, mais cela suppose si peu la co-propriété, que l'esclave, qui sûrement n'est pas co-propriétaire, est également héritier nécessaire.

140. — Si, comme nous le croyons, c'est seulement à l'époque des grands jurisconsultes qu'a été fixée la théorie

---

(1) De même qu'on appelle aujourd'hui héritiers ceux qui sont en situation de le devenir, on appela *heres suus* l'enfant en puissance, et par abréviation *suus*, et plus tard on put croire que ce mot *suus* se rapportait au père de famille.

juridique de la *querela et de la légitime des ascendants*, il n'est pas téméraire d'avancer que la *querela* et la légitime n'ont été qu'en ce même temps étendues *aux ascendants*. Moins intéressants, et moins fréquemment en position de succéder *ab intestat*, ils n'ont dû appeler la sollicitude de la jurisprudence qu'après les descendants. Il est à remarquer que Paul dans ses Sentences (liv. IV, tit. V) ne parle de la *querela* qu'au profit des descendants, et qu'au titre *de inofficioso testamento* au Digeste les textes qui font allusion à la *querela* des ascendants sont fort rares. Papinien seul s'en occupe directement, et c'est pour en donner une justification qui ressemble à une excuse : (1. 14 et l. 15) : *Nam etsi parentibus non debetur filiorum hereditas, propter votum parentium et naturalem erga filios caritatem, turbato tamen ordine mortalitatis, non minus parentibus quam liberis piè relinqui debet.*

Sur ce texte il faut faire deux observations. La première c'est que ces fragments sont tirés des *Questions de droit* de Papinien, ce qui donne à croire qu'il s'agissait d'une pratique nouvelle, susceptible de controverse et qu'il fallait justifier. La seconde c'est qu'il ne s'agit plus ici de copropriété familiale et que par conséquent il avait fallu, une fois imaginée la fiction protectrice des descendants, un nouvel effort d'argumentation pour arriver à protéger les ascendants.

141. — En résumé la *querela* n'a dû être en usage pour les ascendants que vers l'époque des jurisconsultes classiques, probablement sous Antonin (voy. l. 5 C. *de inoff. test.* 3-28). La *bonorum possessio contrà tabulas* a existé au profit de l'émancipateur avant que la qualité d'ascendant conférât la *querela*. Mais la *querela*, dans sa première application aux descendants, est antérieure à la *bonorum possessio dimidiæ*, et c'est en ce sens seulement qu'elle est appelée exactement *jus antiquum* dans le texte d'Ulpien rapporté sup. n° 130 : antique est l'institution, récente l'extension aux ascendants.

— Nous savons ce qu'étaient à l'époque classique les droits des ascendants à l'encontre du testament, et comment ils se sont introduits.

Il nous reste à rechercher ce que ces droits sont devenus ultérieurement.

142. — V. — *Modifications antérieures aux Novelles de Justinien.* — Justinien n'accorde plus la *bonorum possessio contrà tabulas* au patron qu'à l'égard d'un affranchi ayant une fortune supérieure à cent sous d'or, et seulement pour un tiers. Cette modification paraît s'être étendue à l'émancipateur (Inst. § 3, *de success. libert.* III-VII ; et M. Vernet, *Quot. disp.* p. 108.)

Quant à la *querela*, Constantin ne l'accorde plus à ceux que le testament gratifie de moins que leur légitime avec ordre exprès de compléter au besoin cette légitime (1. 4 Cod. Théod. *de inoff. test.* 2-19). Justinien sous-entend cet ordre (Inst. *de inoff. test.* § 3).

L'action en complément de légitime n'a rien de commun avec la *querela :* c'est une *condictio*, action perpétuelle, transmissible aux héritiers, où le fait à prouver n'est qu'une différence de valeur, et par laquelle l'ascendant se fait simplement reconnaître créancier de l'héritier institué. Dès l'époque classique, le légitimaire, qui tenait du testament moins que sa quarte, pouvait au lieu de la *querela* intenter l'action en complément (Paul, *Sent.* IV-V, § 7).

Le délai pour intenter la *querela* est sous Justinien de cinq ans, et ces cinq ans ne courent plus du jour de la mort du testateur, mais du jour où l'institué a fait adition (1. 36 § 2 C. *de inoff. test.*).

— Il faut ajouter ici que la théorie de l'inofficiosité fut étendue sous les Empereurs aux donations entre-vifs, d'abord probablement par faveur spéciale et pour le cas où on prouvait qu'elles avaient été faites *ad eludendam inofficiosi testamenti querelam* (1. 1 C. *de inoff. donat.* 3-29, et aussi 1. 8 pr.), plus tard sans doute d'une façon générale et au cas même où le donateur n'avait eu aucune idée de fraude. — Il paraît que l'effet de la *querela inofficiosæ donationis* ne va jamais qu'à assurer la légitime (1. 8 pr. C. *de inoff. donat.* et 1. unique C. *de inoff. dot.* 3-30).

143. — VI. — *Droit des Novelles de Justinien.* — La Novelle 118, base du système d'hérédité *ab intestat* nouveau, ayant supprimé toute différence entre la succession d'un émancipé et celle d'un non-émancipé (sup. n° 109), la *bonorum possessio contrà tabulas* de l'émancipateur n'a plus de raison d'être : l'émancipateur est traité exactèment comme les autres ascendants.

144. — La *querela* au contraire subsiste.

Les pécules castrense et quasi-castrense en sont toujours dispensés, sauf le pécule quasi-castrense des prêtres, diacres, sous-diacres, chantres et lecteurs (1).

La légitime est portée au tiers de la succession quand il n'y a pas plus de quatre légitimaires, à la moitié quand il y en a plus de quatre (Nov. 18, cap. I). Cette dernière hypothèse est rarement réalisable à l'égard des ascendants : théoriquement cependant les bisaïeuls et bisaïeules peuvent se trouver jusqu'à huit. Cette augmentation de la légitime n'est appliquée directement dans la Novelle qu'aux enfants; toutefois elle s'étend aux autres légimitaires : *hoc observando,* porte le texte, *in omnibus personis in quibus ab initio antiquæ quartæ ratio de in officioso lege decreta est.*

— La *querela,* quand elle réussit, ne fait plus tomber que l'institution : le reste du testament subsiste et notamment les legs et fideicommis (2).

— Il ne suffit plus que le testateur assure au légitimaire le montant de sa légitime, il faut qu'il lui donne le titre d'héritier. (Comp. inf. *Dr. Franç.* n° 216).

------

(1) Non celui des évêques. Nov. 123, cap. XIX; et Nov. 81, cap. III.

(2) Cette règle et les suivantes se trouvent dans la Nov. 115, cap. IV.

Les justes causes d'exhérédation cessent d'être abandonnées à l'appréciation du juge. Justinien les détermine. Celles pour lesquelles un ascendant peut être privé de sa légitime sont au nombre de huit. Il y en a quatorze applicables aux descendants (cap. III de la Novelle) : les ascendants se trouvent ainsi plus énergiquement protégés contre la libre disposition.

Le testateur doit énoncer formellement la cause sur laquelle il se fonde pour priver le légitimaire de sa succession.

Si l'on n'était dans aucun des cas de la Novelle, ou si le testateur n'en a pas énoncé, le légitimaire intentera la *querela*. Les obligations nouvelles imposées par Justinien au testateur se réfèrent toujours à l'*officium pietatis* : leur violation ne peut donc entraîner que la rescision par voie de *querela* et non la nullité absolue. (M. Demangeat, t. I, p. 707). L'intérêt de la question gît dans les caractères spéciaux de la *querela*, notamment dans le délai par lequel elle se prescrit (sup. n° 142) et dans la déchéance auquel elle expose celui qui, l'ayant intentée, n'a pas réussi (sup. n° 127).

DES DROITS

DES

ASCENDANTS DANS LA SUCCESSION

DE LEURS DESCENDANTS

DROIT FRANÇAIS

I. DROIT ANTÉRIEUR A LA RÉVOLUTION DE 1789.

INTRODUCTION.

—

Sommaire.— 145.— Utilité de l'étude historique.
146.— Ibères et Celtes.
147.— Droit de succession des Germains.— Loi des Bourguignons.
148.— Loi Salique.
149.— Commencement des coutumes territoriales. — Distinction des pays
de coutumes et de droit écrit.— Division.

---

145. — Le plus ancien des peuples dont l'histoire ait
reconnu la présence sur le sol de notre pays, est le peuple
Ibère. — Après lui viennent les Gaulois. — La conquête
Romaine s'accomplit.— L'Empire Romain arrive au terme

de sa décadence; les Visigoths, les Bourguignons, et enfin les Francs, tous enfants de la grande famille Germanique, envahissent la Gaule et s'y installent. — La féodalité s'étend sur toute la France, et sur ses ruines enfin commence le régime proprement monarchique qui dure jusqu'à la Révolution.

Le droit définitif de la monarchie Française est le produit des éléments ainsi superposés par le temps : la connaissance des éléments originaires aurait donc une incontestable utilité pour l'intelligence de l'ensemble final.

146. — La législation des Ibères paraît n'avoir laissé aucune trace.

Quant au droit Celtique, bien qu'on ait prétendu le reconstituer, à l'aide notamment des textes Gallois, il faut avouer que nous n'en pouvons guère raisonner. Il se trouva d'ailleurs absorbé et comme supprimé par l'introduction de la législation Romaine après la conquête.

147. — Le droit Germanique nous est mieux connu.

Chez les Germains, selon Tacite *de moribus Germ.* XX), les collatéraux étaient appelés à la succession après les enfants : des ascendants, il n'en est pas question.

La loi des Bourguignons (tit. LIII), gardant la trace du système primitif, fait passer la sœur du défunt avant la mère, et donne à défaut de frères et sœurs une moitié seulement à la mère et l'autre aux collatéraux.

148. — La loi Salique offre des dispositions différentes. Le titre LXII *De alode* est ainsi conçu dans la *Lex emendata a Carolo magno :*

1. Si quis homo mortuus fuerit et *filios non dimiserit, si pater aut mater superfuerint, ipsi in hereditate succedant.* — 2. *Si pater et mater non superfuerint, et fratres vel sorores reliquerit, ipsi hereditatem obteneant.* — 3. Quod si nec isti fuerint, sorores patris in hereditatem ejus succedant. — 4. Si vero sorores patris non extiterint, sorores matris ejus hereditatem sibi vindicent. — 5. *Si autem nulli horum fuerint, quicumque proximiores fuerint de paternâ generatione, ipsi in hereditatem succedant.* — 6. *De terrâ vero salicâ, nulla*

portio hereditatis mulieri veniat, sed ad virilem sexum tota terræ hereditas perveniat.

Ainsi le père et la mère passent avant tous les collatéraux. Quant aux autres ascendants, ceux qui sont *de paternâ generatione* peuvent succéder à défaut de frères et sœurs, d'oncles et de tantes, encore faut-il qu'ils se trouvent plus proches en degré que les collatéraux.

L'admission de la mère à la succession paraît être une innovation sur les usages primitifs. A l'origine probablement les femmes n'étaient point héritières : leur exclusion fut plus tard restreinte à la *terra salica,* c'est-à-dire, croyons-nous, à l'habitation principale *(sala)* du Franc et à la terre attenante.

La mère, une fois son droit reconnu, est-elle venue en concours avec le père, ou seulement à défaut du père? M. Pardessus, (*Loi salique,* Dissert. 14, p. 701), se détermine pour la première opinion.

149. — Les lois Germaniques étaient personnelles : les Gallo-Romains avaient continué d'être régis par le droit Romain. Vers le X⁰ siècle, époque de la prédominance du système féodal, les lois personnelles se trouvèrent fondues et transformées en un grand nombre de coutumes territoriales. Cette évolution accomplie, la France se trouva partagée en deux régions séparées approximativement par la Loire. Au midi, on s'en tint au droit Romain; les pays du nord, plus profondément pénétrés par les invasions, observèrent des Coutumes où les origines Germaniques se révélaient en plus d'un point.

Quel fut le Droit Romain des pays du Midi, dits *de droit écrit?* Quelles furent les *coutumes* des pays du Nord? Quel fut au total l'esprit de l'ancienne France en matière de succession? Tel est le triple objet que nous allons examiner dans trois paragraphes.

§ 1er

Pays de droit écrit.

150. — La Gaule n'ayant jamais été soumise à Justinien, les œuvres législatives de cet empereur n'y avaient point été promulguées. On en était resté au droit du Code Théodosien : encore ne s'était-il pas conservé dans toute sa pureté, et en réalité, ce que les pays de Droit écrit avaient gardé du Droit Romain n'était guère qu'une pratique traditionnelle que le temps allait altérant.

Le Clergé cependant avait conservé quelque science du Droit Romain puisqu'il en avait dérivé le Droit Canonique; mais il avait puisé dans une compilation d'origine barbare, la *lex Romana Visigothorum*, antérieure à la législation Justinienne.

151. — Tels furent les pays de droit écrit jusqu'au XIIe siècle. Mais dans les premières années de ce siècle, il se produisit une renaissance des études juridiques et du Droit Romain en particulier. La France reçut-elle l'impulsion de l'Italie, eut-elle une initiative propre? C'est une question que nous n'avons point à examiner. Il nous suffit de constater qu'au XIIe siècle, la législation de Justinien fut connue, et qu'on la considéra comme la véritable formule du droit auquel les pays situés au sud de la Loire étaient demeurés attachés.

152. — Il suit de là que la succession fut dès lors réglée dans les pays de droit écrit par les Novelles de Justinien.

(Sup. *Dr. Rom.*, nos 100 et s.) Il faut seulement tenir compte des différences d'interprétation des Parlements locaux.

C'est ainsi que sur le mode de partage, au cas où le défunt a laissé avec un frère germain, un aïeul dans une ligne, un aïeul et une aïeule dans l'autre, les parlements de Toulouse et de Bordeaux n'étaient pas d'accord. (Merlin, *Rép. V° Représentation*, sect. 1re, § 3, I). On disait à Toulouse : les frères sont appelés à succéder par têtes, donc ici le frère aura un quart; le surplus sera divisé en deux parts égales, l'une pour l'aïeul seul dans sa ligne, l'autre pour les deux aïeuls de l'autre ligne, car entre ascendants d'égal degré le partage se fait par lignes. A Bordeaux, on disait : le partage se fera par têtes, non-seulement entre le frère germain et les ascendants, mais même entre les ascendants; dans l'espèce chacun prendra un quart.

Un troisième procédé avait même été proposé : le partage par souches. Le frère germain, disait-on, doit avoir à lui seul autant que chaque ligne d'ascendants, c'est-à-dire que dans l'espèce les deux ascendants de la même ligne ne comptant que pour une tête prendront un tiers, l'ascendant seul dans sa ligne prendra le deuxième tiers, le frère aura le dernier. Ce mode de calcul, qui n'avait pas prévalu en jurisprudence, nous paraît le meilleur moyen de concilier le partage par lignes établi pour les ascendants avec le partage par têtes prescrit au cas de concours d'ascendants avec des frères germains.

153. — Les ascendants jouissaient du droit à la légitime tel qu'il avait été en dernier lieu fixé par Justinien. (Sup. *Dr. Rom.*, n° 144). Cela est expressément reconnu dans l'ordonnance de 1735, sur les testaments. (Art. 50 et s.)

§ 2.

Coutumes.

---

154. — Prenons les coutumes dans leur dernier état, dans les rédactions officielles du xvie siècle.

En matière de succession, leur trait caractéristique c'est la distinction, au cas où le défunt n'a pas d'héritiers en ligne descendante, entre la succession aux acquêts et aux meubles et la succession aux propres.

« Sont propres les immeubles qui nous sont échus par succession en ligne directe ou collatérale, ou par disposition à titre gratuit en ligne directe. » Tous les autres immeubles sont de leur nature acquêts.

« La succession aux acquêts et aux meubles est la succession ordinaire; elle est comme le droit commun, dont la succession aux propres s'écarte en ce que, au lieu que là première est déférée aux parents indistinctement, de quelque côté qu'ils soient, un certain ordre cependant gardé entre eux, — celle des propres, au contraire, n'est déférée qu'aux parents d'un certain côté d'une certaine famille. » (Pothier, *Success.*, ch. 2, sect. 2, art. 3, § 3.)

155. — I. *Succession aux acquêts et aux meubles.* — Quelle est dans cette succession la situation faite aux ascendants?

Une coutume, celle de Dreux, ne fait aucune mention des ascendants. Celle de Montargis (ch. 15, art. 7) les confond avec les collatéraux et s'en réfère pour le classement à la proximité du degré. Celle de Bretagne (art. 593 et 594) ne place pas non plus les ascendants dans une classe privilégiée, et leur préfère les collatéraux qui sont au même degré qu'eux, de sorte que les aïeuls et aïeules ne viennent qu'après les frères et sœurs, les bisaïeuls qu'après les oncles et tantes.

A ces exceptions près, toutes les coutumes attachent à la qualité d'ascendant des droits particuliers de succession.

En général — et sauf dans la coutume de Normandie qui en parité de degré préfère les parents paternels aux maternels (art. 325-327) — les ascendants ont une égale vocation, quel que soit leur sexe et celui des personnes qui les rattachent au défunt.

156. — Quant à la détermination des droits résultant de la qualité d'ascendant, elle offre dans les coutumes de nombreuses variations. Remarquons qu'elle n'est dans aucune identique au système de la Novelle 118. La Coutume de Bourbonnais, influencée d'ailleurs par le droit Romain, accorde bien aux pères et mères et aux aïeuls et aïeules (art. 314) les mêmes droits que la Novelle, mais elle exclut les ascendants plus éloignés. La Coutume de Bourgogne applique la théorie de la Novelle aux aïeuls et aïeules, mais non aux pères et mères, qui excluent tous les collatéraux.

Dans la coutume de Paris (art. 311) et dans beaucoup d'autres à sa suite (Troyes, art. 103 et 104, etc.), les père et mère, à leur défaut les aïeuls ou aïeules ou les autres ascendants, succèdent à leur descendant mort sans postérité, préférablement à tous les collatéraux. Ils sont mieux traités que par les Novelles, qui leur imposaient le concours des frères germains et même des enfants des frères germains.

Le partage entre les ascendants se fait par têtes, même quand ils sont d'égal degré : c'est une autre différence avec la théorie Justinienne. (Poth. *success.* ch. 2, sect. 2, art. I). Cependant quelques Coutumes rédigées dans l'esprit du Droit Romain (Berry, Nivernais) n'appliquent pas le partage par têtes quand les ascendants sont égaux en degré.

157. — Un certain nombre de Coutumes sous-distinguent entre les meubles d'une part, et les immeubles acquêts de l'autre.

Pour les meubles, la dévolution est généralement conforme à la Coutume de Paris, qui forme à cet égard le droit commun. Cependant les Coutumes du Maine (art. 254) et d'Anjou (art. 237 et 270) n'appellent avant les collatéraux que les père et mère et non les autres ascendants.

Quant aux acquêts, dans les Coutumes où ils sont dévolus différemment des meubles, on peut distinguer quatre groupes :

1° Les ascendants autres que père et mère, lorsqu'ils rencontrent des frères et sœurs, n'ont que l'usufruit des acquêts (Orléans, 313).

2° Les ascendants ne prennent que l'usufruit, même en présence de collatéraux plus éloignés que frères et sœurs, (Berry, tit. 19, art. 3; Maine, art. 288; Anjou, art. 270). Dans ces deux dernières Coutumes, les ascendants autres que père et mère n'ont pas même l'usufruit.

3° Tous les ascendants subissent pour la pleine propriété le concours des frères et sœurs (Saintonge, tit. II, art. 97).

4° Les ascendants, quels qu'ils soient n'ont rien à prétendre sur les acquêts. (Loudunois, ch. 29, art. 13).

158. — II. — *Succession aux propres.* — Deux règles se rencontrent dans la théorie de la succession aux propres :

1° *Paterna paternis, materna maternis ;* c'est-à-dire que les propres sont dévolus au plus prochain lignager du côté et ligne dont ils sont venus : d'où notamment cette conséquence que la présence d'un ascendant dans la ligne paternelle, par exemple, n'empêche pas les collatéraux de la ligne maternelle de recueillir les propres de leur ligne.

2° *Propre ne remonte ;* c'est-à-dire que l'ascendant en ligne paternelle, qui se trouve en même temps parent du côté maternel, ne peut invoquer à l'égard des propres maternels sa qualité d'ascendant, mais seulement, le cas échéant, son titre de collatéral maternel. Par exemple, « si un père avait épousé sa cousine germaine, on ne doit point considérer, dans la succession aux propres maternels de ses enfants, sa parenté de père, et il ne peut y succéder qu'après tous ceux qui seraient dans un degré plus proche de la parenté maternelle que le 5ᵉ degré dans lequel il est, et concurremment avec ceux qui seraient au même degré. » (Poth. *Introd. au tit. des success. Cout. d'Orléans*, n° 33, et *Success.* chap. 2 sect. 2, art. 2. — Aj. Renusson, *Propres*, sect. XIX, n° 4. — Voy. pourt. Paris art. 315 et Orléans art. 317, inf. n° 163).

159. — Il n'est pas rare de trouver la conséquence que nous avons tirée de la règle *paterna paternis* rattachée à la règle *propre ne remonte*, qui a ainsi un sens étroit et un sens plus large. C'est qu'en réalité la règle *propre ne remonte* n'est qu'un corrollaire de la règle *paterna paternis*, ou mieux l'appropriation spéciale de cette règle à la situation des ascendants.

Comment expliquer l'existence de cette double formule? C'est un point qui sera traité plus loin (n°ˢ 171 et 172). Nous nous en tenons actuellement au dernier état du Droit Coutumier.

160. — Entendue comme nous venons de le faire, la règle *propre ne remonte* ne fait aucun obstacle à ce que les ascendants succèdent aux propres de leur ligne et puissent alors invoquer les bénéfices de la qualité d'ascendant comme ils le pourraient à l'égard des acquêts. (Poth. *Success.* ch. 2, sect. 2, art. 3 § 3).

Dans les Coutumes du Maine et d'Anjou, c'est par « un usage singulier » tiré des art. 288 (Maine) et 270 (Anjou) (sup. nº 157, 2º) que les père et mère sont exclus de la succession des propres de leurs enfants quoiqu'ils soient les plus proches de la ligne d'où les héritages procèdent. (Renusson, *Propres,* ch. 2 sect. XI, nº 1).

Notons que dans la Coutume de Normandie (art. 241 et 242) les ascendants sont primés à l'égard des propres de leur ligne par leurs descendants. Ainsi le père et la mère sont écartés par les frères, sœurs, neveux et nièces du défunt, mais ils écartent les oncles et tantes du défunt, lesquels priment les aïeuls et aïeules, et ainsi de suite.

161. — Dans la grande généralité des pays de Coutumes, on estime que les deux règles précitées n'excluent les parents d'une ligne des propres de l'autre ligne que dans l'intérêt seulement des parents de la ligne d'où sont venus les propres dont s'agit, et point du tout d'une manière absolue. Lors donc que les parents de la ligne des propres font défaut, les parents de l'autre ligne sont admis à succéder, et la qualité d'ascendant reprend ses effets, absolument comme pour les acquêts. Quelques Coutumes, il est vrai (Maine, Anjou, Normandie), à défaut de parents dans la ligne du propre, appellent le fisc préférablement aux parents de l'autre ligne; mais le droit commun des Coutumes limite les deux règles de la manière qui vient d'être expliquée.

162. — La portée exacte attribuée à ces deux règles étant ainsi délimitée, voyons les dérogations qu'on y faisait :

1º La Coutume d'Amiens (art. 68) repoussait formellement la règle *propre ne remonte*, et portait « tant que la ligne ascendante dure, la collatérale n'a point de lieu. » On en concluait que l'ascendant qui se trouvait lignager de l'autre ligne, devait, à l'égard des propres de cette ligne, exclure les collatéraux même plus proches lignagers, et cela à raison de sa qualité concourante d'ascendant de l'autre ligne. (Renusson, *Propres*, ch. 2, sect. xix, 4, note de Sérieux; ajout. Tissandier, *Tr. des Transmissions de biens*, t. IV, nᵒ 2702.)

2ᵒ Dans quelques Coutumes (Paris 314, Orléans 316), le père ou la mère peut recueillir l'usufruit de l'héritage que son conjoint prédécédé avait laissé à l'enfant *de cujus*, à la condition que cet héritage eût été acquis par les père et mère au cours de leur mariage. Cet héritage était devenu, dans les mains de l'enfant, un propre de la ligne à laquelle n'appartient pas le père ou la mère survivant : mais on avait considéré que le survivant n'était point étranger à cet héritage puisqu'il avait contribué à son acquisition, et on lui avait accordé l'usufruit *in præmium collaborationis*. (Poth., *Success.*, ch. 2, sect. II, art. 2). — La Coutume de Paris accordait ce même droit aux ascendants plus éloignés, et la coutume d'Orléans devait, selon Pothier, avoir la même étendue. Au reste, ce droit n'avait lieu à Paris que si l'ascendant qui se présentait ne rencontrait pas de descendants de lui : ainsi les frères du défunt privaient le père commun de l'usufruit, des cousins germains du défunt pouvaient en priver l'aïeul.

3ᵒ Enfin, dans les Coutumes de Paris (art. 313) et d'Orléans (art. 315), imitées en cela par plusieurs autres, — après la règle *propre ne remonte*, on ajoute sous forme de dérogation : « Toutefois les père et mère et autres ascendants succèdent aux choses par eux données à leurs enfants décédés sans enfants et descendants d'eux. »

Pourtant il n'y a ici d'exception ni à la règle *paterna paternis*, ni à la règle *propre ne remonte* prise au sens étroit que nous avons précisé. Mais on pense généralement qu'il y a dérogation à cet autre principe, qu'entre successeurs

de même ordre le plus proche passe avant le plus éloigné :
ainsi l'aïeul paternel donateur, relativement aux choses
par lui données, serait préféré au père, et c'est en effet ce
qui avait prévalu dans la jurisprudence coutumière. (Merlin, *Rép.*, *v° Reversion*, sect. II, art. 3, n° 15).

Nous aurons à revenir sur ce point dans la partie spéciale que nous consacrerons au Droit de l'ascendant donateur sous le Code Napoléon, et nous proposerons des dispositions coutumières qui nous occupent, une explication
qui, mettant d'accord l'esprit et la lettre des textes, mon-
trera que dans la pensée de leurs rédacteurs, ces textes ne
devaient porter atteinte à aucun principe du Droit commun. (Voy. inf. n° 245.)

163. — On n'en a pas fini avec la succession des propres,
quand on a déterminé la signification des règles *paterna
paternis* et *propre ne remonte.*

Il faut savoir quelles personnes pouvaient se dire des
mêmes côté et ligne que le propre que l'on considère.

La solution variait selon les Coutumes.

Les Coutumes dites *de simple côté* appelaient tous les
parents paternels à la succession d'un propre paternel,
(Normandie.)

D'autres, dites de *côté et ligne*, n'appelaient que les parents paternels de la famille particulière de celui qui avait
mis le premier le bien dans la famille, (Paris, Orléans).

D'autres enfin, dites *souchères*, n'appelaient dans cette
famille particulière du premier acquéreur que ceux qui
étaient descendus de lui et repoussaient ceux qui ne le
touchaient que de parenté collatérale, (Touraine.)

Bien que les Coutumes de *simple côté* fussent en mino-
rité, leur système étant le plus simple constituait le droit
commun des Coutumes muettes.

Dans les Coutumes de *côté et ligne*, quoiqu'il suffise de
toucher de parenté simplement collatérale celui qui a mis
l'héritage dans la famille, néanmoins, entre parents qui
sont en égal degré avec le défunt *de cujus bonis agitur*,
ceux qui sont descendus de ce premier acquéreur sont

préférés à tous les autres parents. Ainsi (Paris, 315, Orléans, 317), le frère du défunt exclut dans la succession du propre naissant paternel du défunt l'aïeul paternel du défunt, les neveux du défunt exclueraient de même le bisaïeul. (Pothier, *success.* ch. 2, sect. 2, art. 3, § 1er).

Pour régler la succession d'un propre, c'est du chef de l'acquéreur qu'on considérait la parenté, et non du chef de celui qui avait le premier possédé le bien comme propre. (Merlin, *Rép. v° Paterna*, sect 2, § 3, art. 1, quest. 1).

164. — III. — *Droit des ascendants à l'encontre des volontés du défunt.* — La théorie Romaine de la légitime avait passé, nous l'avons vu (sup. n° 153), dans les pays de droit écrit. La légitime des descendants fut reçue en pays Coutumier. On tenta d'y introduire celle des ascendants, disant que la légitime des descendants impliquait corrélativement celle des ascendants, et que les Coutumes ne la proscrivant pas il était permis de les compléter à l'aide du Droit Romain. Cette théorie fut rejetée par la jurisprudence et finalement la légitime des ascendants n'existait pas en pays Coutumier (Renusson, *Propres*, ch. 2 sect. VIII n°s 9 et s.)

165. — On y rencontrait en revanche le système des *réserves coutumières.*

On entendait par là une certaine portion de biens dont les héritiers du sang, quels qu'ils fussent, ne pouvaient être dépouillés par acte de dernière volonté, ni même dans quelques coutumes (exemple : Blois) par libéralités entre-vifs.

Cette portion se calculait dans certaines coutumes sur la totalité des biens : elle était des 2/3 dans la Marche, des 3/4 dans le Bourbonnais et l'Auvergne.

Mais dans la généralité des Coutumes, c'est sur les propres seulement qu'elle se calculait : elle était à Paris des *quatre quints.*

Le calcul de la réserve devait se faire à l'égard des propres de chaque ligne séparément et distinctement.

Les ascendants, en tant qu'ils se trouvaient héritiers des propres, pouvaient invoquer le bénéfice de la réserve.

§ 3.

Esprit de l'ancien Droit Français.

166. — Dans les pays de Droit écrit, où régnait la législation Romaine, le droit des successions était édifié tout entier sur la volonté exprimée ou suppléée du propriétaire décédé, c'est-à-dire sur un principe de liberté. (sup. *Dr. Rom.* nᵒ 23 et nᵒ 100).

Dans les pays Coutumiers au contraire, le principe fondamental est un principe d'autorité. Celui qui n'invoque que la volonté manifeste du défunt n'est pas héritier : *Institution d'héritier n'a point de lieu.* « L'héritier est celui que *la loi choisit* pour succéder à un défunt. » (Prévost de la Jannès, *Princ. de la jurisp. Franç.* t. I, nᵒ 39).

167. — Et maintenant, qui avait déterminé *la Loi* à organiser la succession comme nous l'avons vu, à distinguer les propres des acquêts, à assigner aux ascendants une place si peu égale à celle qu'ils occupent dans le cœur de leurs descendants, à laisser à la libre disposition du propriétaire une si minime portion de ses biens ou de certains de ses biens ?

« L'esprit de notre droit coutumier, dit Pothier (*Propres*, nº 1), est que chacun conserve à sa famille les biens qui lui en sont venus. » A cet esprit se rapportent la distinction entre les acquets et les propres, la dévolution spéciale de ceux-ci, les réserves coutumières, et une institution dont nous n'avons pas à parler, le retrait lignager.

168. — Il s'agit, ne l'oublions pas, d'une législation *Coutumière*, c'est-à-dire qui s'est faite d'elle-même. Ceci nous conduit à une double remarque.

La première, c'est que l'ordre de succession *ab intestat* du droit coutumier, si différent qu'il paraisse de la gradation naturelle des affections, était, du moment qu'il satisfaisait la préoccupation dominante de l'époque, ce qu'il devait logiquement être (sup. *Dr. Rom.* nº 1).

Si la libre disposition par testament avait été la règle primordiale et que l'ordre de succession *ab intestat* qui nous est connu se fût présenté comme un testament supplétif, — chaque chose eût été à sa place. Mais c'est que le testament non-seulement ne se meut que dans d'étroites limites, mais ne joue qu'un rôle accessoire : *c'est qu'il ne fait pas d'héritiers*. Voilà où la logique est atteinte, et où l'autorité se substitue à la liberté.

169. — La seconde remarque que nous voulons faire, c'est que l'idée de conserver les biens dans les familles, pour qu'on la trouve ainsi passée dans les mœurs d'une partie de la nation, doit avoir des racines profondes dans le passé, et qu'il en faut chercher les premières traces avant l'époque où les usages territoriaux prévalurent sur les lois Germaniques personnelles. (sup. nº 149).

170. — Si l'on consulte M. Laferrière (*Hist. du Droit*, t. 1, p. 86 et 94) c'est au droit Celtique que remonterait l'origine de la règle *Paterna paternis* : dès les temps Celtiques l'affectation du patrimoine à la famille aurait été le principe, et le testament, s'il n'était pas inconnu, n'aurait été qu'un droit secondaire et partiel et non le droit tout-puissant d'instituer ou créer un héritier. — Nous avons dit (n° 146) nos raisons pour éliminer le prétendu Droit Celtique.

Chez les Germains, où les membres de la famille étaient solidaires l'un de l'autre (Tacite, *de morib. Germ.* XXI) dans la vengeance *(fœda)*, il était conséquent qu'ils eussent une sorte de co-propriété idéale sur les héritages qui provenaient à chacun d'eux de leurs parents communs, et que cela entraînât un système de succession analogue à celui des Coutumes du XVIe siècle. Beaucoup d'auteurs pensent qu'il en a été ainsi : la loi Saxonne, en effet, parle d'*hereditas aviatica*. Le testament d'ailleurs, au rapport de Tacite, était inconnu des Germains : il s'introduisit postérieurement par l'influence du Droit Romain, et il est probable que la première idée des réserves coutumières ne tarda pas alors à se produire.

171. — Quant à la règle *propre ne remonte*, prise au sens qu'on lui donnait en dernier lieu (sup. n° 158), elle n'était qu'une forme spéciale de la règle générale *paterna paternis*. Mais si elle n'a jamais eu d'autre sens, il faut avouer qu'elle était bien inutile et aussi bien équivoque. « Pour exclure les ascendants de la succession aux propres d'une ligne étrangère, dit avec raison Merlin (*Rép, V°️ Paterna*, sect. 2, § 3, quest. VIII), il ne fallait pas mettre en principe que les propres ne peuvent remonter, la règle *paterna paternis* produisait naturellement cet effet », et il en conclut que la maxime dont il s'agit n'a pu être introduite que pour empêcher les ascendants de succéder même aux propres de leur ligne, et que le sens en a été ultérieurement faussé.

Ceci conduirait à supposer à la règle *propre ne re-*

monte une origine féodale (Merlin, *Rép. V° Réversion*, sect. 2, art. 2). Les investitures de fief portaient en effet que le fief était donné au vassal *pour lui et pour ses descendants.* Le père du vassal se trouvait donc exclu par les descendants du premier investi, quoique collatéraux à l'égard du *de cujus.* Cette règle se serait plus tard étendue aux alleux.

172.— Ce système est fort plausible. Peut-être cependant la maxime *propre ne remonte* n'a-t-elle jamais été qu'un développement de la règle *paterna paternis;* peut-être a-t-elle dû sa naissance au désir de faire ressortir ce point particulier, que l'ascendant d'une ligne ne peut invoquer son titre d'ascendant pour faire remonter à lui les propres de l'autre ligne, *alors même qu'il se trouve en même temps parent dans cette ligne* (sup. n° 158, 2°). Sans doute cet effet était la conséquence rigoureusement logique de la règle *paterna paternis,* mais il pouvait être controversé : la maxime *propre ne remonte* aurait été mise en circulation comme une affirmation plus directe, comme une formule interprétative de la règle générale.

Ce qui est certain, c'est que le sens restreint que nous donnons à la règle *propre ne remonte* n'a pas été comme l'avance Merlin, (*V° paterna,* loc. cit.) introduit par l'influence de Dumoulin. Beaumanoir (*Cout. de Beauvoisis,* ch. XIV), explique déjà, très-positivement et sans paraître innover, que la règle *propre ne remonte* veut dire non que les ascendants ne peuvent jamais hériter des propres mais seulement qu'ils ne peuvent hériter des propres, de la ligne dont ils ne sont pas : « *Si j'ai héritage de par mon père,* et mes pères muert, et après je muir sans hoir de mon cors, *mes héritages de par mon père ne revient pas à ma mère,* ançois esquieut au plus prochain qui m'appartient de par le père, nis s'il était quart de lignage, *car ma mère est estrange de l'héritage qui me vient de par le père.* »

173.— Quoi qu'il en soit de cette obscure question des origines, l'esprit des Coutumes était assurément de conserver autant que possible les biens dans les familles.

Le peu d'importance des meubles et la difficulté d'en constater la provenance les avaient généralement fait échapper aux effets de cette préoccupation ; et quant aux immeubles acquêts, c'étaient des biens nouveaux dans la main du *de cujus*, qui n'appartenaient pas plus à une ligne qu'à l'autre. Les meubles et acquêts pouvaient donc être l'objet d'un régime de transmission établi sur des bases rationnelles. A leur égard, en effet, le droit commun des Coutumes est la libre disposition par testament, — sauf la légitime des descendants, et sauf l'incompatibilté admise par les *Coutumes d'égalité* entre les qualités d'héritier et de légataire ou même de donataire ; — à défaut de testament l'ordre de succession organisé par les Coutumes reste, à travers les variations locales, un essai plus ou moins heureux de reproduction de l'ordre des affections naturelles. Il y a cependant, comme pour les propres, une certaine supériorité de la succession *ab intestat* sur la succession testamentaire : la première seule fait des héritiers dans l'acception régulière de ce mot.

De cette différence de points de vue il résulte que dans la succession aux meubles et acquêts la situation des ascendants est en général aussi avantageuse qu'elle l'est peu dans la succession aux propres.

174.— Il nous reste à parler d'une tentative qui fut faite à un certain moment par la Royauté pour étendre aux pays de droit écrit l'esprit de conservation obligée des biens dans les familles, tel qu'il se traduisait dans la succession coutumière des propres. Charles IX, en mai 1567, rendit à Saint-Maur un édit, qu'on appela l'*Edit des mères* et qui devait s'appliquer à la France entière, aux termes duquel la mère succéderait seulement aux meubles et acquêts et à la moitié de l'usufruit des propres.

« *L'Edit des mères*, dit Renusson (*Propres*, sect. XX), comprend aussi les pères. Il a été fait pour empêcher que les propres du côté paternel ne passent en ligne maternelle, et il y a parité de raison d'empêcher que les pro-

pres du côté maternel ne passent en la ligne paternelle. »
Quant aux aïeuls et aïeules dont l'édit ne parlait pas, les
uns voulaient qu'ils succédassent comme avant l'édit, les
autres qu'ils y fussent soumis.

Cet édit fut taxé de concession faite à une famille particulière, celle de Montluc. Ce qui est certain, c'est que
l'unification législative qu'il tentait (dans un sens d'ailleurs contraire au progrès désirable) ne se réalisa pas. De
tous les Parlements de Droit écrit, un seul consentit à en-
registrer l'édit,— le Parlement de Provence, — encore ne
l'exécuta-t-il qu'imparfaitement. L'*édit des mères* fut expressément révoqué par un édit du mois d'août 1729.

Aucun mélange de principes ne se produisit plus. S'il
paraît que la jurisprudence des pays de droit écrit imitait
la théorie de la règle *paterna paternis* au cas de concours
entre des frères consanguins et utérins, il est certain aussi
qu'elle prétendait — à tort, il est vrai, -- appliquer une
loi Romaine (l. 13, C. *de legit hered.* 6-58). On peut donc
dire que la doctrine Romaine et la doctrine Coutumière
des successions co-existèrent sans se confondre jusqu'à
la Révolution.

II. DROIT DE LA RÉVOLUTION.

SOMMAIRE. — 175. — Vœux d'unification. — Point de vue autoritaire de la
  Révolution. — Mirabeau.
  176. — Caractère politique des lois révolutionnaires de succession.
  177. — Décret du 17 nivôse an II. — Généralement mal compris. —
  Ses principes.
  178. — Applications. — Si le concours est possible entre ascendants et
  collatéraux. — Lois interprétatives. — Jurisprudence.
  179. — La refente n'est pas admise.
  180. — Réserve des ascendants. — Les successibles ne peuvent être l'objet
  de libéralités.

181. — Loi du 4 Germinal an VIII : réaction contre la législation révolutionnaire.

175. — Après l'excursion laborieuse que nous venons d'accomplir à travers les législations multiples des successions dans l'ancienne France, on s'explique aisément que Renusson, écho des vœux de tous, ait pu écrire à propos de cette partie du droit : « Ce serait un grand bien pour tous les peuples qu'il n'y eût qu'une seule Coutume dans le Royaume. Cette grande variété que nous y voyons fait une étrange confusion dans la justice et cause une infinité de procès. » (*Traité des Propres*, ch. 2, sect. XI, 7).

La Révolution donna satisfaction à ce vœu d'unification; mais — elle est assez grande pour qu'on ne dissimule pas ses erreurs — il faut avouer que les lois qu'elle établit sur les successions furent essentiellement autoritaires, très-éloignées de prendre pour base la libre disposition par le propriétaire, et inférieures par conséquent devant la raison philosophique à la législation des Novelles de Justinien.

Imbus de la théorie du Droit social de Rousseau, les hommes de la Révolution ne doutèrent pas qu'il ne fût dans les attributions normales du législateur de régler la transmission des biens après décès sans souci des volontés du propriétaire. Cette thèse est nettement affirmée dans le discours que Mirabeau avait préparé en 1791 à propos d'un projet de loi sur les successions, discours que la mort l'empêcha de prononcer, mais dont la lecture faite à la tribune par M. de Talleyrand, fut couverte d'applaudissements. « La société est en droit de refuser à ses membres la faculté de disposer arbitrairement de leur fortune. Le même pouvoir qui fixe les règles testamentaires peut interdire les testaments mêmes ou en limiter étroitement les dispositions; il peut déterminer par sa volonté souveraine un ordre constant et régulier dans les successions et les partages. » (¹)

176. — Au surplus l'Assemblée Constituante, et encore moins, plus tard, la Convention, ne s'inquiétèrent pas en matière de successions de découvrir le Droit idéal et d'y conformer leurs décrets.

M. de Tocqueville, parlant des lois sur les successions, n'a rien exagéré quand il a dit : « Elles ont une manière sûre et uniforme d'opérer sur la société ; elles saisissent en quelque sorte les générations avant leur naissance : par elles, l'homme est armé d'un pouvoir presque divin. » *(La Démocratie en Amérique,* t. I, ch. 3). Les pouvoirs révolutionnaires pensèrent de même, et leurs décrets sur la transmission après décès ne furent que des mesures politiques, des moyens d'agir puissamment sur une société qu'il fallait transformer.

C'est ainsi que Mirabeau, dans le travail cité plus haut, se montre dominé par la crainte de voir la liberté employée par les propriétaires à perpétuer les priviléges d'aînesse et de masculinité abolis, à la suite de la nuit fameuse du 4 août, par un décret du 15 mars 1790.

C'est ainsi que le décret du 7 mars 1793, — qui, rappelant les *Coutumes d'égalité,* prohibe la disposition à titre gratuit en ligne directe, — fut inspiré par le désir d'empêcher « *les pères aristocrates* » de favoriser leurs enfants restés fidèles à l'ancien ordre de choses, en punissant

---

(1) Dans la suite de ce discours, qui conclut à ne laisser à la disposition du propriétaire qu'un dixième de ses biens, il est assez singulier de voir Mirabeau faire le procès au droit Romain à propos des successions, que ce droit avait établies précisément sur un principe à notre avis irréprochable. « Peut-être est-il temps, se serait écrié Mirabeau, qu'après avoir été subjugués par l'autorité des lois Romaines, nous les soumettions elles-mêmes à l'autorité de notre raison, et qu'après en avoir été esclaves nous en soyons juges..... Peut-être est-il temps que les Français ne reçoivent la loi que de la raison et de la nature. »

ceux qui s'étaient ralliés à la cause de la Révolution. (Voy. séance du 7 mars 1793.)

C'est ainsi que plus d'un acte législatif en cette matière fut rétroactif (notamment la loi du 17 Nivôse an II, dont nous allons parler), bien que la Déclaration des droits de l'homme eût flétri la rétroactivité comme une tyrannie.

On ne légiférait pas : on combattait.

177. — L'œuvre capitale de la période Révolutionnaire, en fait de successions, est le décret du 17 Nivôse an II.

L'art. 62 ne reconnaît aucune différence dans la nature ou l'origine des biens pour en régler la transmission : il n'y a donc plus à distinguer entre les meubles et les immeubles, les acquêts et les propres.

Il y a (art. 63) trois ordres de successeurs : descendants, ascendants, collatéraux.

Les descendants succèdent exclusivement en premier ordre ; mais le classement respectif des ascendants et des collatéraux est moins net, et généralement on l'a mal compris.

Assez négligemment rédigée, la loi du 17 Nivôse a causé de nombreuses incertitudes à ceux qui devaient en faire ou en subir l'application ; il n'est donc pas surprenant que les auteurs de notre temps s'y soient trompés ; ce qui surtout les a égarés, c'est qu'ils ne se sont pas isolés du Code Napoléon. Nous tâcherons de rétablir la véritable physionomie de la législation révolutionnaire.

1° On croit communément que sous la loi de Nivôse toute succession qui n'est pas déférée à des descendants se divise par moitié entre les deux lignes, et que c'est seulement entre les ascendants et les collatéraux d'une même ligne que s'agite la question de classement. Or, ce principe général que nous trouverons plus tard dans le Code Napoléon, n'existe pas dans la loi de Nivôse. *Entre ascendants, le plus proche exclut le plus éloigné, sans distinction de lignes ;* ceux qui sont au même degré concourent par têtes (1) (art. 69-71, art. 72; et loi interprét. du 9 Fructidor an II, quest. 11).

La division par lignes n'est applicable qu'en succession collatérale, soit entre collatéraux, soit entre collatéraux et ascendants si tant est que ce concours soit possible. (Voy. le n° suiv. *in fine.*)

2° Entre les collatéraux d'une ligne, pour savoir lesquels sont préférables, on ne considère pas le degré des collatéraux par rapport au *de cujus;* on considère le degré, par rapport au *de cujus,* du plus récent auteur commun qu'aient eu avec ce *de cujus* les divers collatéraux en présence. Ceux dont l'auteur commun est le plus proche sont préférés aux autres collatéraux de la même ligne : « Art. 77. La représentation a lieu à l'infini, en ligne collatérale. Ceux qui descendent des ascendants les plus proches du défunt excluent ceux qui descendent des ascendants plus éloignés de la même ligne. »

3° En règle, les collatéraux occupent hiérarchiquement le troisième ordre, le deuxième étant composé des ascendants. (Art. 75.) Mais cette hiérarchie est modifiée par un principe de représentation improprement dite, ou, si l'on veut, *de remplacement :* « Art. 72. Dans tous les cas, les ascendants sont toujours exclus par les héritiers collatéraux qui descendent d'eux ou d'autres ascendants au même degré. » (Comp. art. 76.)

4° La division par lignes n'étant pas applicable entre ascendants, il eût été logique qu'elle ne s'appliquât pas davantage aux collatéraux venant les représenter ou les remplacer. Les collatéraux appelés au lieu du père auraient partagé par moitié avec les collatéraux appelés au lieu de la mère (Comp., art. 83); mais, en présence de collatéraux étant au lieu de l'aïeul maternel, ils auraient pris toute la succession. Ce dernier résultat n'a pas été admis :

----

(1) La première de ces règles est conforme à la Novelle 118, mais la seconde en est différente. (Voy. sup. *Dr. Rom.,* n° 103).

il résulte des derniers mots de l'art. 77 et de tous les articles suivants (notamm. art. 84-87) que les collatéraux d'une ligne, quelque proche que soit l'ascendant au lieu duquel ils viennent, ne succèdent qu'à la moitié de la succession, s'il y a des collatéraux quelconques dans l'autre ligne. (Art. 90.)

178. — Les principes dégagés, rendons-les plus sensibles par des applications.

1° Le défunt laisse son père et un aïeul maternel; pas de collatéraux susceptibles d'exclure le père. — Toute la succession appartient au père (art. 69 et 70).

2° Un aïeul maternel, — l'aïeul et l'aïeule paternels; pas de collatéraux susceptibles de les exclure. — Chacun des trois ascendants prend un tiers. (Art. 73).

3° Les mêmes personnes que dans la première hypothèse; en plus, un frère germain, consanguin ou utérin. — Ce frère, s'il est germain ou consanguin, descend du père, et, s'il est utérin, descend d'un ascendant au même degré que le père, — donc il l'exclut dans les trois cas (art. 72). — Recueille-t-il toute la succession?

Supposons d'abord qu'il n'y ait aucuns collatéraux dans la ligne maternelle, mais seulement l'aïeul.

Si le frère est germain ou utérin, il prend certainement la totalité, car il descend de l'aïeul et peut lui opposer l'art. 72. Que s'il est consanguin, il semble qu'il puisse encore opposer l'art. 72 à l'aïeul, car il descend d'un ascendant non-seulement du même degré, mais d'un degré plus proche. Toutefois, un frère est un collatéral, et un frère consanguin n'est collatéral que dans la ligne paternelle; or, les collatéraux d'une ligne paraissent ne devoir succéder à la totalité qu'autant qu'il n'y a dans l'autre aucun parent, même ascendant (art. 90). Le frère ne prendra donc que la moitié. Mais à qui donner l'autre moitié? au père, mais il est exclu (art. 72). A l'aïeul maternel? mais puisqu'il eût été exclu par le père, ne doit-il pas l'être par le frère?

Il s'est même présenté une espèce plus compliquée. Marceline Baleydier, *de cujus*, laissait son père, son aïeule maternelle et des frères consanguins (comme dans l'espèce précédente), de plus, elle avait des collatéraux descendant d'un bisaïeul maternel. Ces derniers prétendaient contre l'aïeule à la moitié que laisserait libre le frère consanguin : les frères, disaient-ils, font obstacle à la succession ascendante (art. 72), et dans la ligne maternelle il n'y a pas de collatéraux qui nous soient préférables.

Interrogé dès l'an II sur le jeu des principes de son œuvre, le législateur avait répondu dans des termes assez obscurs (loi du 22 vent. an II, quest. 51; et loi du 9 fructidor an II, quest. 11). Ce qui ressort des deux lois interprétatives, c'est qu'un collatéral, le frère consanguin dans l'espèce, ne peut jamais avoir la totalité lorsqu'il existe des ascendants ou des collatéraux dans l'autre ligne. Mais dans l'espèce Baleydier, était-ce l'aïeule maternelle, étaient-ce les collatéraux descendant du bisaïeul maternel qui devaient recueillir la moitié dévolue à la ligne? Ce point restait incertain.

Le tribunal d'appel de Riom (7 fruct. an XII), donna raison aux collatéraux contre l'ascendant. La Cour de Cassation (3 janv. 1821), réformant l'arrêt, donna raison à l'ascendant contre les collatéraux. (Voy. les 2 arrêts dans Sirey, 1821, I, 181.)

Quoique des deux solutions aucune ne soit pleinement satisfaisante, nous préférons la doctrine du Tribunal de Riom à celle de la Cour suprême. Les motifs de l'arrêt de Cassation se ressentent évidemment de la théorie du Code Napoléon sur la division entre les lignes; les juges de Riom s'étaient bien mieux pénétrés des principes de la loi de Nivôse.

En résumé, le collatéral qui exclut l'ascendant qui étant le plus proche aurait succédé seul, exclut par là même l'ordre des ascendants tout entier. Un ascendant de l'autre ligne ne peut concourir avec lui qu'autant que dans cette ligne il n'y a aucun collatéral quelconque. Dès que les héritiers d'une ligne sont des collatéraux, il y a lieu à la division par lignes.

179. — Dans les cas où s'applique la division par lignes, la moitié dévolue à chaque ligne se subdivise-t-elle de la même manière entre les branches ? En d'autres termes, la *refente* est-elle admise ?

Un arrêt du Tribunal de Cassation, du 12 Brumaire an IX (Sir. 1801, 2, 648), jugea, dans le sens de la négative, que le descendant d'un trisaïeul maternel du défunt est toujours exclu par le descendant d'un bisaïeul maternel du défunt, sans distinguer s'ils sont de différentes souches ou lignes l'un par rapport à l'autre. Cet arrêt fixa la jurisprudence.

180. — La réserve des ascendants, comme celle des descendants, est portée dans la loi de Nivôse aux *neuf dixièmes* du patrimoine ; les collatéraux ont une réserve des cinq sixièmes.

On ne peut disposer (art. 16) de la quotité disponible au profit des successibles : c'est la reproduction du décret précité du 7 mars 1793.

Dans l'institution de ces réserves énormes on reconnaît le principe d'autorité ; dans la prohibition d'avantager les successibles, non moins que dans la représentation à l'infini en collatérale et dans la division par lignes, on voit s'accuser l'intention d'obtenir par la violence le morcellement de la propriété et l'égalité effective entre les citoyens.

181. — La loi du 4 Germinal an VIII fit une double modification : d'une part elle diminua le nombre des réservataires et le chiffre de la réserve ; la réserve des ascendants (art. 3) ne fut plus que de moitié de la succession.

D'autre part (art. 5) elle restitua aux successibles l'aptitude à être eux-mêmes l'objet des dispositions permises.

Mais cette loi, postérieure au 18 Brumaire, ne saurait être considérée, quelque jugement qu'on porte sur elle, comme une loi de la Révolution; c'est au contraire une loi de réaction contre l'œuvre Révolutionnaire.

III. CODE NAPOLÉON.

ESPRIT DU CODE EN MATIÈRE DE SUCCESSIONS.

SOMMAIRE. — 182. — Absence d'une doctrine philosophique homogène.
183. — Principes admis dans la succession *ab intestat*.
184. — Principes admis dans la succession testamentaire.
185. — Contradiction entre les deux points de vue. — Conséquences.
186. — Division.

182. — Les auteurs du Code Napoléon ne paraissent pas avoir eu une opinion bien assise sur la nature des fonctions du législateur à l'égard du règlement des successions. Considéraient-ils la disposition en vue de la mort comme comprise dans le droit de propriété, et le rôle de la Loi comme borné à assurer l'effet des volontés du propriétaire ou à suppléer à son silence? Considéraient-ils au contraire le droit du propriétaire comme absolument éteint à

l'heure de sa mort, et le Législateur comme le suprême arbitre du sort des biens délaissés ?

Entre le premier point de vue qui avait été celui du droit Romain (sup. *Dr. Rom.* nᵒˢ 23 et 100), et le second qui était celui des Coutumes (sup. nᵒ 166) et qui fut celui de la Révolution (sup. nᵒ 175), — quel choix ont fait les auteurs du Code Napoléon ?

Nous avons examiné, après les textes, les travaux préparatoires, et nous n'avons pas réussi à en faire sortir une doctrine homogène.

183. — Dans l'exposé des motifs du projet de loi qui est devenu le titre des successions, M. Treilhard énonce les vrais principes de la matière : « Le Gouvernement, dit-il, vous présente le projet de loi sur les successions, c'est-à-dire *le testament présumé* de toute personne qui décèderait sans avoir valablement exprimé une volonté différente...... *La loi doit prononcer comme eût prononcé le défunt lui-même* au dernier instant de sa vie s'il eût pu ou s'il eût voulu s'expliquer. »

Le rapport présenté au Tribunal sur le même projet par M. Chabot, reproduit les mêmes idées : « Celui-là doit naturellement recueillir l'hérédité, pour lequel le défunt doit être présumé avoir eu le plus d'affection. » (Locré, *Législ. civ.* t. X, p. 177 et 222).

184. — Voilà qui est bien : *la volonté présumée* du propriétaire doit faire loi ; — mais, bizarre inconséquence ! — quand il s'agit de *sa volonté expresse*, les principes changent, ou, pour mieux dire, ils deviennent insaisissables.

Au Conseil d'Etat, dans la discussion du projet de loi sur les Donations et Testaments, M. Tronchet déclare (Locré, t. II, p. 82) qu'il ne croit pas « avec la section » que la faculté de disposer par testament soit une suite du droit de propriété ; il semble donc que dans le Conseil d'Etat les partisans du Droit primordial du propriétaire fussent en majorité ; mais comme leur attachement à ce principe était

purement platonique et nullement exclusif des entraves
à la liberté du propriétaire,— comme M. Bigot-Préameneu,
l'un d'eux, reconnaissait, dans le rapport qu'il avait présenté au Conseil d'Etat, que « quoique le droit de disposer
de ses biens ne soit que l'exercice du droit de propriété,
il est cependant des bornes qui doivent être posées ».(Locré,
t. II, p. 66), — on finit d'un commun accord par laisser de
côté les principes, et le même M. Bigot-Préameneu, dans
l'exposé des motifs du projet de loi sur les Donations et
Testaments (Locré, t. II, p. 355) faisait cette déclaration :
« que la faculté de disposer de ses biens soit un bienfait
de la loi, ou que ce soit l'exercice du Droit de propriété,
rien n'est plus indifférent. »

Ainsi, en matière de successions, la loi Romaine avait
eu des principes irréprochables, — les Coutumes et la
Législation Révolutionnaire en avaient eu de mauvais, —
le Code Napoléon n'en a pas.

185. — Un législateur sans principes ne pouvait produire
qu'une législation incohérente et inconséquente : tel se
présente en effet, dans le Code Napoléon, le règlement des
transmissions de bien après décès.

D'une part, l'ordre des successions *ab intestat*, copie al-
térée de l'ordre établi par les Novelles de Justinien, répond
ou veut répondre en général aux intentions présumées des
propriétaires. (Mais voy. inf. n°ˢ 189 et 190).

D'autre part, la succession testamentaire n'est traitée
que secondairement; elle ne confère pas la qualité d'héritier; enfin on détermine la portion de biens dont le
propriétaire pourra disposer à titre gratuit, comme si
c'était une faveur qu'on lui accorde et non un Droit qu'on
consacre, comme si l'indisponibilité du patrimoine était la
règle, et la succession *ab intestat* la succession nécessaire.

Cette absence d'idées arrêtées chez les auteurs du Code
Napoléon n'est pas seulement fâcheuse pour leur dignité
de législateurs; elle engendre en pratique de nombreuses

difficultés, notamment la question fameuse de savoir si le droit à la réserve est inséparable de l'acceptation de la qualité d'héritier. (inf. n°ˢ 225 et 226).

186. — *Division.* — Nous diviserons nos études sur le Code Napoléon en deux parties. La première traitera de ce qui dans le droit commun des successions se rapporte aux ascendants. La seconde traitera d'un droit qui leur est particulier, le *retour légal.*

La première partie comprendra naturellement deux sections, la première consacrée à la succession *ab intestat,* la seconde à la *réserve.*

Ire PARTIE. — DROIT COMMUN.

—

SECTION I.

SUCCESSION AB INTESTAT.

—

187. — I. *Généralités.* — L'idée de l'unité du patrimoine n'avait jamais cessé, nous l'avons vu, de régner dans les pays de Droit écrit. La loi du 17 Nivôse an II l'avait généralisée. Les auteurs du Code Napoléon, contrairement à l'avis de quelques-uns d'entre eux, ne tentèrent pas de rétablir les distinctions coutumières. Le Code reproduit à peu près textuellement, dans son art. 732, la disposition révolutionnaire : « *La loi ne considère ni la nature ni l'origine des biens pour en régler la succession.* » Nous n'avons donc plus à parler de propres ni d'acquêts, et la règle *propre ne remonte,* avec ses difficultés d'interprétation, n'est plus qu'un souvenir historique.

188. — Le Droit Romain, le Droit Révolutionnaire et le Droit Napoléonien sont donc d'accord pour ne pas chercher, du moins en général (Comp., art. 747, inf. *IIᵉ partie)*, dans l'origine des biens la raison de leur dévolution; mais quant au partage de ce patrimoine homogène, ils se préoccupent en certains cas de l'*origine de la parenté* et non pas uniquement de sa qualité et de son degré.

La Novelle 118 admettait le partage par lignes au cas de concours entre ascendants du même degré (sup. *Dr. Rom.,* n° 103); la loi du 17 Nivôse an II, admettait la division par lignes à l'égard des collatéraux (Sup. nᵒˢ 177 et 178). Le Code renferme la disposition suivante :

« ART. 733. — *Toute succession échue à des ascendants*

ou à des collatéraux se divise en deux parts égales, l'une pour les parents de la ligne paternelle, l'autre pour les parents de la ligne maternelle. »

189. — L'un des auteurs du Code Napoléon, écrivant le commentaire de l'article qui précède, M. Malleville avoue « qu'on s'écarte par là de la règle qu'on avait commencé par établir que les successions devaient se déférer selon l'ordre de la nature et l'affection présumée du défunt ; car il pourra se trouver, contre le vœu de la nature, qu'un parent très-éloigné du côté maternel partage la succession avec le père ou le cousin germain paternel du défunt. »

La loi de Nivôse, franchement et radicalement autoritaire, n'encourait pas du moins le reproche d'illogisme. M. Malleville, qui vient d'adresser ce reproche au Code qu'il a contribué à rédiger, se borne à plaider les circonstances atténuantes pour un système qu'il appelle *une espèce de transaction* entre les pays de Droit écrit et les pays coutumiers. *(Analyse du Code civil,* t. II, introd. au tit. des success., p. 165.)

Cette explication, assez timidement présentée, ne peut être considérée comme suffisante. En l'an II elle avait pu excuser l'essai d'un tiers-système, mais neuf années s'étaient écoulées : on avait déjà pu se déshabituer des usages de l'ancien régime. On avait eu d'autre part le temps de se convaincre que ce soi-disant compromis n'atteignait guère son but : entre la règle *paterna paternis, materna maternis,* et la règle nouvelle dont la formule parallèle serait *dimidium paternis, dimidium maternis,* il n'y a pas la moindre analogie. En vain, M. Demolombe *(Success.,* t. I, n° 366), qui semble regretter le système coutumier, répète-t-il, après le conseiller d'Etat Berlier (Fenet, t. XII, p. 15), « que la donnée la plus commune est que l'une et l'autre ligne ont à peu près également contribué à former la masse, et qu'il s'établira une compensation qui maintiendra d'une autre manière, mais presque toujours assez également et équitablement l'équilibre que la distinction

des propres avait établi entre les deux lignes de parenté. »
Ce sont là des suppositions gratuites que le fait dément
fréquemment.

Quant au résultat, à la fois si choquant et si absolument
contraire à l'esprit des Coutumes, que signalait tout à
l'heure M. Malleville, il est assurément possible. — Est-ce
là ce qui excuse les auteurs du Code Napoléon d'avoir
méconnu les vrais principes et déserté la logique?

Ils sont en tout cas inexcusables d'avoir renchéri sur la
loi de Nivôse. Sous cette loi, la division par lignes n'avait
lieu qu'entre collatéraux, et bien rarement entre ascendants et collatéraux : le Code l'applique à toutes les successions qui ne sont pas déférées à des descendants (1).

190. — Grâce au système du Code il arrive, nous l'avons
déjà dit, qu'un ascendant paternel ou maternel est obligé
de partager sur pied d'égalité la succession avec un cousin
maternel ou paternel qui peut être au 12e degré. Cette
étrangeté se produit même quand l'ascendant est le père
ou la mère. Toutefois, pour ce cas particulier, le législateur a atténué l'effet de son principe : le père ou la mère
qui, par suite de la division entre les lignes, subit le concours de collatéraux, a l'usufruit du tiers des biens auxquels il ne succède pas en propriété (Art. 754).

Cet usufruit légal est soumis aux règles ordinaires de
l'usufruit; notamment, le père ou la mère à qui il compète
doit, avant son entrée en jouissance, fournir caution de
jouir en bon père de famille. (Art. 601.)

191. — Le Code, s'il a admis un système de *fente*, a du

---

(1) Il semble que les auteurs du Code ne se soient pas doutés de l'extension
qu'ils donnaient à la règle de la division par lignes. M. Berlier (Fenet, t. XII,
p. 16) disait sans soulever d'objections que le système n'était que *le maintien
de la nouvelle législation*. M. Demolombe (loc. cit.) paraît avoir écrit sous
l'empire de la même croyance. (Comp. pourt. sup. nos 177 et 178.)

moins proscrit la *refente* que la jurisprudence avait déjà repoussée sous la loi de Nivôse. (Sup. n° 179.)

« **Art. 734.** — *Cette première division opérée entre les lignes paternelle et maternelle, il ne se fait plus de division entre les diverses branches; mais la moitié dévolue à chaque ligne appartient à l'héritier ou aux héritiers les plus proches en degré, sauf le cas de représentation.* »

192. — De même que dans le Droit commun coutumier la règle *paterna paternis* ne refusait aux parents d'une ligne les propres provenus de l'autre ligne que dans l'intérêt des parents de la ligne de ces propres, — de même le Code Napoléon ne réduit les parents d'une ligne à la moitié de la succession que dans l'intérêt des parents de l'autre ligne. Il suit de là qu'un ascendant ou un collatéral peut recueillir la totalité lorsque, dans la ligne dont il ne fait pas partie, il ne se trouve aucun parent au degré successible, c'est-à-dire au 12e degré ou à un degré plus rapproché. (Art. 733, al. 3, et art. 735. — Comp. sup. n°s 161 et 178.)

193. — La division par moitié entre les deux lignes cesse de s'appliquer à l'égard de certains ascendants lorsqu'il existe avec eux certains collatéraux; nous allons nous expliquer plus clairement; mais cette première indication suffit pour autoriser une correction à la méthode du Code Napoléon. De l'art. 731 on pourrait conclure qu'il y a dans le Code trois ordres seulement d'héritiers, descendants, ascendants, collatéraux. A s'en tenir à la qualité de la parenté, il y a, si l'on veut, trois catégories de personnes susceptibles d'être héritières; mais il y a en réalité *quatre ordres d'héritiers* :

1° Les descendants; 2° les frères et sœurs ou leurs descendants, et, grâce à leur présence, le père et la mère; 3° les ascendants; 4° les collatéraux autres que ceux du deuxième ordre.

Occupons-nous d'abord du deuxième ordre, en tant que le père et la mère y peuvent figurer.

194. — II. *Droits des père et mère dans le deuxième ordre.* — Pour que le deuxième ordre d'héritiers trouve à fonctionner, il faut et il suffit que, le premier ordre faisant défaut, il y ait des frères ou sœurs ou des descendants de frères ou sœurs du défunt. Le père et la mère entrent dans cet ordre une fois qu'il est ouvert; mais seuls ils n'y donnent pas ouverture.

Tandis que les frères et sœurs ou leurs descendants ont toujours une situation privilégiée comparativement aux autres collatéraux, le père et la mère ne figurent dans une classe privilégiée par rapport aux ascendants en général, que d'une manière occasionnelle et accessoire. Rigoureusement, ils ont un droit au préjudice des frères et sœurs ou descendants d'eux, plutôt qu'ils n'ont un privilège à l'encontre des ascendants en général.

195. — L'ordre des frères et sœurs avec concours des père et mère, est organisé dans les art. 748 à 751, avec une prolixité qui n'est pas exclusive de l'obscurité. Un article aurait suffi si l'on avait commencé par distinguer nettement quatre ordres d'héritiers au lieu de trois.

A défaut de l'ordre des descendants, les frères et sœurs du défunt sont appelés à succéder; il en est de même des descendants de frères ou sœurs, la représentation étant admise à leur profit (c'est le seul cas de représentation hors la ligne directe descendante).

Si le défunt laisse en même temps son père et sa mère ou l'un d'eux, il s'établit un concours. Le père et la mère ont droit chacun individuellement à un quart de la succession : s'ils existent tous deux, les frères et sœurs se partagent entre eux la moitié de la succession; si l'un d'eux seulement existe, les frères et sœurs ont à partager les trois quarts de la succession.

196. — La division par lignes est sans application aux père et mère. Que les frères et sœurs soient germains, consanguins ou utérins, la situation du père et de la mère est la même : chacun d'eux a droit à un quart.

Il ne faudrait pas d'ailleurs dire en termes généraux que le deuxième ordre d'héritiers échappe à la division par lignes. Cette division s'applique *entre les frères et sœurs,* soit que, composant seuls le deuxième ordre, ils aient à partager la succession tout entière, soit que, rencontrant le père ou la mère, ou tous deux, ils aient à partager les trois-quarts ou la moitié de la succession (Art. 752). Elle ne s'applique toutefois qu'autant qu'elle est possible : si tous les frères et sœurs sont consanguins, ou s'ils sont tous utérins, il est clair qu'elle est impossible entre eux ; que si les frères et sœurs sont tous germains, la possibilité existe, mais non l'utilité : les frères et sœurs appartenant tous aux deux lignes, le partage direct par têtes donnera plus simplement le même résultat.

197. — Le père ou la mère ne peut, en sus du quart en propriété auquel il ou elle a droit comme héritier du deuxième ordre, réclamer l'usufruit du tiers des biens à partager entre les frères et sœurs. L'art. 754 se réfère exclusivement au cas de l'art. 753, or cet article suppose qu'il n'y a ni frères, ni sœurs, ni descendants d'eux, c'est-à-dire une hypothèse où le deuxième ordre ne peut s'ouvrir. Le motif du législateur fait d'ailleurs défaut : on a voulu atténuer l'effet du partage par lignes en faveur des père et mère, or, ici à leur égard, la division par lignes ne s'applique pas.

198. — III. *Ordre des ascendants (troisième ordre).* — L'ordre des ascendants comprend le père, la mère et tous les ascendants paternels ou maternels. Il ne s'ouvre qu'à défaut de descendants pour se présenter dans le premier, de collatéraux privilégiés pour se présenter dans le deuxième.

Nous savons déjà que l'ordre des ascendants est sujet à la division par lignes. La représentation n'y étant pas admise, le plus proche ascendant, *dans chaque ligne,* exclut toujours le plus éloigné (art. 741).

199. — En général, l'ascendant venant en troisième ordre ne peut recueillir au *maximum* que la moitié de la succession. Il y a pourtant des hypothèses où il peut recueillir davantage.

La première est celle que nous avons trouvée dans l'art. 754 : le père ou la mère concourant avec des collatéraux non-privilégiés a le tiers en usufruit des biens auxquels il ne succède pas en propriété.

Il faut fixer les limites d'application de cette faveur :

1° Elle n'a lieu qu'à l'encontre des collatéraux. Le père concourant avec des bisaïeuls ou des trisaïeuls maternels, la mère concourant avec des bisaïeuls ou des trisaïeuls paternels, ne peut prétendre à aucune part d'usufruit sur la moitié dévolue à l'autre ligne.

2° Elle n'est accordée qu'au père ou à la mère. Les ascendants plus éloignés n'y ont aucun droit, eussent-ils pour concurrents dans l'autre ligne des collatéraux du 12ᵉ degré.

200. — La seconde hypothèse nous est également connue. C'est celle des art. 733, al. 3 et 755. (sup. n° 192).

201. — Enfin il peut arriver que l'application pure et simple de la division par lignes donne à un ascendant plus de la moitié de la succession, et même la totalité.

Il en est ainsi lorsque la qualité d'ascendant dans une ligne se cumule dans la même personne avec celle de collatéral, plus prochain successible dans l'autre ligne. Si par exemple le cousin et la cousine germains se sont unis par mariage, chacun d'eux est parent, dans les deux lignes, de l'enfant qui naît du mariage. Le père est cousin au 5ᵉ degré dans la ligne maternelle, la mère cousine au 5ᵉ degré dans la ligne paternelle. L'enfant venant à décéder sans postérité et sans frères et sœurs ou descendants d'eux, mais laissant par exemple son père, il pourra arriver que le père, ne rencontrant dans la ligne maternelle aucun collatéral plus proche que lui, recueille, outre sa moitié comme ascendant paternel, la totalité ou une quote-part de la moitié dévolue à la ligne maternelle, selon qu'il sera ou non seul cousin au 5ᵉ degré. (Comp. sup. nº 158).

Cet effet rigoureusement exact de la division par lignes est consacré par l'art. 733, al. 2. (Voy. Rouen, 22 janv. 1841, Sir. 1841, II, 175).

202. — Quand le défunt laisse pour héritiers des descendants, les ascendants sont ordinairement dépourvus de toute vocation. Pourtant si ces descendants sont des enfants naturels du défunt, les ascendants (nous parlons des ascendants légitimes) sont seulement réduits. Qu'ils viennent comme héritiers du 2ᵉ ordre ou comme héritiers du 3ᵉ ordre, la succession ne comprend à leur égard que la moitié du patrimoine; c'est sur cette moitié que se fait le partage du 2ᵉ ordre (1) ou la division par lignes du 3ᵉ. (Comp. *Dr. Rom.* nº 102.)

203. — IV. — *Mode de partage.* — Nous avons fixé abstraitement les droits des ascendants. Comment déterminera-t-on d'une manière concrète les biens qui composeront la part de l'ascendant héritier soit dans le 2ᵉ, soit dans le 3ᵉ ordre?

Si tous les co-héritiers sont présents, majeurs et maîtres de leurs droits, ils peuvent partager à l'amiable selon leur convenance. Mais s'ils ne s'accordent pas ou si quelqu'un d'eux est mineur, incapable ou non présent, il faut un partage judiciaire. Dans les opérations de ce partage, la loi fait figurer la composition d'autant de lots égaux qu'il y a d'héritiers co-partageants ou de souches co-partageantes, et le tirage au sort des lots ainsi formés (art. 831 et 834).

---

(1) Le 2ᵉ ordre s'ouvre, même au cas dont s'agit, par la présence de descendants de frères ou sœurs comme par la présence de frères ou sœurs. L'art. 757 qui ne parle que des frères ou sœurs doit être complété. Cependant la jurisprudence s'en tient à la lettre.

Comment procèdera-t-on entre les héritiers du 2e ordre et ceux du 3e lorsqu'ils se présentent avec des droits inégaux?

Le défunt peut laisser son père et un frère : le premier ayant droit à un quart, le second à trois-quarts. Il peut laisser son père, sa mère et un frère : chacun des deux premiers, héritier pour un quart, le dernier pour la moitié. Dans le 3e ordre on peut supposer un ascendant dans une ligne et plusieurs ascendants ou cousins au même degré dans l'autre, le premier devant avoir moitié, les autres des fractions d'une moitié.

Il est clair que la composition d'autant de lots égaux qu'il y a de co-partageants n'aboutirait pas à permettre le tirage au sort. Comment appliquer la loi?

Divers systèmes ont été proposés. En ce qui concerne les ascendants venant en 3e ordre, on a dit que la loi même (art. 733) indiquait la marche à suivre; qu'il fallait faire d'abord deux lots égaux, les tirer au sort entre les deux lignes, et sous-diviser ensuite chaque lot conformément aux articles 831 et 834. — Mais l'art 733 se réfère à la fixation abstraite des droits, et non à la détermination concrète des lots; la question se pose donc, pour le 3e ordre comme pour le 2e, sur l'art 831.

Cette question, les uns la résolvent en écartant absolument le tirage au sort et en procédant par voie d'attribution; les autres, d'accord pour conserver le tirage, se séparent sur le mode d'application : ceux-ci, partageant d'abord la succession entière en lots égaux à la fraction qui représente les droits de l'héritier le mieux traité par la loi, faisant tirer un lot à cet héritier, et opérant sur le surplus une nouvelle formation de lots et un nouveau tirage entre les autres héritiers; — ceux-là, réduisant à un commun dénominateur les fractions qui expriment les droits de chacun des co-héritiers, composant autant de lots qu'il y a d'unités dans ce dénominateur, et faisant tirer chaque héritier autant de fois qu'il y a d'unités dans le numéra-

teur de la fraction repsésentative de ses droits. (Aub. et
Rau. t. V, § 624, texte et note 29.)

Le législateur se montre trop préoccupé de l'égalité des
chances entre cohéritiers pour que le partage par attributions rentre dans ses intentions. Il faut donc un tirage
au sort; mais la loi n'indiquant pas entre les deux procédés possibles celui qu'il faut suivre, le tribunaux avise-
ront selon les circonstances. (Demol. *success.* t. III, nos 679
et suiv.)

204. — V. *Droits des ascendants naturels* (1). — Dans
le Droit Romain classique la mère et les ascendants
maternels avaient les mêmes droits de succession,
que leur parenté fût ou non légitime. Quant au père, il
paraît qu'il était sans droit à la succession des *liberali na-*
turales et à plus forte raison des *spurii.* (Sup. *Dr. Rom.*,
nos 53 et 64.) Justinien semble lui attribuer des droits,
d'ailleurs très-restreints. (Sup. *Dr. Rom.*, no 106.)

En Droit coutumier, à l'égard de toutes personnes, la
parenté légitime était la seule qui donnât droit de succéder. (Poth., *Success.*, ch. 1, sect. 2, art. 3, § 3.)

La Révolution attribua aux enfants naturels autres que
les adultérins les mêmes droits qu'aux enfants légitimes,
et l'idée de réciprocité emportait l'assimilation générale
de la parenté naturelle à la parenté légitime : ce qui profita notamment aux ascendants naturels, bien moins
dignes d'intérêt, à coup sûr, que les enfants naturels. La loi
du 12 Brumaire an II, porte (art. 2) que les droits de successibilité des enfants nés hors mariage, seront les mêmes
que ceux des autres enfants, et (art. 9) qu'il y aura « *succes-*
sibilité réciproque entre eux et les parents collatéraux, à
défaut d'héritiers directs. »

---

(1) La successibilité des parents naturels est en elle-même une matière
d'exception. Si elle se trouve ici sous la rubrique *Droit Commun,* c'est que
nous prenons ces mots par opposition au *Retour légal.* (Voy. sup. no 186.)

205. — Le Code Napoléon dispose ainsi qu'il suit :

« ART. 765. — *La succession de l'enfant naturel décédé sans postérité est dévolue au père ou à la mère qui l'a reconnu; ou par moitié à tous les deux, s'il a été reconnu par l'un et par l'autre.* »

Cet article ne concerne que la succession des enfants naturels reconnus. Quant aux enfants non-reconnus, ils n'ont légalement ni père ni mère : personne ne peut donc, à ce titre, prétendre à leur succession.

Certains enfants naturels ne peuvent jamais être reconnus : ce sont les enfants adultérins et incestueux. La loi, toutefois, suppose que ces enfants peuvent avoir (nous n'avons pas à chercher comment) une filiation constatée, et elle leur permet de réclamer des aliments sur la succession de leurs auteurs. Si la filiation adultérine ou incestueuse est constatée, la paternité ou la maternité le sont aussi : le père ou la mère pourront-ils, par réciprocité, réclamer des aliments sur la succession? Non. Autant l'enfant est intéressant, autant ses auteurs le sont peu : l'art. 762, d'ailleurs, ne se prête pas à une interprétation extensive. Concluons donc que les père et mère adultérins ou incestueux sont privés de tous droits et dans tous les cas.

206. — La reconnaissance d'un enfant naturel faite après son décès autoriserait-elle l'auteur de cette reconnaissance se prévaloir de l'art. 765?

La légalité même de cette reconnaissance n'est pas admise par tout le monde, mais dès qu'on l'admet en principe (et c'est l'opinion que nous induisons du silence des textes) il ne nous paraît pas douteux que la reconnaissance ainsi faite doive produire tous ses effets, pourvu, bien entendu qu'elle ne soit pas frauduleuse; (ainsi jugé, Douai 20 Juillet 1852, Sir. 1852, II, 678).

— Prenant le cas le plus simple, supposons que le *de cujus*, né hors mariage, avait été reconnu de son vivant par son père ou sa mère, ou par l'un et l'autre, sans qu'il apparût d'un adultère ou d'un inceste : Plusieurs questions se présentent; nous allons les examiner.

207. — Les père et mère naturels ne peuvent succéder qu'autant que l'enfant est décédé *sans postérité*, c'est-à-dire sans postérité acceptant sa succession.

Quelle est la portée du mot *postérité ?* Outre les enfants et descendants légitimes et légitimés du défunt, il comprend les enfants qu'il a adoptés. Comprend-il les descendants des enfants adoptifs ?

Beaucoup d'auteurs tiennent pour la négative et refusent à ces descendants tout droit à la succession du père adoptif de leur père. L'opinion contraire, qui est celle de la Jurisprudence, argumente de l'art. 350 qui donne à l'enfant adoptif les mêmes droits qu'à l'enfant légitime, et de l'art. 348 qui prohibe les mariages entre l'adoptant et les enfants de l'adopté.

— L'existence d'enfants naturels reconnus par le défunt exclut-elle absolument les père et mère naturels du défunt? Ne fait-elle que les réduire à la moitié de la succession par application de l'art. 757 ?

La première solution traite les père et les mère naturels aussi mal que si le défunt laissait une postérité légitime ; — la seconde les traite aussi bien que s'ils étaient eux-mêmes parents légitimes. La première est donc toute à l'avantage des enfants naturels, la seconde à l'avantage de leurs auteurs : l'équité est du côté de la première; les termes de la loi y sont aussi. L'art 765 dit d'une manière générale *sans postérité*, et cela est d'autant plus concluant que, traitant précisément de la successibilité entre parents illégitimes, il ne peut avoir perdu de vue cette parenté. Quant à l'art. 757 qui restreint les droits des enfants naturels, son esprit est de protéger contre eux la famille légitime, et elle seule.

— Les enfants légitimes des enfants naturels du défunt, tirant de l'art. 759 des droits à sa succession, feront obstacle aux père et mère naturels du défunt.

— Quant aux enfants naturels de l'enfant naturel du *de cujus*, (qui, nous le supposons, était lui-même né hors mariage,) ils n'ont aucun lien de parenté légale avec les parents de leur auteur (arg. art. 756), ils ne peuvent donc venir à la succession de celui qui, de fait, se trouve leur aïeul selon la nature, ni faire obstacle au père et à la mère naturels du *de cujus*.

208. — Il est à remarquer que le père et la mère naturels, à défaut de postérité du défunt, succèdent sans subir le concours de personne, tandis que les père et mère légitimes n'ont que des droits partiels lorsqu'il existe des frères et sœurs ou des descendants de frères et sœurs, et tandis que le survivant des père et mère légitimes peut être réduit à la moitié par des collatéraux même plus éloignés.

C'est que l'individu né hors mariage n'a ni frères, ni sœurs, ni aucuns collatéraux dans le sens juridique de ces mots, puisque, en principe, il n'y a entre lui et les parents de ses père et mère aucune parenté légale. (Arg. art. 756.) En appelant, après les père et mère de l'enfant naturel, les autres enfants naturels de ses père et mère, l'art. 766 leur accorde une faveur que ne comportait pas l'application rigoureuse du principe. (Voy. toutef. inf. n° 212).

209.— L'art. 765 appelle le père et la mère à la succession de l'enfant naturel : que faut-il penser des ascendants plus éloignés? Le défunt, qui était né hors mariage, laisse par exemple le père de son père, c'est-à-dire son grand-père selon le fait, et ce survivant, parent tout au plus naturel en tant qu'aïeul, peut être, comme père, parent légitime ou naturel. Pourra-t-il prétendre à la succession de l'enfant naturel de son enfant légitime ou naturel?

Non, et c'est encore de l'art. 756, déjà plusieurs fois cité, que se tire le motif de la solution : solution particulièrement rigoureuse au cas où les rapports de filiation sont tous purement naturels.

210. — Nous avons jusqu'ici supposé le *de cujus* enfant naturel. Il est possible que, né en légitime mariage, il ait eu un père né hors mariage, et qu'il laissé à sa survivance le père naturel de son père légitime, c'est-à-dire son aïeul naturel : celui-ci pourra-t-il succéder ?

La négative nous paraît plus exacte. En vain argumente-t-on du principe de réciprocité combiné avec l'art. 759 qui reconnaît aux enfants légitimes d'un enfant naturel des droits à la succession de leur aïeul naturel. L'art. 765 ne parle que des *père et mère*, et c'est être dans l'esprit du Code Napoléon que de dire : tout ce qui n'est pas expressément concédé aux parents naturels leur est virtuellement dénié. — En ce sens Req. rej. 5 mars 1849 (Sir. 1849, I, 331.)

L'affirmative aboutirait d'ailleurs à un résultat inacceptable. L'aïeul et le petit-fils *de cujus* n'étant pas dans l'espèce unis par des liens légitimes, il faudrait appliquer non les art. 750 et 753, écrits en vue des ascendants légitimes, mais bien l'art. 765. Or, si l'on comprend l'exclusion complète des collatéraux même les plus proches, par les père et mère d'un enfant naturel *de cujus*, qui légalement n'a pas de collatéraux, on ne comprend plus cette même exclusion complète par les ascendants d'un défunt qui, né en légitime mariage, peut laisser des frères ou sœurs ou d'autres collatéraux. Le système que nous repoussons serait la négation du droit des collatéraux légitimes, c'est-à-dire qu'il serait contraire à l'esprit de la loi.

211. — Nous venons de voir quels ascendants ont des droits de successibilité à l'égard d'un *de cujus* à qui ils ne se rattachent pas par des liens légitimes, et nous savons aussi à quelles conditions ces droits peuvent être invoqués. Voyons à présent dans quelle mesure et dans quelle forme s'exercent ces droits.

212. — Si une double reconnaissance a donné au *de cujus* un père et une mère, et que le père et la mère soient survivants, chacun d'eux a droit à moitié.

Si une reconnaissance unique a eu lieu, ou si deux reconnaissances ayant été faites, l'auteur d'une est décédé, le père ou la mère qui s'est fait connaître seul ou qui survit seul, recueille la totalité.

Ces propositions ont été contestées en sens différent :

1° On a prétendu (M. Belost-Jolimont, *sur Chabot*, art. 765, obs. 3) que le père et la mère n'avaient chacun qu'une vocation limitée à la moitié, et que s'il ne s'en trouvait qu'un des deux, la moitié de la succession irait aux frères et sœurs naturels du défunt. — Cette opinion, outre qu'elle donne à l'art. 765 un sens qui littéralement n'est pas le sien, abuse de l'art. 766, lequel, par cela même qu'il est une dérogation aux principes (sup. n° 208), répugne à toute interprétation extensive.

2° Il a été soutenu que, le *de cujus* ayant été reconnu par son père et sa mère, mais l'un d'eux seulement lui survivant, les enfants légitimes de l'auteur prédécédé reprendraient, en vertu de l'art. 766, les biens provenus de l'auteur commun et se retrouvant en nature. — Cette doctrine nous paraît en désaccord manifeste avec les termes de l'art. 766 : cet article subordonne au prédécès des *père* ET *mère* l'exercice du droit de retour conféré à ceux qu'improprement il appelle des frères légitimes du défunt. — La plupart des auteurs et la jurisprudence se sont prononcés dans le sens de l'opinion que nous adoptons.

213. — Les père et mère naturels, lorsqu'ils invoquent les droits de successibilité qui viennent d'être déterminés, ne le peuvent pas au même titre que les ascendants légitimes. Ils ne sont pas *héritiers*, mais *successeurs aux biens*. (Art. 723. — Voy. pourtant, inf. n° 214, l'opinion de M. Delvincourt.)

Ceci n'est pas une pure affaire de mots. A la négation du titre d'héritier se rattache le refus de la saisine. (Art. 724.)

Suit-il de là que les père et mère naturels soient astreints aux formalités prescrites par les articles 724, 769 et suivants, notamment à la demande d'un envoi en possession par justice? La difficulté naît de ce que les père et mère naturels ne sont pas mentionnés dans les articles précités.

Trois opinions sont soutenues. La première (MM. Aub. et Rau, t. V, § 640, note 2) dispense les père et mère naturels de toutes les formalités imposées aux enfants naturels et au conjoint. La seconde les leur impose toutes. La troisième les soumet seulement à la demande d'envoi en possession. — Nous nous rangeons à la seconde.

214. — De ce que les père et mère naturels ne sont pas proprement des *héritiers*, résulte-t-il que le bénéfice d'inventaire leur soit acquis sans déclaration, c'est-à-dire que de plein droit ils ne soient tenus des dettes que jusqu'à concurrence de ce qu'ils recueillent?

La question se pose d'une manière générale pour tous les successeurs à qui la loi refuse le titre d'héritiers.

M. Demolombe *(Success.*, t. I, n° 160) admet l'obligation *ultrà vires.* — A notre avis, les auteurs du Code Napoléon ont considéré l'obligation *ultrà vires* comme inséparable de la qualité de continuateur de la personne, et ils n'ont entendu reconnaître cette qualité qu'à ceux qu'ils ont décorés du titre d'héritiers. La thèse de M. Demolombe n'est donc pas, ce nous semble, dans l'esprit de la loi.

M. Delvincourt (t. II, p. 66) conclut comme M. Demolombe, mais seulement à l'égard des père et mère naturels, et son procédé de raisonnement est du moins dans la logique du Code Napoléon. Il soutient que les père et mère naturels sont des *héritiers* proprement dits, et c'est de là qu'il déduit l'obligation *ultrà vires.* La déduction est exacte, mais la proposition qui l'engendre ne l'est pas : l'art. 765, qui traite des droits des père et mère naturels, est placé sous la rubrique des *successions irrégulières,* et nulle part le Code ne leur a donné la qualification d'héritiers.

— Les père et mère naturels, non plus qu'aucun successeur irrégulier, ne sont donc pas obligés *ultrà vires* : telle est la solution qui ressort de la loi, et nous n'en avons nul regret. La fiction de continuation de la personne par celui qui recueille les biens, ne nous paraît pas assez fondée en raison pour que nous regrettions que les applications n'en aient pas été plus nombreuses.

SECTION II.

RÉSERVE.

215. — Nous avons jusqu'ici supposé que la personne dont la succession est à régler était morte sans avoir disposé de ses biens. Faisons maintenant l'hypothèse inverse.

Disons d'abord quelques mots des droits que les ascendants peuvent puiser dans les dispositions mêmes faites en leur faveur.

Les *Coutumes d'égalité* et, après elles, le Droit de la Révolution, avaient, on s'en souvient, prohibé toute disposition en faveur des successibles. Cette prohibition, supprimée dès l'an VIII par la loi du 4 Germinal (sup. n° 181), n'a pas été reproduite par le Code Napoléon. Les ascendants héritiers présomptifs peuvent donc être donataires ou légataires, et, pourvu qu'ils aient été dispensés du rapport, se trouvent dans la même situation que les donataires ou légataires étrangers.

Il y a plus : ils sont, dans certains cas, mieux traités que des étrangers. D'une part, par un privilège unique, la qualité de tuteur ou d'ex-tuteur n'empêche pas l'ascendant de recueillir à titre gratuit d'un descendant. (Art. 907.)

D'autre part, les médecins et pharmaciens qui ont traité un malade durant la maladie dont il est mort, peuvent dans tous les cas, s'ils étaient ses ascendants, profiter des dispositions même universelles qu'il aurait faites en leur faveur. Il en est de même à l'égard des ministres du culte qui ont assisté leur descendant dans la maladie dont il est mort, supposé qu'il s'agisse d'une religion où l'espèce soit réalisable. (Art. 909.)

216. — Ceci dit, venons aux droits des ascendants, non plus *en vertu* des dispositions émanées du défunt, mais *contre* ces dispositions.

On sait comment la législation Romaine, sans abandonner le principe que le propriétaire doit régler librement la dévolution de ses biens, avait admis la plainte d'inofficiosité et la légitime, — la première *sous couleur (hoc colore)* de rétablir la volonté vraie du propriétaire, la seconde non comme un droit héréditaire, mais comme une simple créance dont le titre était dans l'*officium pietatis* (sup. *Dr.*

Rom., nos 111, 132 et 142). Ces caractères avaient subsisté même après que Justinien eût, dans la Novelle 115, exigé *honoris gratiâ* (1) le titre d'héritier pour les légitimaires, — même après que le même empereur eût, dans la Novelle 18, modifié les bases du calcul de la légitime (sup. *Dr. Rom.*, n° 143).

Nous avons dit que la légitime Romaine avait passé dans les pays de droit écrit (sup. n° 153); qu'elle n'avait été reçue dans les pays de coutumes qu'en faveur des descendants (sup. n° 164); qu'en revanche les pays de coutumes avaient connu les *réserves coutumières*, institution procédant d'un esprit absolument contraire à celui du Droit Romain, faisant de l'indisponibilité la règle pour les biens qu'elle concernait, et constituant sur ces biens une succession *ab intestat* nécessaire (sup. nos 165 et s.).

On sait comment la Révolution, généralisant le point de vue autoritaire des coutumes, avait fait de l'indisponibilité la condition normale du patrimoine, et avait limitativement fixé la portion dont la disposition serait par tolérance laissée au propriétaire (sup. nos 175 et 180).

On sait, enfin, comment les auteurs du Code Napoléon, flottant entre la théorie Romaine et la théorie Révolutionnaire, ont renoncé à fonder sur un principe unique la succession *ab intestat* et la succession testamentaire (sup. nos 182 et s.); — d'où il suit que c'est isolément de la succession *ab intestat* et en eux-mêmes, qu'il faut apprécier les textes qui limitent dans le Code l'effet des volontés expresses du défunt.

217. — Sous la rubrique *De la portion disponible*, le Code Napoléon contient les articles suivants :

---

(1) Il suffisait d'une institution *pro certâ re*, ce qui n'est pas juridiquement une institution d'héritier. (Comp. Nov. 115, cap. V, pr., et L. 13, C. *de hered. instituend.* 6-24).

Art. 913. — Les libéralités, soit par actes entre-vifs, soit par testament, ne pourront excéder la moitié des biens du disposant, s'il ne laisse à son décès qu'un enfant légitime; le tiers, s'il laisse deux enfants; le quart s'il en laisse trois ou un plus grand nombre.

Art. 915. — Les libéralités, par actes entre-vifs ou par testament, ne pourront excéder la moitié des biens, si, à défaut d'enfant, le défunt laisse un ou plusieurs ascendants dans chacune des lignes paternelle et maternelle; et les trois quarts, s'il ne laisse d'ascendants que dans une ligne.

Art. 916. — A défaut d'ascendants et de descendants, les libéralités par actes entre-vifs ou testamentaires pourront épuiser la totalité des biens.

Ces articles fixent *le disponible* : donc, la disponibilité n'allait pas de soi, — donc, l'indisponibilité est la règle.

Le Code laisse tout ce qui n'est pas disponible dans une masse indivise, — donc, il ne constitue pas un droit distinct et personnel au profit de tel ou tel parent favorisé, — donc, il laisse subsister une succession à partager.

De ces inductions nous concluons que la *réserve* est, dans le Code comme dans le droit de la Révolution, *une succession ab intestat imposée au défunt*, — et, par conséquence, qu'il faut, pour y prétendre, non-seulement être parent de telle qualité, mais être *héritier acceptant*.

A l'appui de ces conclusions remarquons que c'est dans les discussions relatives au titre des donations et testaments que s'est surtout produite, de la part des auteurs du Code Napoléon, la théorie qui fait du pouvoir social le dispensateur souverain des successions (sup. n° 184).

Remarquons, en outre, que le mot *légitime* a disparu, tandis que le mot *réserve* a été adopté, et que précisément les *réserves coutumières* avaient le caractère que nous attribuons à la réserve du Code Napoléon.

Cette grande question, de la nature de la réserve, appartient à la théorie générale des successions : traitant d'un sujet spécial, il nous suffira de l'avoir indiquée et résolue.

— Quand on parle de la *réserve établie par le Code Napoléon* et du *quantum* de cette réserve, on ne s'exprime pas exactement; nous emploierons pourtant ces formes usitées, mais il sera entendu que le mot *réserve* désigne *tout ce que le Code n'a pas déclaré disponible*.

218. — Si la réserve du Code Napoléon est dérivée du même principe que les réserves coutumières, elle en diffère pourtant par plus d'un côté.

La réserve coutumière ne s'exerçait que contre le testament, — ne concernait que les propres, — protégeait tous les héritiers indistinctement, — et avait pour principal but la conservation des biens dans les familles.

La réserve actuelle s'exerce contre la donation entre-vifs aussi bien que contre le testament, — porte sur l'ensemble du patrimoine, — protége exclusivement les héritiers en ligne directe, — et se propose principalement l'accomplissement de l'*officium pietatis*.

Ces différences avec la réserve coutumière sont autant d'analogies avec la légitime Romaine, étant observé toutefois que celle-ci s'appliquait même aux frères et sœurs à certaines conditions.

219. — Fixée par la loi du 17 nivôse an II aux neuf dixièmes du patrimoine, la réserve avait été restreinte, à l'égard des ascendants, à la moitié du patrimoine par la loi du 4 Germinal an VIII. Tel est aussi le *maximum* qu'elle ne peut dépasser sous l'empire du Code Napoléon.

La réserve des ascendants dans ce Code est d'un quart pour les ascendants de chaque ligne, et ce *maximum* est en même temps un *minimum*, sauf l'effet de l'art. 1094 relatif à la quotité disponible entre époux.

A défaut d'ascendants dans une ligne, le disponible se trouve porté aux trois quarts. Il en est de même quand tous les ascendants d'une ligne renoncent ou sont déclarés indignes.

Il est à remarquer que le père et la mère, lorsqu'ils se trouvent héritiers du deuxième ordre, ont une réserve précisément égale à leurs droits *ab intestat*.

220. — Les ascendants ne peuvent réclamer la réserve

qu'autant que l'ordre d'héritiers dont ils font partie arrive à la succession *ab intestat* et qu'ils sont eux-mêmes les plus proches dans cet ordre. Art. 915, al. 2 : « *Les biens réservés au profit des ascendants seront par eux recueillis dans l'ordre où la loi les appelle à succéder.* »

Ainsi, les père et mère peuvent réclamer la réserve dès qu'il n'y a pas lieu à l'ordre des ascendants, car ils viennent dans ce cas, soit en deuxième ordre avec les frères et sœurs ou descendants d'eux, soit en troisième ordre s'il n'y a pas de collatéraux privilégiés.

Ainsi, les ascendants quelconques peuvent réclamer la réserve quand il n'y a lieu ni à l'ordre des descendants, ni à l'ordre des collatéraux privilégiés, pourvu d'ailleurs que les réclamants se trouvent les plus proches dans leur ordre et dans leur ligne.

221.— Les ascendants n'ont pas intérêt à invoquer leur réserve dans tous les cas où il leur est loisible de le faire.

Supposons qu'il y ait lieu au deuxième ordre. Si, les libéralités maintenues, le père et la mère ont encore chacun leur quart, ou si celui des deux qui demeure seul a encore son quart, il n'y a pas à parler de réserve : les libéralités sont respectées, et les règles ordinaires de la succession *ab intestat* s'appliquent ; toutefois, les frères et sœurs n'ont que ce qui reste après le fournissement des père et mère. Que si le père et la mère ne peuvent trouver leur quart qu'en entamant les libéralités faites par le défunt, c'est leur droit de réserve qu'ils invoquent, mais seulement pour se faire remplir respectivement de leur quart : le surplus reste aux donataires et légataires, et les frères ou sœurs n'ont rien.

De même si un ascendant quelconque ne rencontre, dans la ligne à laquelle il n'appartient pas, que des collatéraux autres que ceux du deuxième ordre, il n'invoquera pas sa réserve contre les destinataires des libéralités faites par le défunt quand le partage pur et simple avec les collatéraux de l'autre ligne, après les libéralités remplies,

lui donnera plus du quart ou au moins le quart de la succession. Il l'invoquera dans le cas contraire, et les collatéraux alors se trouveront complètement écartés.

C'est ce que veut dire l'art. 915 *in fine : « Ils* (les ascendants) *auront seuls droit à cette réserve dans tous les cas où
un partage en concurrence avec des collatéraux ne leur donnerait pas la quotité de biens à laquelle elle est fixée. »* Et en
effet, la réserve, pas plus qu'elle ne doit se retourner
contre ceux en faveur de qui elle est établie, ne doit profiter à ceux en faveur de qui elle n'est pas établie : Or, les
collatéraux non-seulement n'ont pas de droit sur la réserve des ascendants, mais ils n'ont même aucun droit
de réserve.

222. — Du moment qu'on admettait en principe la réserve, et qu'on en faisait une application au profit des
ascendants quelconques, il peut paraître étrange qu'on
n'ait pas accordé une réserve aux frères et sœurs ou à leurs
descendants, qui sont les héritiers du deuxième ordre, préférables aux ascendants autres que père et mère et concourant avec ces derniers. Le premier projet du Code
Napoléon n'offrait pas cette anomalie; mais la réserve
qu'il proposait pour les frères et sœurs fut abandonnée
dans la suite de l'élaboration. Un certain nombre de jurisconsultes (entre autres M. Vernet) regrettent cet abandon
au nom du droit naturel : nous ne pouvons le regretter
qu'au point de vue de la logique.

223. — Nous avons dit que le droit à la réserve s'ouvre
pour les ascendants quand l'ordre dont ils font partie se
trouve en situation de succéder *ab intestat.* En est-il ainsi,
lorsque l'évenement qui fait arriver leur ordre est postérieur au décès du *de cujus,* — quand celui-ci laissait des
enfants ou descendants, mais qu'ils sont renonçants ou
indignes; — quand (à l'égard des ascendants autres que
père et mère) les frères et sœurs ou descendants de frères
et sœurs du défunt ont survécu, mais ont renoncé ou ont
été déclarés indignes?

La question est d'avance résolue par les propositions que nous avons émises (sup. n° 217) touchant la nature de la réserve. La réserve, n'étant à nos yeux que la succession *ab intestat* imposée par la loi, doit se régir absolument comme la succession *ab intestat*. Or, par la renonciation ou l'indignité des personnes composant un ordre d'héritiers *ab intestat*, l'ordre subséquent se trouve appelé à la succession de la même manière que si dès le décès il n'eût été précédé par aucun autre. Il en doit donc être de même à l'égard de la réserve.

224. — Par application de ce raisonnement, il faut dire que la renonciation des frères et sœurs ouvre le droit à la réserve au profit des ascendants plus éloignés que père et mère.

Mais ici se présente une complication, née de l'inconséquence qui consiste à avoir accordé une réserve aux ascendants, tandis qu'on n'en donnait pas aux frères et sœurs, héritiers préférables aux ascendants au-delà du premier degré.

Le défunt laissant des frères et sœurs et des ascendants autres que père et mère, les ascendants ne pourront-ils en aucun cas invoquer la réserve qu'autant que les frères et sœurs auront tous renoncé? En sera-t-il ainsi, alors même que ces frères et sœurs n'auront aucun intérêt personnel à renoncer ou à ne pas renoncer?

Il peut arriver, en effet, que le défunt ait fait un legs universel. Le cas échéant, les frères et sœurs, qui ne sont pas réservataires, se trouvent de fait écartés par le légataire, lequel est *saisi*, aux termes de l'art. 1006.

L'aïeul, pour invoquer son droit de réserve à l'encontre du légataire universel, devra-t-il attendre la renonciation en forme des frères et sœurs? Pourra-t-il réclamer sa réserve indépendamment de cette renonciation?

Les deux opinions ont leurs partisans. Il en est une troisième qui refuse absolument et sans distinction tout droit de réserve à l'aïeul.

Le deuxième et le troisième systèmes s'accordent sur ce point que les droits respectifs du légataire universel et des ascendants ne peuvent dépendre du caprice ou de la vénalité des frères et sœurs, et qu'une renonciation à un droit inefficace n'est pas une renonciation. Partant de là, le deuxième système considère la renonciation comme superflue, tandis que le troisième la considère comme impossible.

Nous n'hésitons pas à rejeter ces deux systèmes, et à nous rallier au premier. L'adjudication au plus offrant de la conduite à tenir par les frères et sœurs ne nous paraît pas une éventualité inquiétante, puisque la renonciation achetée par les ascendants produirait l'effet d'une acceptation (art. 780, 2°). D'autre part, les principes nous paraissent exiger que le droit des ascendants à la réserve dépende de la renonciation des frères et sœurs.

La réserve n'est que la succession *ab intestat*, pour l'invoquer il faut être en situation d'héritier *ab intestat*, — or, cette situation n'appartient aux ascendants autres que père et mère qu'autant que le défunt n'a pas laissé de frères, sœurs ou descendants d'eux, ou que ceux qu'il a laissés ne sont pas héritiers pour cause de renonciation ou d'indignité. (Comp. rapport du trib. Jaubert, Locré, t. II, p. 445.)

En vain objecte-t-on que les frères et sœurs n'ayant pas la saisine, ne peuvent renoncer à rien. Malgré le legs universel qui fait un successeur aux biens, ils restent, comme le dit M. Demolombe *(Donat.*, t. II, n° 122), les représentants de la succession légitime, et c'est à eux qu'appartiendraient jusqu'à leur renonciation l'action en nullité pour vice de forme, ou toute autre action contre le legs universel ou le testament.

— L'effet que nous venons d'attribuer à la renonciation des frères et sœurs s'attache également à leur indignité déclarée.

225. — Lorsqu'il y a ouverture à la réserve des ascen-

dants, quels ascendants dans la ligne peuvent mettre ce droit en exercice ? Ceux qui, par la plus grande proximité de leur parenté, hériteraient *ab intestat* : c'est toujours la même règle.

Il suit de là par application de l'art. 786 :

1° Que si les ascendants du premier rang renoncent ou sont déclarés indignes, le droit à la réserve passe aux ascendants du degré subséquent dans la même ligne.

2° Que si un seulement des ascendants du premier rang renonce ou est déclaré indigne, la réserve de la ligne appartient à ceux des ascendants du même rang qui acceptent et n'ont pas été déclarés indignes.

— A l'égard des enfants, on a élevé la question de savoir si le renonçant et l'indigne doivent être comptés pour la fixation de la réserve. Cette question, que nos principes sur la nature de la réserve trancheraient dans le sens négatif, n'a pas de pendant à l'égard des ascendants : la réserve des ascendants, en effet, est fixée pour chaque ligne, sans considération du nombre des prétendants.

— L'accroissement, ou mieux, le non-décroissement, qui fait profiter les ascendants réservataires acceptants de la renonciation d'un ascendant de leur ligne et de leur degré, a lieu alors même que le renonçant avait reçu une libéralité non précibutaire. Celui-ci ne peut conserver le bénéfice de la libéralité que jusqu'à concurrence de la quotité disponible, et ne peut cumuler avec ce disponible la part qu'il aurait prise dans la réserve.

Cette solution découle encore des principes que nous avons posés (sup. n° 217). La *question du cumul*, à laquelle elle s'applique, a donné lieu à une controverse fameuse, dans les détails de laquelle nous n'entrerons pas, et pour plusieurs motifs : d'une part, autant sont fréquents les avancements d'hoirie par un ascendant à des descendants, autant sont rares les mêmes dispositions par un descendant à des ascendants. D'autre part, la controverse du cumul, sur laquelle un honorable professeur écrivait naguère deux volumes in-8° (**M. Ragon**, *Théorie de la* *rétention et de l'imputation)*, appartient à la théorie générale de la réserve, et non à un sujet restreint comme le nôtre.

Enfin, l'intérêt de cette controverse a notablement diminué au point de vue pratique, depuis que, revenant à sa doctrine primitive, à laquelle elle avait été infidèle pendant vingt années, la Cour de Cassation a rejeté le cumul et consacré la solution que nous venons nous-même de présenter (Ch. réunies, 27 nov. 1863; Sir., 1863, I, 513).

226. — D'accord avec un des motifs de l'arrêt précité, nous rejetons même le tempérament que sous le nom d'*imputation* on a essayé d'apporter à la théorie du non-cumul.

Non-seulement le donataire sans préciput qui renonce à la succession ne peut conserver plus que la quotité disponible, mais tout ce qu'il conserve diminue d'autant, à tous égards, la quotité disponible. Les étrangers légataires ou donataires antérieurs ne pourraient prétendre qu'en ce qui les concerne, la valeur conservée par le renonçant doit être imputée d'abord sur la part qu'il aurait eue dans la réserve, et que l'excédant seul doit être considéré comme pris à leur détriment sur le disponible.

La thèse de l'imputation n'a été formulée que dans l'hypothèse où les successibles sont des descendants du défunt. Elle se relie, dans la pensée de ses défenseurs (MM. Aub. et Rau, t. V, § 684 ter, note 15), à cette idée que le renonçant doit être pris en considération pour la fixation du *quantum* de la réserve. Cette idée, que nous croyons mal fondée, est en tout cas sans application à la réserve des ascendants que le nombre des réservataires ne fait pas varier. Toutefois, il est probable que MM. Aubry et Rau étendraient la théorie de l'imputation aux ascendants comme aux descendants. C'est ce qui nous amène à protester contre elle.

Rendons-nous compte des résultats qu'elle comporterait. Supposons que le défunt, dont la fortune était de

10,000 fr., a laissé pour successibles son père, et dans la ligne maternelle un aïeul et une aïeule ; supposons que l'aïeul avait reçu sans clause de préciput 6,000 fr., et que le défunt a institué un légataire universel.

L'aïeul donataire renonce à la succession. Que va-t-il se passer ?

Il est clair d'abord que le père doit avoir le quart réservé à sa ligne, soit 2,500 fr. Mais comment répartir le surplus ?

Le système de l'imputation dira : L'aïeul renonçant peut conserver une *valeur égale* à celle du disponible, soit 5,000 fr. ; mais il faut imputer 1,250 fr. sur la réserve, et 3,750 fr. seulement sur le disponible. Il reste donc 1,250 fr. pour le légataire universel. Quant à l'aïeule acceptante, elle a la part qui lui revenait dans la réserve, soit 1,250 fr.

Dans le système que nous adoptons, les 5,000 fr. conservés par le renonçant absorbant le disponible, le légataire universel n'aura rien, et l'aïeule acceptante prendra seule le quart réservé à sa ligne, soit 2,500 fr.

La difficulté, on le voit, porte sur le sort de la part qu'aurait prise le renonçant dans la réserve : tandis que nous en faisons profiter le cohéritier acceptant de la même ligne, l'imputation aboutit à en faire profiter le légataire universel.

Entre la théorie de l'imputation et celle du cumul, la différence de résultats n'apparaît que dans les rapports du réservataire renonçant avec le légataire étranger : dans l'espèce ci-dessus, le cumul laisserait 6,000 fr. à l'aïeul renonçant, et n'attribuerait que 250 fr. au légataire universel, tandis que l'imputation ne laisse au renonçant que 5,000 fr., et attribue 1,250 fr. au légataire. Mais à l'égard du coréservataire acceptant, le résultat des deux théories est identique : aussi bien que la théorie du cumul, dont elle n'est, quoiqu'on dise, qu'une reproduction atténuée, la théorie de l'imputation fait de la réserve pour chacun des réservataires de la même ligne un droit individuel, fixé *ab initio* à une quote-part. Du moment, au contraire, que nous considérons la réserve comme l'analogue de la succession *ab intestat*, la règle de l'accroissement ou du non-décroissement doit y produire tous ses effets.

227. — Les ascendants, nous le savons, ne sont pas exclus de la succession *ab intestat* par les enfants naturels du *de cujus*, ils ne sont donc pas exclus par eux du droit à la réserve.

A l'égard de la succession *ab intestat*, la présence d'un ou plusieurs enfants naturels restreint les ascendants à la moitié de la masse (sup. no 202) : que va-t-il se passer à l'égard de la réserve?

Les enfants naturels ayant (art. 757) une part des droits de succession qu'ils auraient s'il étaient légitimes, et le droit des enfants légitimes à la réserve étant un droit de succession, il en résulte que les enfants naturels ont une réserve, et que cette réserve est du tiers, ou de la moitié de celle qu'ils auraient s'ils étaient légitimes, selon que c'est avec des enfants légitimes ou avec des ascendants qu'ils concourent.

Lorsque c'est avec des ascendants, la réserve est pour un enfant naturel, d'un quart; pour deux enfants naturels, d'un tiers; pour trois ou plus, de trois huitièmes; car la réserve serait pour un enfant légitime, de moitié; pour deux, des deux tiers; pour trois ou plus, des trois quarts.

La difficulté est d'accorder cette réserve avec celle des ascendants, — ou avec celle des enfants légitimes (car il est impossible de ne pas traiter des deux points en même temps).

Deux questions se présentent qui ont été souvent mal à propos confondues.

PREMIÈRE QUESTION. — La réserve de l'enfant naturel et celle des héritiers légitimes sont-elles calculées l'une et l'autre sur la masse totale formée en vertu de l'art. 922? Ou bien calculera-t-on la réserve de l'enfant naturel sur la masse totale, et la réserve des héritiers légitimes sur ce qui restera de cette masse après déduction de la réserve de l'enfant naturel ?

Un grand nombre d'auteurs tiennent pour le dernier parti, c'est-à-dire qu'ils traitent la réserve de l'enfant naturel comme une dette de la succession (notam. Marcadé, sur l'art. 916).

Mais si le droit *ab intestat* de l'enfant naturel est un droit héréditaire, il faut bien que sa réserve soit aussi un droit héréditaire, et dès-lors elle doit l'être à tous égards : elle compte donc dans la masse sur laquelle se calcule la réserve des héritiers légitimes, tout comme celle-ci compte dans la masse sur laquelle on calcule la réserve de l'enfant naturel. (En ce sens, M. Demol. *Donat.* t. II, n°s 169 et 170.— MM. Aub. et Rau., t. V, § 686, note 16.)

228. — Deuxième question. — Etant admis que la fraction indicative de la réserve de l'enfant naturel et la fraction indicative de la réserve des héritiers légitimes se réfèrent à un seul et même entier, faudra-t-il, après avoir calculé chacune des deux quantités sur la masse totale de l'art. 922, faire leur somme et ne laisser disponible que la différence entre cette somme et la masse totale ?

L'affirmative a été jugée par la Cour d'Amiens (23 décembre 1854, Sir. 1854, II, 289) dans une espèce où un enfant naturel concourait avec des ascendants. Peut-on admettre cette solution et la généraliser ? — Non, car elle conduit à des résultats déraisonnables : s'il y a un enfant naturel et des ascendants dans les deux lignes, le disponible ne serait que du quart, tandis qu'il est du tiers alors même qu'il existe deux enfants légitimes (dont un seul est aussi favorisé au point de vue de la réserve que les deux lignes d'ascendants réunies). D'autre part, s'il y a deux enfants légitimes et un enfant naturel, les 19/24 de la masse seraient indisponibles, tandis que trois enfants légitimes ne rendent indisponible que les 3/4, c'est-à-dire 18/24.

La négative est donc généralement admise ; mais comment procéder? Divers systèmes ont été émis, tous fort compliqués : celui qu'en dernier lieu a formulé M. Demolombe s'accommode mal au cas où les héritiers légitimes sont des ascendants, alors surtout qu'il y a plusieurs enfants naturels. Nous proposons un système nouveau, qui nous a paru plus simple : Nous le présentons comme un moyen de sortir d'embarras, nullement comme la pensée même du législateur, qui, nous le croyons, n'a songé ni de près, ni de loin, à la difficulté.

— La portion réservée ou indisponible est la succession *ab intestat* nécessaire. Les réservataires n'ont pas des droits personnels distincts comme jadis les légitimaires; la fraction qui exprime le droit d'un réservataire indique seulement (qu'on nous passe le barbarisme), la *puissance d'indisponibilisation* attachée à sa présence, ou, si l'on veut, son *pouvoir réservateur*, ce n'est qu'une donnée du calcul de la *masse indisponible*. Cette masse doit ensuite être partagée comme se partagerait la succession *ab intestat*, bien entendu en n'admettant au partage que des *réservataires*. Il y a donc deux opérations distinctes : détermination de la masse indisponible, — partage de cette masse.

Dans les explications qui vont suivre, nous supposerons toujours un legs universel, et, sauf indication contraire, les rapports fractionnaires que nous formulerons se réfèreront à la masse totale du patrimoine.

I. — *Détermination de la masse indisponible.* — *Le pouvoir réservateur* de l'enfant naturel s'exprime par relation à celui d'un enfant légitime; mais, pour la détermination *de la masse indisponible*, il est nécessaire de distinguer selon que la famille légitime est représentée par des enfants ou des ascendants.

A. — Concours avec des enfants légitimes. — *Le pouvoir réservateur* des enfants légitimes effectivement existants ne serait pas atteint dans son principe par l'adjonction d'un enfant légitime de plus; le *quantum* seulement en pourrait être modifié dans certains cas (tant qu'on ne dépasserait pas trois enfants). (Art. 913.) Si au lieu d'un enfant légitime, c'est un enfant naturel qui s'ajoute, l'effet sera de même nature, mais seulement trois fois moindre dès qu'il s'agira de modifier le *quantum*. (Art. 757.) Là où un enfant légitime de plus aurait augmenté *le pouvoir réservateur* de 3, l'enfant naturel l'augmentera de 1.

Ainsi, l'indisponible à raison d'un seul enfant légitime est de 1/2; pour deux enfants légitimes, il est de 2/3; pour trois ou plus, de 3/4. Par conséquent, lorsqu'à un seul enfant légitime on en ajoute un, l'indisponible est augmenté de 2/3 moins 1/2, soit 1/6; et lorsqu'à un seul enfant légitime on en ajoute deux ou davantage, l'indisponible s'accroît de 3/4 moins 1/2, soit 1/4. Donc, si à un enfant légitime on ajoute un enfant naturel, l'indisponible est de 1/2 plus 1/18 = 10/18 ou 5/9; et si à un enfant légitime on adjoint deux enfants naturels ou davantage, l'indisponible est de 1/2 plus 1/12 = 7/12.

De même, l'indisponible à raison de deux enfants légitimes étant de 2/3, si on ajoute un enfant légitime ou davantage, il devient 3/4, il a donc augmenté de 3/4 moins 2/3 = 1/12. Donc, si au lieu d'enfants légitimes on ajoute aux deux enfants légitimes effectivement existants, un ou plusieurs enfants naturels, *le pouvoir réservateur* deviendra 2/3 plus 1/36 c'est-à-dire 25/36.

B. — Concours avec des ascendants. — Si la famille légitime est représentée par des ascendants, il est impossible de raisonner de même. Sans doute *le pouvoir réservateur* de l'enfant naturel se détermine encore par relation à celui de l'enfant légitime, mais ce n'est qu'un procédé de calcul qu'il faut abandonner aussitôt; car si avec les ascendants il y avait effectivement un enfant légitime, ce n'est plus seulement le *quantum* de leur réserve qui serait en question, ce serait *son principe*, l'idée même d'une réserve d'ascendants serait exclue; or, cette incompatibilité radicale ne peut se concevoir fractionnée; elle résulterait donc de la présence d'un enfant naturel, quoique investi d'un pouvoir moins étendu, si l'on continuait, même par hypothèse, à le considérer comme légitime et à le mettre aux prises avec les ascendants (1). C'est par exception qu'il y a ici co-existence de deux *pouvoirs réservateurs*, qui ordinairement sont exclusifs l'un de l'autre. Il faut les envisager isolément, comme la loi les a établis.

Faut-il les additionner? C'est la doctrine de l'arrêt d'Amiens, doctrine inadmissible. Ne pouvant ni les fondre en une seule puissance, ni sacrifier l'une plutôt que l'autre, ni les *juxtaposer*, — que faire? Les *superposer*. L'étendue de l'indisponible sera déterminée par celui des deux *pouvoirs réservateurs* qui se trouvera le plus compréhensif. On peut comparer le rapport exprimant la puissance des ascendants, et le rapport exprimant la puissance des enfants naturels, à deux cercles concentriques : le plus grand absorbe, annule le plus petit.

Cette dualité de mesures n'est pas sans exemple. Est-ce que le propriétaire du sol sur lequel un autre a construit de bonne foi, ne doit pas une indemnité mesurée soit par la dépense, soit par la plus-value (art. 555)? N'est-on pas généralement d'avis que si un époux donne à son conjoint et à d'autres personnes, c'est, du disponible ordinaire ou du disponible exceptionnel entre époux, *la quotité la plus élevée* qui marque pour lui la limite? (Comp. MM. Aub. et Rau, t. V, § 689, note 4.)

— Notre système conduit aux résultats suivants :

Les ascendants, lorsqu'il s'en trouve dans les deux lignes, ont *un pouvoir réservateur* représenté par 1/2 ; celui des enfants naturels ne va jamais au-delà de 3/8. (Voy. le n° précéd.) Donc, toutes les fois qu'il y aura des ascendants dans les deux lignes, quel que soit le nombre des enfants naturels, *invariablement la masse indisponible* sera de 1/2, et la quotité disponible de 1/2.

Que s'il n'y a d'ascendants que dans une ligne, la *masse*

---

(1) C'est là ce dont M. Demolombe ne tient pas compte.

indisponible sera de 1/4, 1/3, ou 3/8, selon qu'il y aura un enfant naturel, deux enfants naturels, trois ou un plus grand nombre (voy. n° préc.), et la quotité disponible sera dans les mêmes cas de 3/4, 2/3 ou 5/8.

II. — *Partage de la masse indisponible.* — Soit 36,000 fr. la valeur du patrimoine.

Nous ferons une seule application aux enfants légitimes, pour arriver plus vite aux ascendants qui nous intéressent plus particulièrement.

A. — Il y a deux enfants légitimes et un enfant naturel. Masse indisponible : 25/36 = 25,000 fr. De cette masse, l'enfant naturel prend un neuvième (art. 757), soit 2,777 fr. 78 c. Chaque enfant légitime a 11,111 fr. 11 c. La quotité disponible est de 11,000 fr.

B. — Passons maintenant au concours avec des ascendants.

1° Des ascendants dans les deux lignes. Un ou plusieurs enfants naturels. Masse réservée : 1/2 = 18,000 fr. Chaque ligne d'ascendants en prend un quart, soit 4,500 fr. Il reste 9,000 fr. pour les enfants naturels. — La quotité disponible est de 18,000 fr.

2° Le père et un enfant naturel. Masse réservée : 1/4, soit 9,000 fr. Le père prend son quart de cette masse (1), soit 2,250 fr. L'enfant a 6,750 fr. — Quotité disponible : 27,000 fr. ;

3° Le père et deux enfants naturels. Masse réservée : 1/3, soit 12,000 fr. Le père prend son quart de cette masse, soit 3,000 fr. Chaque enfant naturel a 4,500 fr. — Quotité disponible : 24,000 fr.

---

(1) Dès qu'il n'y a pas d'ascendants dans une ligne, il n'y a dans cette ligne aucun héritier, puisqu'il s'agit de la *succession réservée.* Ce sont donc les enfants naturels qui profitent.

4° Le père et trois enfants naturels ou plus. Masse réservée : 3/8, soit 13,500 fr. Le père a son quart, soit 3,375 fr. Les enfants naturels ont pour eux tous 10,125 fr. — Quotité disponible : 22,500 fr.

— Il est étrange, — nous en convenons, — qu'un ascendant ait 4,500 fr. lorsqu'il concourt tout à la fois avec des ascendants de l'autre ligne et des enfants naturels, même en grand nombre, tandis qu'il a seulement 2,250 fr. lorsqu'il concourt simplement avec un enfant naturel. Mais quel est, des systèmes proposés, celui qui n'offre pas des bizarreries plus fortes? Le système de M. Demolombe, il est vrai, donne des résultats plus satisfaisants, mais les bases sur lesquelles il est fondé nous ont paru inacceptables.

229. — Une dernière question se rencontre sur notre route. Nous n'avons jusqu'ici parlé de réserve qu'en considération des ascendants légitimes. *Les père et mère naturels ont-ils une réserve ?*

L'affirmative s'autorise de la jurisprudence qui accorde une réserve aux enfants naturels, et invoque la réciprocité.

La négative se prévaut d'abord du silence absolu des textes. Le droit de réserve des enfants naturels ressort implicitement, mais nécessairement (sup. n° 227) des termes dans lesquels la loi leur accorde des droits *ab intestat*. Mais les droits de succession des père et mère naturels ne sont pas fixés par référence à ceux des père et mère légitimes.

Quant au principe de réciprocité, il n'est écrit nulle part, et s'il est une hypothèse où l'égalité corrélative de droits ne soit pas réclamée par la raison, c'est assurément celle où se trouvent en présence des personnes dans des situations tout à fait différentes au point de vue moral, les auteurs naturels et leurs enfants.

D'ailleurs, en l'absence de tout texte, il faudrait donner aux père et mère naturels une réserve aussi étendue que s'ils étaient légitimes, tandis que les enfants naturels, s'ils ont une réserve, en ont une moindre que la réserve des enfants légitimes. Or, traiter les parents naturels aussi bien que les légitimes, répugne à l'esprit du Code, — et traiter les père et mère naturels avec plus de faveur que les enfants naturels répugne à la conscience.

La Cour de cassation paraît définitivement ralliée à l'opinion que nous soutenons (arrêt 26 décemb. 1860, Sir. 1861, I, 321; et ch. réun. 12 déc. 1865, Sir. 1866, I, 73).

IIe PARTIE. — DROIT EXCEPTIONNEL.

RETOUR LÉGAL.

—

SOMMAIRE. — 230. — En quoi le retour légal est un droit d'exception. 231. — Terminologie. — Division.

---

230. — Dans la section intitulée *Des Successions déférées aux ascendants*, nous trouvons au Code Napoléon un article ainsi conçu :

Art. 747. — Les ascendants succèdent, à l'exclusion de tous autres, aux choses par eux données à leurs enfants ou descendants décédés pans postérité, lorsque les objets donnés se retrouvent en nature dans la succession. — Si les objets ont été aliénés, les ascendants recueillent le prix qui peut en être dû. Ils succèdent aussi à l'action en reprise que pouvait avoir le donataire.

Cette disposition n'a pas d'analogue dans les sections relatives aux droits des descendants ou des collatéraux ; elle constitue donc un droit d'exception pour les ascendants par opposition aux autres parents (1) ; et quand

---

(1) Toutefois l'art. 766 au chapitre des successions irrégulières attribue un droit de retour légal à ceux qu'on appelle improprement les frères légitimes d'un enfant naturel défunt. D'autre part, il y a au profit de l'adoptant et de ses descendants une double application de la même théorie (art. 351 et 352). Ces divers cas sont en dehors de notre sujet ; mais ils nous serviront à compléter la théorie du droit de retour des ascendants. (Comp. inf. n° 232.)

même nous devrions ici, à raison de l'objet spécial de nos études, considérer comme un droit commun le droit appartenant aux ascendants en général, l'article 747 serait encore un article exceptionnel, car il ne s'applique qu'aux ascendants qui se trouvent avoir la qualité de donateurs.

231. — Le droit résultant de l'art. 747 n'a pas de nom technique dans la langue du Code Napoléon. Les auteurs l'appellent *retour légal, retour successoral, succession anomale*. Nous adoptons la première de ces appellations, comme étant celle qui préjuge le moins la nature du droit.

La division de la matière se fait d'elle-même. Après avoir exposé les origines historiques et déterminé à leur lumière la nature du *retour légal,* nous dirons : quelles personnes ont une vocation à ce droit, — les conditions de son ouverture, — les conditions de son exercice, — enfin ses effets.

§ 1er.

Origines historiques du retour légal. — Sa nature.

SOMMAIRE. — 232. — I. *Droit Romain.* — Retour de la dot ; son véritable but ; quels ascendants y ont droit ; cas où il a lieu.

233. — En principe l'existence d'enfants du donataire n'y fait pas obstacle.

234. — Il opère comme une condition résolutoire.

235. — Extension du retour à la donation *propter nuptias,* puis à toute donation.

236. — Cas unique de retour légal au profit de la mère.

237. — II. *Pays de droit écrit.* — Réversion. Sa nature.

238. — Différences avec le Droit Romain.

239. — Suite. — Jurisprudences divergentes.

240. — Jurisprudence du Parlement de Paris.

241. — III. *Droit Coutumier.* — Rejet de l'opinion commune sur l'origine du retour coutumier.

242. — Les héritages donnés par des ascendants étaient à l'origine dévolus selon le droit ordinaire des propres.

232.— I. *Droit Romain*. — L'idée du retour à un ascendant donateur des biens par lui donnés s'est manifestée pour la première fois dans la matière de la dot.

Elle se rattache à l'ensemble des mesures qui furent prises vers la fin de la République pour exciter les citoyens au mariage. Pour que les femmes trouvassent des époux, il fallait qu'elles eussent des dots. La loi Julia donnait une action aux enfants contre le père ayant sur eux la puissance, lorsqu'il les empêchait à tort de se marier ; une constitution de Sévère et Antonin précisa qu'il y avait lieu à l'action de la loi Julia contre le père qui refuserait de fournir une dot, par ce motif que, ne pas donner les moyens de se marier, c'est empêcher de se marier : *prohibere videtur et qui conditionem non facit.* (L. 19 D. *de rit. nupt.* 23-2.) Tout cela ne suffisait pas : l'offre d'une dot minime pouvait mettre le père à l'abri de l'action : il était donc encore à craindre que les épouseurs fissent défaut.

On eut recours à des moyens indirects : Il était possible que les pères fussent empêchés de donner des dots importantes par l'appréhension de voir, s'ils survivaient à leur fille, les biens qu'ils lui auraient donnés passer en d'autres mains; on les garantit contre cette éventualité en établissant que la femme venant à mourir au cours du mariage, le père qui l'aurait dotée et qui serait survivant, reprendait les biens compris dans la dot. *Prospiciendum est ne hac injectâ formidine parentum circà liberos munificentia retardetur :* voilà, rappelée par les Empereurs Théodose et Valentinien (1. 2, C. *de bonis quæ lib.* 6-61), l'inspiration qui a créé le retour légal. Le texte fameux. (1. 6, pr. D. *de jur. dot.* 23-3) « *jure succursum est patri.... ne et filiæ amissæ et pecuniæ damnum sentiret* » ne donne pas, selon nous, la pensée exacte de l'institution. Le motif qu'il présente « d'une manière un peu brutale » (comme le dit M. Demangeat) est une explication de seconde main, personnelle à Pomponius.

Comme on avait agi principalement en vue d'amener le *paterfamilias* à doter sa fille *in potestate,* on n'accorda le bénéfice du retour qu'au père ou à l'ascendant paternel, et point aux ascendantes paternelles, à la mère ou aux ascendants maternels. Mais le père et l'ascendant paternel y eurent droit alors même que la fille dotée avait cessé, postérieurement à la constitution de dot, d'être sous leur puissance, — alors même qu'elle était hors de cette puissance dès le moment de la constitution de dot. Etant connu que la dot émanée du père ou de l'ascendant paternel s'appelait *profectice,* la formule générale est celle-ci : Toute dot profectice est sujette au retour, si la femme dotée meurt au cours du mariage. (Ulp. Reg. tit. VI, §§ 3 et 4.)

Si le mariage était dissous autrement que par la mort de la femme, soit par le prédécès du mari, soit par le divorce, le droit de retour n'avait pas lieu. De deux choses l'une : ou la femme était encore *in potestate* au moment de la dissolution du mariage, et alors le droit de retour était inutile, le *paterfamilias* ayant du chef de sa fille l'action *rei uxoriæ* (1) ; — ou bien la fille n'était plus en puissance, et alors elle recouvrait elle-même sa dot qui pouvait lui servir à se remarier.

Dans la deuxième hypothèse, il pouvait sans doute arriver qu'ensuite la femme mourût, le donateur étant encore vivant ; mais alors, on n'était plus dans le cas du retour légal ; de deux choses l'une, encore : si la femme ne s'était pas remariée, elle n'était pas décédée *in matrimonio ;* et si elle était morte dans les liens d'un second mariage, les biens constitués en dot lors de la première union n'avaient point à l'égard de la seconde le caractère de dot profectice.

233. — L'existence d'enfants, même nés du mariage en vue duquel la dot a été constituée, ne fait pas en principe obstacle à l'exercice du retour. Toutefois, le mari ayant le droit de retenir autant de cinquièmes de la dot qu'il y a d'enfants, l'existence de cinq enfants ou plus paralyse en fait le droit de l'ascendant. (Ulp. *tit. cit.* § 4.)

234. — Le droit de retour n'avait rien de commun avec une vocation héréditaire : il opérait comme une condition résolutoire. Les droits et charges consentis sur les biens compris dans la dot se trouvaient anéantis. Si le fonds dotal avait été aliéné au mépris de la loi Julia, l'ascendant pouvait le revendiquer entre les mains du tiers détenteur. (L. 17, D. *De fundo dot.* 23-5, et L. 42 D. *de usurp. et usucap.* 41-3.)

235. — Théodose et Valentinien (l. 2, C. *de bon. quæ lib.* 6-61) appliquèrent le retour à la donation *propter nuptias* faite soit à la fille, soit au fils. Enfin Léon, dans sa Novelle

---

(1) Il ne pouvait exercer cette action que *adjunctâ filiæ personâ* (Ulp. *tit. cit.* § 6.)

25, l'étendit aux donations de toute nature. Mais l'ascendant paternel était toujours l'unique bénéficiaire du retour légal, et les autres ascendants n'eurent jamais d'autre ressource que la stipulation expresse du retour.

236. — Il y a pourtant, dans un ordre d'idées différent, un cas de retour légal au profit de la mère. Il se trouve dans la loi 4, C. *ad Tertull.* (6-56). La veuve qui se remarie avant l'an de deuil encourt l'infamie; elle ne peut s'en faire relever, s'il existe des enfants de son premier mariage, qu'en leur donnant la moitié de ce qu'elle avait au jour de son remariage. Si l'un d'eux décède ultérieurement, sa part se réunit à celles des survivants; mais si ces enfants meurent tous avant la mère et tous *intestats,* la mère reprend dans la succession du dernier mourant les biens par elle donnés, en vertu d'un droit analogue au retour de la dot : *separatim ab ultimi filii hereditate præsumit.*

237. — II. — *Pays de droit écrit.* — Le droit de retour qu'on appelait de préférence droit de *réversion* fut admis en France dans les pays de droit écrit, à l'égard des donations de toute nature. A travers les jurisprudences divergentes des divers Parlements, on voit persister le caractère essentiel du retour Romain. Dans toute l'étendue des pays de droit écrit, et sauf les différences d'application, il est vrai de dire avec Furgole (quest. 42 sur l'ordon. de 1731) que « le retour légal est fondé sur une stipulation tacite inhérente à la donation, et que les biens donnés reviennent de plein droit *veluti quodam jure postliminii.* » Nous faisons pourtant une réserve à l'égard du Parlement de Paris, considéré comme Parlement de droit écrit (inf. n° 240).

238. — Signalons maintenant les différences avec le Droit Romain.

Une innovation des plus importantes consiste en ce que

le droit de retour n'a lieu que quand le donataire meurt sans enfants. Ce retour est généralement accordé à plus de personnes que dans le Droit Romain : seul le Parlement de Grenoble n'y admet que les ascendants paternels du sexe masculin; les autres y admettent indistinctement tous les ascendants. Le Parlement de Toulouse y admet même les plus proches collatéraux, frères et sœurs, oncles et tantes. (Merlin, *Rép. V° Réversion*, sect. 1re, §§ 1 et 2.)

239. — L'accord cesse dans la jurisprudence lorsqu'il s'agit de déterminer les effets de la résolution opérée par la réversion. Nulle part, c'est le trait commun, on ne suivait à la lettre le principe Romain. A Grenoble, Toulouse et Bordeaux, où l'on s'en écartait le moins, le donateur était, au cas d'insuffisance des biens personnels du donataire, tenu de la dot, augment, bagues et joyaux de la femme du donataire. (Ferrière, sur la quest. 146 de Gui-Pape.) Le statut de Provence (14 déc. 1456) oblige subsidiairement le donateur aux dettes contractées par le donataire depuis la donation.

Quant aux aliénations, on s'éloignait moins des principes. Les Parlements de Toulouse, Grenoble et Bordeaux les rescindaient toutes; le Parlement de Toulouse maintenait toutefois, à titre subsidiaire, l'hypothèque de la femme du donataire pour sa dot et ses conventions matrimoniales, pourvu que la donation objet du retour eût été faite dans le contrat de mariage.

Le Parlement de Provence maintenait toutes les hypothèques autres que les hypothèques judiciaires, et les aliénations à titre onéreux.

240. — Nous n'avons rien dit jusqu'ici de la jurisprudence du Parlement de Paris à l'égard des pays de droit écrit compris dans son ressort; c'est qu'elle a subi visiblement l'influence des idées coutumières en matière de retour. Renversant toute la théorie Romaine, elle accorde le retour légal à tous les ascendants et pour toutes donations,

en subordonne l'exercice au décès du donataire sans postérité, oblige celui qui l'exerce *à contribuer à toutes les
dettes* indistinctement et *à respecter toutes les aliénations,*
même à titre gratuit. De là à en faire un droit de succession il n'y avait qu'un pas, et il paraît que ce pas fut fait
par le Parlement de Paris.

Ce qui est étrange, c'est que Pothier considère cette
jurisprudence comme plus conforme à la théorie Romaine
que celle des autres Parlements. « Le droit de retour qui
a lieu dans les pays de droit écrit est, dit-il, une pure
invention des interprètes, et serait fort inconnu aux jurisconsultes Romains s'ils revenaient au monde. » Et il
ajoute : « Ce droit n'a pas été reçu par le Parlement de
Paris.... Ce n'est qu'*à titre de succession* que les ascendants
succèdent aux choses qu'ils ont données à leurs enfants
morts sans enfants. » (*Des donat. ent. vifs*, sect. 3, art. 4.)

— La jurisprudence du Parlement de Paris et la doctrine de Pothier sont une transition toute naturelle au
Droit Coutumier.

241. — III.— *Droit Coutumier.*— Nous avons déjà mentionné (sup. n° 161, 3°) l'existence dans le dernier état des
Coutumes d'une jurisprudence qui attribuait aux ascendants donateurs le droit de succéder aux choses par eux
données à leurs enfants morts sans postérité, même préférablement à des ascendants plus proches en degré.

On admet généralement que le Retour, avec son caractère exceptionnel, remonte dans les pays coutumiers à
une époque fort ancienne, au moins au XIIIe siècle, puisqu'il serait consacré dans un arrêt de 1268 ; — qu'ensuite
il a subi une éclipse pendant un certain temps, puisque la
première rédaction de la Coutume de Paris n'en parle
pas ; — qu'enfin il a été remis en vigueur au XVIe siècle,
puisqu'il figure dans la seconde Coutume de Paris. (Merlin, *Rép. V° Réversion*, sect. 2, art. 1er, I.)

Ces vues ne nous paraissent pas exactes. Dans l'origine,
et même au XIIIe siècle, il n'y a eu selon nous aucun

droit de faveur pour les ascendants. La seconde Coutume de Paris (ni les autres Coutumes) n'ont eu pour but d'en créer un; et c'est par erreur d'interprétation qu'on en a fait sortir une succession *anomale*.

242. — Si l'on admet, comme nous le croyons (sup. n° 170), que la succession aux propres soit d'origine Germanique, — si l'on admet, comme nous le croyons aussi (sup. n° 158, 2° et n° 172), que la règle *propre ne remonte* n'a jamais empêché les ascendants de succéder aux propres de leur ligne (sup. n°ˢ 160 et 163), — il est clair que le droit pour le père ou la mère de reprendre dans la succession de son fils mort sans enfants les biens qu'ils lui avaient donnés et dont il n'a pas disposé, n'est que l'application pure et simple des principes et doit être de même date. En effet, quelle que fût la nature de l'héritage dans les mains du père au moment où il en faisait donation, cet héritage devenait un propre dans le patrimoine du fils et devait se régler comme tel dans sa succession (sup. n° 154). Or personne évidemment n'était mieux du côté et de la ligne d'où provenait ce propre, que celui-là même qui l'avait mis dans la succession : donc le père devait succéder à ce propre préférablement à tous autres.

La même raison fondait le droit de tout ascendant donateur en l'absence d'ascendants plus proches en degré dans la même ligne. Cette raison manque, il est vrai, lorsque, entre l'ascendant donateur et le donataire décédé, se trouvent des ascendants plus proches dans la même ligne. Aussi pensons-nous qu'à l'origine, dans ce cas, l'ascendant donateur ne pouvait prétendre aucun droit, écarté qu'il était par ce principe qu'entre parents du même ordre le plus proche exclut le plus éloigné.

243. — Tant qu'il en a été ainsi, il n'existait, à bien dire, rien qui rappelât le droit de retour des pays de droit écrit, rien qui constituât un droit exceptionnel, une succession

anomale. Aussi n'en parlait-on pas. Beaumanoir *(Coutume de Beauvoisis*, ch. XIV) cite la succession du père ou de la mère aux héritages par eux donnés comme un cas de succession aux propres, et pour faire comprendre que la règle *propre ne remonte* n'empêche pas les ascendants de succéder aux propres de leur côté : « *Aucuns ont douté que puisque li héritages est partis du père ou de la mère et venus à lor enfans par don ou par lor octroi ou par aucune manière, qu'il ne puist puis revenir au père ne à la mère; mais si fet.* »

Sur ce texte, il faut faire plusieurs remarques :

1° Il n'y est question que d'*héritages*, c'est-à-dire des seuls biens susceptibles de former des propres : de ce chef rien d'exceptionnel ;

2° Il n'y est question que du père ou de la mère, c'est-à-dire des plus proches entre tous les ascendants : il n'y a donc aucune dérogation à la règle que le plus proche exclut le plus éloigné. — En somme, aucune différence avec la succession ordinaire des propres.

Il est vrai qu'on invoque un arrêt de 1268, mentionné par Guénoys *(Confér. des Cout.*, p. 711), lequel aurait jugé que « le don retourne au donneur, non aux prochains héritiers du donataire; » et de ces expressions on veut conclure que l'aïeul paternel donateur succédait même en présence du père. Mais l'espèce de l'arrêt n'est pas connue, et les termes rapportés sont trop vagues pour fournir un argument sérieux. Peut-être, dans l'espèce, le donateur était-il un aïeul, et existait-il dans l'autre ligne un ascendant du premier degré, père ou mère, qui se trouvait *le plus prochain héritier* aux meubles et acquêts, c'est-à-dire à la succession de droit commun (par opposition à la succession des propres); cela étant, peut-être l'arrêt voulait-il dire, comme Beaumanoir, que nonobstant la règle *propre ne remonte* l'ascendant donateur qui dans sa ligne se trouvait le plus proche succéderait au propre venant de lui. Toutes les conjectures sont autorisées, — et le texte de Beaumanoir sur lequel nous avons assis notre argumentation, est un terrain incontestablement plus solide.

244. — Si, jusqu'aux rédactions finales des Coutumes on ne trouve rien qui ait trait à un droit de retour, si la première Coutume de Paris n'y fait pas d'allusion, c'est qu'apparemment le droit de retour, en tant que droit exceptionnel, en tant que succession anomale, n'existait pas, et qu'on appliquait purement et simplement les règles de la succession aux propres, règles dont à l'occasion profitait un ascendant donateur.

Nous allons voir comment, à la suite de la deuxième rédaction de la Coutume de Paris, s'introduisit dans la pratique commune des pays coutumiers un droit de retour vraiment exceptionnel.

245. — La règle *propre ne remonte*, à mesure qu'elle vieillissait, était moins comprise. On répugnait à penser qu'avec l'air de signifier beaucoup, elle ne signifiât rien. Peu à peu l'opinion s'accrédita qu'elle devait contenir quelque chose de plus que la règle *paterna paternis*. Contre ces tendances Dumoulin réagit, et, sous son influence, dans beaucoup des Coutumes on insère une disposition destinée à prémunir contre cette fausse idée qui commençait à se faire jour sur la portée de la règle *propre ne remonte*. C'est ainsi que dans la seconde Coutume de Paris, immédiatement après cette règle même « *propres ne remontent, et n'y succèdent les pères et mères, aïeuls et aïeules,* » on place un article 313 ainsi conçu : « *Toutefois succèdent ès choses par eux données à leurs enfants décédés sans enfants et descendants d'eux,* » et c'est ainsi que des dispositions analogues sont insérées dans beaucoup de Coutumes.

Cela voulait dire simplement : la règle *propre ne remonte* n'empêche pas que les ascendants succèdent aux propres de leur côté, *notamment* à ceux qui proviennent de la donation par eux faite au défunt ; si ce dernier cas avait été spécialement prévu, c'est qu'il était celui où l'exclusion absolue des ascendants eût été surtout choquante, et c'est qu'il était par ce motif même celui sur lequel on avait le plus discuté, témoin le texte de Beaumanoir, cité *suprà* n° 243 : « *aucuns ont douté*, etc. »

Le texte et l'économie de la Coutume de Paris, base du droit commun, sont en parfaite harmonie avec l'opinion que nous présentons. Le mot *toutefois* qui commence l'art. 313 (1) annonce évidemment un avertissement destiné à mettre en garde contre une interprétation erronée de la règle *propre ne remonte* qui vient d'être formulée dans l'art. 312. Puis, une fois le sens de la règle bien assuré, on passe à l'exception : l'art. 314 admet en un cas des ascendants à succéder à des propres qui ne sont pas de leur ligne (sup. n° 162). Vient ensuite l'art. 315 qui établit implicitement, à l'égard de la succession des propres, une règle différente de la succession aux acquêts, à savoir que les descendants de celui qui a mis le propre en la famille sont préférés, *en parité de degré*, aux autres parents, même aux ascendants (sup. n° 163).

Ces articles ne devaient donc pas, dans la pensée de leurs auteurs, innover sur les errements du passé. Les ascendants devaient conserver une vocation héréditaire aux propres de leur côté, le classement des ayant-droit devant se faire selon les principes ordinaires, variables d'une Coutume à l'autre (sup. n°s 156, 157 et 160), sans distinguer si les propres provenaient de la donation d'un ascendant encore vivant. Ainsi, à Orléans, par application de l'art. 313 de la Coutume locale (sup. n° 157, 1°), les aïeuls et aïeules n'auraient eu en présence des frères et sœurs que l'usufruit, même des propres venus de leur libéralité; l'art. 315 de la même Coutume ne changeait rien à la règle ordinaire : l'absence d'enfants ou descendants du défunt, que suppose expressément cet article, n'est pas citée

---

(1) Comparez les Coutumes de Melun, Calais, Noyons, Péronne, du Grand Perche, et surtout celle d'Orléans (art. 315).

comme la condition unique de la vocation des ascendants, mais rappelée comme la condition préalable à toute idée de succession aux propres, car si le défunt laisse des enfants ou descendants la distinction des propres et des acquêts n'a pas lieu dans sa succession.

Des observations analogues peuvent être faites sur le texte de la majorité des Coutumes. Quelques-unes, il est vrai, établissaient expressément une dérogation à l'égard des biens donnés. Telle, la Coutume de Berry (xix, 5), — mais cette Coutume consacrait un retour comme celui du droit écrit plutôt qu'elle ne faisait une succession anomale : « *les biens retournent* » dit-elle, et, si elle oblige l'ascendant à contribuer aux dettes, ce n'est que subsidiairement « où le demeurant des biens du défunt ne suffirait. » (Comp. Statut de Provence, sup. n° 239).

Telle, la Coutume de Bourbonnais, si fortement imprégnée du Droit Romain (ch. 25, art. 314); celle d'Auxerre qui étend (tit. XIII, art. 241 et 242) le retour même aux collatéraux. Telle, enfin, la Coutume de Valenciennes (art. 108 et 109) qui l'accorde même aux étrangers, — ce qui exclut toute idée de succession.

A l'inverse, d'autres Coutumes ne laissent aucun doute sur l'application aux biens donnés des règles ordinaires. Ainsi, dans la Coutume du Maine les père et mère ne peuvent, lorsqu'il y a des collatéraux, succéder qu'à l'usufruit des acquêts ou des propres de leur côté; conformément à cette règle ils n'ont que l'usufruit des propres provenant de la donation par eux faite (art. 288). La Coutume d'Anjou (Art. 270) a une disposition semblable. Ainsi, encore dans les Coutumes de Troyes, Sens, Reims, Noyons, Péronne, où les principes de la Coutume de Paris étaient admis pour la succession aux propres, aucune différence n'est faite pour les biens provenant de la libéralité d'un ascendant encore vivant.

En résumé, ni l'art. 313 de la Coutume de Paris, ni les textes similaires n'avaient voulu créer une succession anomale, et Prévôst de la Jannès était plus exact qu'il ne croyait peut-être, lorsqu'il écrivait (*Principes de la Jurisp. franç.*, t. I, n° 50), à propos du droit de succession de l'ascendant donateur : « *Cette espèce de succession n'est que le premier et le plus favorable cas de la succession des propres.* »

246. — Qu'arriva-t-il cependant? C'est que ceux qui n'avaient jamais douté que les ascendants pussent hériter des propres de leur côté ne purent se résoudre à entendre l'art. 313 de la Coutume de Paris, l'art. 315 de celle d'Orléans et les textes analogues, en un sens qui les eût rendus pour eux absolument inutiles. C'est ce qui amena à soutenir, d'une part, que l'art. 313 (Paris) dérogeait en faveur des ascendants donateurs à la règle de la hiérarchie des vocations héréditaires, — de l'autre, qu'il s'appliquait aux meubles comme aux immeubles.

De ces deux thèses, la dernière ne se fit pas adopter d'une manière générale (1), mais la seconde finit par constituer la pratique commune, le Droit commun des pays coutumiers. (Poth. *success.* ch. 2, sect. 2, art. 3, § 2.)

A Paris, et dans toutes les Coutumes où les ascendants avaient dans la succession ordinaire une vocation préférable à tous les collatéraux, cette doctrine n'avait pour conséquence qu'une interversion de degré entre les ascendants, l'aïeul paternel donateur passant avant le père. Mais dans les Coutumes où certains collatéraux concouraient avec des ascendants ou les excluaient, l'admission de la doctrine qui vient d'être indiquée intervertissait même les ordres d'héritiers, en faisant toujours succéder l'ascendant donateur aux choses par lui données, à la seule condition que le donataire n'eût pas laissé de pos-

---

(1) Pothier, pour la rejeter, argumente précisément de la liaison intime de de l'art. 313 de la Coutume de Paris avec l'art. 312. Pourquoi n'a-t-il pas poussé cette idée jusqu'au bout?

térité. Ainsi d'après l'art. 313 d'Orléans les aïeuls n'avaient d'ordinaire, en présence des frères, que l'usufruit des immeubles conquêts ou propres de leur ligne (Poth. ch. 2, sect. 2, art. 3, § 3) ; on fut conduit à leur attribuer la pleine propriété des biens par eux donnés.

247. — Une vieille règle équivoque et au fond vide de sens, — une intention de prévenir les fausses interprétations de cette règle, intention manifestée par des textes insérés dans les Coutumes rédigées, — ces textes pris bientôt pour des dérogations au droit commun par des juristes qui se souvenaient d'une institution du Droit écrit, — en somme, confusion, fausse interprétation, malentendu, — voilà, si nous ne nous trompons, l'histoire du retour légal des pays coutumiers, en tant qu'il constitue une institution de faveur, *une succession anomale* pour les ascendants.

248. — Le droit de retour, tel qu'en dernier lieu il est compris dans la pratique coutumière, a des caractères qui ne font doute pour personne. Ces caractères, ce sont ceux que nous avons vu le Parlement de Paris attribuer, par influence, même à la réversion des pays de Droit écrit qui faisaient partie de son ressort (sup. n° 240).

Le retour est un droit de succession, — voilà le point principal. Tout au plus admet-on qu'il est « mélangé de réversion », en ce sens qu'il n'est pas astreint à la règle que, dans le même ordre d'héritiers, le plus proche en degré exclut les autres. (Lebrun, *Success.* liv. I, ch. 5, sect. 2, n° 4, et Poth. note 2, sur l'art. 315 Cout. d'Orléans).

249. —IV.— *Droit de la Révolution.*— La loi du 17 Nivôse an II supprima, du même coup et implicitement, la réversion du droit écrit et le retour successoral des pays coutumiers. L'art. 74 de cette loi supposait en effet, pour que les ascendants pussent reprendre les biens par eux donnés, la nécessité d'une stipulation expresse de retour,

c'est-à-dire d'une condition résolutoire conventionnelle :
« Les biens donnés par les ascendants à leurs descendants,
avec stipulation de retour, ne sont pas compris dans les
règles ci-dessus; ils ne font pas partie de la succession du
descendant tant qu'il y a lieu au droit de retour. »

250.— V.— *Code Napoléon.*— *Nature du retour légal.*— Les
auteurs du Code Napoléon ne s'en sont pas tenus à la loi
de Nivôse : ils ont voulu restaurer le passé. Nous nous
demanderons plus loin s'ils ont eu raison; pour le moment
la question est de savoir si c'est la réversion des pays de
Droit écrit ou le retour successoral des pays Coutumiers
qu'ils ont entendu reproduire.

Toute personne qui fait une donation peut, aux termes
de l'art. 951, stipuler le retour des objets par elle donnés,
soit pour le cas du prédécès du donataire seul, soit pour
le cas du prédécès du donataire et de ses descendants. Le
cas prévu se réalisant, le donateur reprend ce qu'il avait
donné, par l'effet d'une condition résolutoire, sans qu'aucune idée de succession intervienne (art. 952). L'ascendant
qui fait une donation à son descendant peut, comme toute
autre personne, s'assurer, par une clause expresse, le bénéfice du retour conventionnel.

Est-ce, à quelques différences près dans les effets, un
droit de même nature qu'établit l'art. 747? N'y faut-il voir
que la supposition légale au profit de l'ascendant d'une
stipulation qui n'a pas été expressément insérée dans
l'acte de donation?

Faut-il au contraire considérer le droit de l'art. 747
comme un droit de succession ?

251. — Cette question n'est pas une simple affaire de
mots. De sa solution dépendent un grand nombre de conséquences.

Si le retour légal est un droit de succession, il en résulte :

1° Que l'ascendant peut être privé de ce droit par une
déclaration d'indignité;

2° Qu'il ne peut l'exercer qu'après acceptation ;

3° Que la renonciation, ou toute autre stipulation, qu'il aurait faite sur son droit avant le décès du donataire, serait entachée de nullité (art. 791 et 1130);

4° Que si le mari et la femme communs en biens avaient donné à leur descendant un immeuble conquêt de leur communauté, cet immeuble deviendra par l'exercice du retour, propre pour moitié à chacun des deux époux ;

5° Que l'ascendant devra un droit de mutation, — 25 centimes par 100 fr. pour les meubles, 1 fr. pour 100 fr. pour les immeubles. (Loi du 22 Frimaire an VII, art. 69, § 1er, n° 3, et § 3, n° 4).

Si au contraire il s'agit d'un retour analogue au retour conventionnel, les règles sur l'indignité et l'acceptation, et les nullités des art. 791 et 1130 sont sans application. Enfin, les biens objets du retour, étant censés avoir toujours été la propriété du donateur ou des donateurs, restent conquêts de communauté si telle était leur nature, et ne donnent lieu à aucun droit de mutation.

Quant à la nécessité pour l'ascendant de respecter les aliénations et charges consenties par le donataire, il faut l'admettre dans les deux opinions, puisqu'elle résulte de l'économie de l'art. 747 (inf. n° 283). Il en est de même, croyons-nous, de l'obligation pour l'ascendant de contribuer aux dettes : l'art. 747, il est vrai, est muet sur ce point, mais l'art. 351, qui contient une autre application du retour légal, dit expressément que ce retour est subordonné à la contribution aux dettes, et il est généralement admis que les articles relatifs aux divers cas de retour légal doivent être considérés comme se complétant l'un l'autre.

Toutefois, si l'on décide que le retour légal a dans le Code Napoléon le caractère d'un droit de succession, il sera naturel de rattacher à ce caractère la contribution aux dettes, et on aura alors à se demander l'étendue de cette contribution.

252. — L'intérêt de la question étant mis en lumière, il faut en chercher la solution.

L'art. 747 est placé au titre des *Successions*, entre deux articles qui règlent les droits des ascendants dans la succession ordinaire; enfin il porte que les ascendants *succèdent*. Ces observations ont leur valeur, mais elles ne suffisent pas. La méthode du Code Napoléon n'est pas assez parfaite, ni son langage assez rigoureux pour que les arguments tirés de l'ordre qu'il a suivi et des termes qu'il a employés soient des arguments péremptoires. On pourrait dire que, si les auteurs du Code Napoléon ont été entraînés à placer le retour légal au titre des *Successions*, c'est que le droit ne peut être invoqué que lorsque la succession du donataire est ouverte; on ajouterait que le terme « *succèdent* » est exact dans l'art. 747, si l'on veut le prendre dans l'acception large que comporte son étymologie, et qu'au surplus dans d'autres cas d'application du même droit, la loi dit que les biens « *retournent* » (art. 766) ou « *retourneront* » (art. 351), — ce qui écarte toute idée de *succession* dans le sens ordinaire du mot.

Si donc nous considérions l'art. 747 en lui-même, si la disposition qu'il renferme se présentait isolément et sans ancêtres, nous serions tenté de rattacher l'art. 747 à l'art. 951, et le retour légal au retour conventionnel, réserve faite des différences entre l'effet de la condition résolutoire expresse et de la condition résolutoire tacite, telles qu'elles résulteraient de la comparaison de l'art. 952 avec les art. 747 et 351 combinés. (Sup. n° 251, *in fine.*)

253. — Mais l'art. 747 doit être éclairé par les antécédents historiques que nous avons étudiés. Or, quand on compare le texte de notre article à celui de l'art. 313 de la Cout. de Paris, il est impossible de ne pas être convaincu que c'est là qu'il a été puisé : les termes sont presque identiques, le langage est simplement rajeuni. Et, si on a adopté la lettre de la coutume, n'est-il pas évident qu'on l'a prise avec le sens qui, à tort ou à raison, avait cours en dernier

lieu? L'argument tiré du placement de la dispsition au titre des Successions, emprunte une valeur particulière à cette observation, en même temps qu'il vient la corroborer.

Nous pensons donc que le droit de retour légal est dans le Code Napoléon un droit de succession. Il constitue une exception au principe que la loi ne recherche pas l'origine des biens pour en régler la transmission.

254.— Cette opinion sur la nature du retour légal a été consacrée par la jurisprudence et universellement adoptée par les auteurs.

Malleville qu'on cite ordinairement comme opposant ne nous paraît pas avoir eu la pensée qu'on lui prête. Il ne conteste pas, ce nous semble, que le retour légal ne doive d'après l'art. 747 se régir par les principes des successions : il est préoccupé seulement de cette idée incontestable qu'en réalité ce n'est pas là la vraie succession, la succession au patrimoine, et il regrette qu'on n'ait pas adopté la théorie Romaine de préférence à la théorie coutumière, (*Analyse du Cod. civ.* t. II, sur l'art. 747). Ce qui n'était qu'une critique législative a été pris pour une interprétation juridique.

255.— Et maintenant, cette critique est-elle fondée? Décidés à rétablir un droit de retour pour les ascendants donateurs, les auteurs du Code Napoléon ont-ils bien ou mal fait de le fonder sur la pratique coutumière? Malleville, l'un d'eux, les en blâmait, — M. Demolombe les en félicite (*Succ.* t. I, n° 481), et quand on tient compte de la différence des points de vue on trouve ces deux opinions moins contradictoires qu'elles ne semblent d'abord.

Certes, comme le dit M. Demolombe, les auteurs du Code auraient été mal inspirés s'ils avaient attribué au retour légal les conséquences rigoureuses d'une condition résolutoire. Mais ils ont pensé que l'abandon de ces conséquences fâcheuses les obligeait à transformer le droit de retour en un droit de succession : c'est là ce que critique Malleville, et il est dans le vrai.

Sans enlever au droit de retour le caractère de clause
résolutoire tacite, le législateur pouvait ne présumer cette
clause qu'avec des limitations. Il pouvait dire que l'ascendant donateur qui n'aurait pas expressément stipulé le
retour serait censé avoir voulu ne l'exercer qu'à charge
de respecter les aliénations même à titre gratuit émanées
du donataire, et, par corrélation, de contribuer *parte in
quâ* aux dettes du donataire. C'est ainsi que le Statut de
Provence, sans attribuer à la réversion le caractère d'un
droit de succession, obligeait cependant en certains cas le
donateur aux dettes du donataire. (Sup. nᵒ 239.)

256. — Au point de vue purement théorique l'avantage
aurait consisté à ne pas faire violence à la nature des choses : en dépit des textes, au fond, le retour légal ne peut
être fondé que « sur une stipulation tacite inhérente à la
donation » (Furgole, quest 42, sur l'Ordonn. des Donat.);
il est au retour conventionnel ce qu'une clause virtuelle
est à une clause expresse : *voilà*, comme dit Merlin (*Rép.
Vᵒ Réversion*, sect. 1, *art. 2), les vrais principes.*

Les conséquences pratiques eussent d'ailleurs été nombreuses. On en connaîtra quelques-unes en prenant le
contre-pied de celles énoncées plus haut sous le nᵒ 251; nous
en signalerons une autre quand nous nous demanderons
comment il faut accorder le retour légal et la réserve (inf.
nᵒ 324.)

257. — Il convenait donc de ne pas faire du retour un
droit de succession. Mais allons plus loin : n'eut-il pas
été plus sage, de la part des auteurs du Code, de reproduire purement et simplement l'art. 74 de la loi de Nivôse (sup. nᵒ 249), laissant les ascendants libres de stipuler le retour, mais ne se chargeant pas de suppléer à
leur silence?

En faveur du retour légal on peut invoquer le motif qui
a déterminé le législateur Romain : les ascendants seront
d'autant plus disposés à donner à leurs descendants qu'ils

craindront moins de voir leurs biens passer en des mains étrangères. (Voy. M. Tronchet, Locré, t. X, p. 86.) Ce motif est grave assurément. On pourrait pourtant dire avec Lebrun (*Success.* liv. 1er, ch. 5. sect. 2, n° 70), que cette crainte est peu probable en ce qu'elle suppose la prévision d'un prédécés qui trouble l'ordre de la nature, — qu'on n'a pas besoin de l'éventualité d'un retour « pour se porter à soutenir ceux à qui l'on a donné la vie, » et qu'en tout cas, pour ceux qui ont de pareilles préoccupations, le retour conventionnel exprès est possible.

Ce qui nous déterminerait pour le maintien du retour légal, c'est que, dans le fait, il empêche la stipulation du retour conventionnel que les ascendants pourraient assez souvent vouloir faire, et que, à raison de ses effets moins énergiques, le retour légal n'est pas au même degré que le retour conventionnel, nuisible aux intérêts moraux et économiques de la Société.

§ 2.

Quelles personnes ont vocation au retour légal de l'art. 747.

Sommaire. — 258. — L'art. 747 s'applique aux ascendants sans distinction de degré.

259. — S'applique-t-il aux ascendants naturels ? — Il n'y a question qu'à l'égard des père et mère.

260. — La question n'a d'intérêt que quand le père et la mère naturels viennent tous deux à la succession.

261. — Solution : les père et mère naturels n'ont pas droit au retour.

262. — L'ascendant doit être personnellement donateur.

263. — Il doit être donateur entre vifs. — Partage anticipé. — Donation de meubles. — Donation avec charges.

258. — L'art. 747 dispose en termes généraux pour « les ascendants. » Il est donc certain que tout ascendant légi-

time qui a fait une donation à son descendant légitime à
quelque degré que ce soit, a un droit éventuel au retour
légal. Nous verrons au paragraphe suivant si le degré a
quelque influence sur la réalisation effective de cette éventualité (inf. nᵒ 265).

259. — Si compréhensive que soit l'expression *ascendants* dans l'art 747, on peut douter qu'elle s'applique aux
ascendants non légitimes.

Parmi les ascendants qu'une suite non-interrompue de
générations légitimes ne rattache pas au descendant *de cujus*, il faut tout d'abord écarter les ascendants qui sont au
delà du premier degré. Il résulte, nous le savons, de l'art.
756 qu'ils ne peuvent légalement prétendre au titre d'ascendants à l'égard du *de cujus* : ils ne sauraient donc réaliser la réunion, que suppose l'art. 747, des qualités d'ascendant et de donateur.

Mais que décider du père et de la mère qui ont fait une
donation à l'enfant naturel par eux reconnu?

260. — La question ne peut s'élever qu'au cas où l'enfant
naturel a été reconnu tout à la fois par son père et sa mère,
et où ils se présentent l'un et l'autre à sa succession. Car,
si l'un des deux seulement peut ou veut se présenter, il est,
aux termes de l'art. 765, héritier unique de tout le patrimoine; il recueille à ce titre, confondus dans la masse, les
biens subsistants de la donation qu'il avait pu faire, et le
droit de retour n'aurait pour lui aucune utilité.

Mais quand le père et la mère viennent tous deux à la
succession, il importe de savoir si chacun d'eux succèdera
exclusivement aux choses par lui données, ou si au contraire il devra subir, sur ces choses comme sur le reste de
la succession, le concours pour moitié de l'autre auteur
naturel.

261. — Marcadé ne fait aucun doute que le père ou la
mère d'un enfant naturel jouissent du droit de retour.

(Sur l'art. 747, nᵒ 2.) Il voit même une raison de plus pour eux que pour les ascendants légitimes, c'est que ces derniers en exerçant le retour nuisent à des héritiers légitimes, tandis que les auteurs naturels ne nuisent qu'à des successeurs irréguliers. Cette considération, ajoute-t-on, n'est point étrangère à la loi : elle a inspiré la concession d'un droit de retour aux frères légitimes de l'enfant naturel donataire (art. 766); or, des frères aux père et mère on pourrait bien raisonner par *a fortiori*.

Dans l'opinion contraire, on tire argument de ce que l'article 747 est placé parmi les dispositions qui règlent exclusivement les droits des ascendants légitimes. Quant à l'art. 766, il n'attribue de retour aux frères légitimes qu'à défaut, non seulement du donateur, mais même de l'autre auteur naturel (sup. nᵒ 212); l'argument *a fortiori* est dès lors impossible.

Deux considérations nous déterminent à adopter cette dernière opinion. Etant donné l'esprit général du Code Napoléon à l'égard des parents naturels, — lorsqu'il s'agit d'un droit à concéder, ne pas les nommer expressément, c'est les exclure : donc l'art. 747 ne les concerne pas. D'autre part, le retour légal est exorbitant du droit commun : donc il est impossible de l'étendre par voie d'interprétation. A aucun point de vue, par conséquent, les père et mère naturels ne peuvent prétendre au retour légal.

262. — Le retour légal n'est établi qu'en faveur de l'ascendant qui a personnellement la qualité de donateur. « Les ascendants, dit l'art. 747, succèdent aux choses *par eux* données. » Si c'est l'aïeul paternel qui avait donné à son petit-fils, c'est l'aïeul seulement qui a une vocation au retour, — ce ne peut jamais être le père : celui-ci ne pourra exercer le retour qu'autant qu'il l'aura trouvé, déjà ouvert, dans la succession de l'aïeul.

263. — Il est évident qu'il ne peut être question ici que d'un donateur entre-vifs.

Au reste, l'ascendant qui a fait entre-vifs le partage anti-cipé de ses biens, doit être considéré, au point de vue du retour, comme un donateur.

Le donateur de meubles a la vocation au retour comme le donateur d'immeubles : l'art. 747 dit d'une manière générale « *les choses* données. » Dans le Droit Coutumier où la succession anomale était issue de la succession aux *propres,* il y avait pour décider autrement une raison qui n'existe plus aujourd'hui. (Sup. n° 246.)

L'ascendant qui a fait une donation ou un partage entre-vifs à la charge de prestations appréciables en argent, n'est pas à considérer comme donateur pour la portion des biens donnés dont la valeur est représentée ou absorbée par les charges, mais seulement pour la portion excédant cette valeur. (MM. Aub. et Rau, t. VI, § 701, texte et note 10.)

§ 3.

Conditions d'ouverture du retour.

SOMMAIRE. — 264. — Deux conditions à l'ouverture du droit.
265. — Le droit ouvert, l'ascendant succède à l'exclusion de tous autres.
266. — Première condition : *Prédécès* du donataire. — Preuve à faire.
267. — Effet de l'absence du donataire.
268. — Deuxième condition : Prédécès du donataire *sans postérité.* — Il faut que la postérité soit actuellement vivante.
269. — Il faut qu'elle soit héritière.
270. — Toute postérité légitime fait obstacle au retour.
271. — Il en est de même de l'enfant adoptif.
272. — Décision inverse pour l'enfant naturel.
273. — Co-existence d'enfants naturels avec des enfants légitimes.
274. — Le retour ne s'ouvre pas dans la succession des descendants du donataire.

---

264. — L'éventualité du retour se réalise pour l'ascen-dant donateur par le *prédécès sans postérité* de l'enfant ou

du descendant donataire. Ainsi deux conditions : il faut que le donataire meure avant le donateur ; il faut que le donataire soit sans postérité.

265. — A ces deux conditions, le droit s'ouvre, et l'ascendant donateur « succède *à l'exclusion de tous autres.* »

Nous avons dit (sup. n° 256) que l'ascendant, à quelque degré qu'il soit du descendant à qui il a donné, est au nombre des personnes en vue desquelles le retour a été établi. La présence d'héritiers qui lui sont préférables dans la succession ordinaire ne sera pas (pourvu que les deux conditions soient remplies) un obstacle à l'ouverture de son droit : telle est la portée du membre de phrase « à l'exclusion de tous autres. » Ainsi, l'aïeul paternel donateur succèdera à l'objet du retour même en présence du frère ; la division par moitié entre les deux lignes sera sans application à l'objet du retour : l'ascendant, quel qu'il soit, y succèdera pour la totalité.

La question de savoir si l'aïeul donateur devait passer avant le père à l'égard des héritages par lui donnés avait été fort agitée dans la France Coutumière, et nous avons montré (sup. n° 245) que sa solution affirmative avait été dans le droit commun coutumier l'élément véritablement constitutif du retour légal, en tant qu'on y veut voir autre chose qu'un cas régulier de la succession aux propres.

— Reprenons maintenant chacune des deux conditions auxquelles est subordonnée l'ouverture du retour.

266. — Ordinairement la preuve du *prédécès* du donataire ne présentera pas de difficulté. Mais il peut arriver que le donateur et le donataire aient péri dans un même évènement, et qu'il soit difficile de savoir positivement lequel des deux est mort le premier.

Si le donateur et le donataire se trouvaient respectivement appelés à la succession générale l'un de l'autre, c'est-à-dire si l'ascendant donateur n'était précédé dans sa ligne par aucun ascendant plus proche, on recourra aux présomptions légales établies par les articles 720 et s. du Code Nap., et leur application, en général, fera considérer le descendant comme ayant survécu à l'ascendant.

Mais si l'ascendant donateur n'était pas le plus proche ascendant dans sa ligne, ou s'il était primé par un frère, on ne sera plus dans le cas pour lequel la loi a établi des présomptions : la libre appréciation des circonstances demeurera l'unique élément de solution. Au reste, la différence n'existe guère qu'en théorie, car, dans le premier cas même, les présomptions légales ne deviennent impératives pour le juge qu'autant qu'il déclare ne pas pouvoir en fait reconnaître laquelle des deux personnes en question est décédée la première (art. 720).

267. — Dans les hypothèses où le prédécès du donataire donnerait ouverture au retour légal, le jugement qui le déclare absent autorise l'ascendant donateur à demander l'envoi en possession provisoire à charge de donner caution (art. 123), à moins que l'époux commun en biens avec l'absent n'opte pour la continuation de la communauté (art. 124). Si les conditions de l'art. 129 se trouvent réunies, l'envoi en possession définitif pourra être obtenu.

268.— Il faut, pour que le retour s'ouvre, que le donataire soit prédécédé *sans postérité*. Que faut-il entendre par là ?

Il est évident d'abord qu'il ne suffirait pas pour écarter le donateur que le donataire eût eu une postérité, si cette postérité s'était éteinte dès avant son propre décès : il ne s'agit ici que d'une postérité actuellement vivante.

269. — Mais l'existence même d'une postérité vivante est-elle suffisante à elle seule pour écarter le donateur ? Si la postérité laissée par le donataire renonce à sa succession ou si elle en est écartée comme indigne, fait-elle encore obstacle à l'ouverture du droit de retour ?

La négative n'est pas douteuse. Le droit de retour ne cède qu'en considération de la postérité et par faveur pour elle : dès que cette postérité ne vient pas à la succession, c'est comme si elle n'existait pas.

270. — Nous avons jusqu'ici employé l'expression même de la loi « postérité ». Il faut maintenant savoir quelles personnes sont désignées par cette expression.

On y doit comprendre incontestablement les enfants légitimes du donataire, à quelque lit qu'ils appartiennent, et ses descendants légitimes à quelque degré qu'ils soient. Mais *quid* d'un enfant adoptif? *quid* d'un enfant naturel ?

271. — L'enfant adoptif ayant en vertu de l'art. 350 les mêmes droits de succession que l'enfant légitime, il est, ce nous semble, dans l'esprit de la loi d'attacher à sa présence comme à celle de l'enfant légitime l'effet d'empêcher le retour légal. Nous serions dès-lors disposé à admettre que le mot « postérité » de l'art. 747 s'étend à l'enfant adoptif.

MM. Aubry et Rau (t. V, § 608) qui primitivement avaient, d'accord avec la presque unanimité des auteurs, enseigné le système qui vient d'être indiqué, ont depuis changé d'avis. L'argument tiré de l'art. 350 est, disent-ils, une pétition de principe : si les biens provenant du don d'un ascendant sont dans la succession ordinaire, l'enfant adoptif y a droit, mais la question est précisément de savoir si ces biens sont dans la succession (1). — Nous répondrons que ce n'est pas sur l'art. 350 que nous fondons notre solution, mais sur le texte de l'art. 747, et que l'art.

---

(1) Cette idée sera mieux saisie quand nous nous occuperons de la manière dont la succession anomale se comporte à l'égard de la succession ordinaire. (Inf. n° 299.)

350 nous sert simplement à déterminer la pensée que le
législateur a voulu exprimer dans l'art. 747, par le mot
postérité.

272. — Quant à l'enfant naturel, trois systèmes sont
possibles : 1° l'enfant naturel empêche absolument l'ouverture du retour légal; 2° il fait obstacle au retour pour
moitié des biens donnés (art. 757); 3° il ne fait en rien
obstacle à l'ouverture du retour.

De ces trois systèmes le deuxième nous paraît devoir
être immédiatement écarté. Il ne se borne pas, comme
nous avons fait pour le cas de l'enfant adoptif, à interpréter
l'art. 747 à l'aide d'un autre article; il le remplace ou au
moins le modifie par l'art. 757, tombant d'une part dans
la pétition de principe dont nous nous défendions tout à
l'heure, ayant de l'autre le tort de chercher ailleurs que
dans l'art. 747 les règles du retour légal. D'après l'art. 747,
le retour s'ouvre ou ne s'ouvre pas, selon que le donataire
est ou non décédé *sans postérité;* il n'y a pas place pour
un terme moyen, pour l'ouverture d'un retour fractionnaire; « c'est tout ou rien » comme le dit M. Demolombe.
La seule question possible est celle-ci : le mot *postérité*
s'applique-t-il dans l'art. 747 à l'enfant naturel? Si oui,
l'ascendant donateur est absolument sans droit (premier
système).

Cette opinion radicale n'a guère trouvé de partisans :
l'enfant naturel sur pied d'égalité avec l'enfant légitime,
c'est une chose contraire à l'esprit du Code Napoléon. Il
faut donc décider que la présence d'un enfant naturel du
donataire n'empêche pas l'ouverture du retour légal. —
Ainsi jugé : Cass. 9 août 1854 (D. 1854, I, 265).

On ajoute généralement, dans le sens de l'opinion que
nous adoptons, qu'il est peu supposable que le donateur
ait eu l'intention de préférer à lui-même un enfant simplement naturel du donataire. Cet argument aurait sa valeur si le retour légal constituait, dans le Code Napoléon
comme dans la logique, la présomption d'un retour con-

ventionnel plus ou moins mitigé ; mais du moment qu'on
en faisait un droit de succession il semble que la volonté
qu'on aurait traduite, si on s'était préoccupé d'en traduire
une, serait celle du *de cujus*, c'est-à-dire du donataire.
(Comp. M. Rodière, sur l'arrêt précité, *Journal du Palais*,
1856, I, 244.) La doctrine du législateur dans la matière
n'est pas assez nette pour qu'on tire de son inspiration di-
rectrice un argument sérieux.

273. — Tout le monde est d'accord d'ailleurs que s'il y
a, pour faire obstacle au retour, un enfant légitime, l'enfant adoptif et l'enfant naturel reconnu exercent les droits
de succession *ab intestat* fixés par les art. 350 et 757, indistinctement sur les biens donnés et sur les autres valeurs de la succession.

274. — Pour qu'il y ait abstraitement ouverture du retour, la double condition du *prédécès sans postérité* est suffisante, mais elle est indispensable. L'ascendant donateur
ne pourrait prétendre au retour si le donataire prédécédé
avait laissé des enfants qui eussent accepté sa succession,
quand même ces enfants seraient ensuite décédés eux-
mêmes sans postérité avant l'ascendant donateur. Cass.
20 mars 1850 (Sir. 1850, I, 388.)
Cette solution avait, dans les pays Coutumiers, plus
d'adversaires que de partisans (Pothier, *Success.*, ch. 2,
sect. 2, art. 3, § 2); et sous l'empire du Code Napoléon,
quelques jurisconsultes, notamment M. Bugnet (note sur
Poth., *loc. cit.*), ont soutenu qu'elle devait être rejetée également. Ils argumentent de l'ancien droit et de l'art. 352
qui reconnaît à l'adoptant le droit d'exercer le retour dans
la succession du dernier descendant de l'adopté. « Il y a
même, dit M. Bugnet, une raison plus forte dans le cas de
l'art. 747 : après avoir eu le malheur de perdre son enfant
et les descendants de celui-ci, l'ascendant pourrait encore
éprouver le regret de voir les enfants que son gendre ou
sa bru aurait eus d'un autre mariage, succéder comme

frères consanguins ou utérins aux petits-enfants de lui, donateur; — c'est-à-dire qu'il verrait passer de son vivant dans une famille étrangère, les biens donnés par lui en avancement d'hoirie. »

Ces considérations ne peuvent prévaloir sur le texte formel de l'art. 747, qui subordonne l'ouverture du retour au prédécès *du donataire sans postérité* : quant à l'art. 352, c'est un argument *a contrario* qu'il peut fournir plutôt qu'un argument *a fortiori*.

§ 4.

Conditions d'exercice du retour.

SOMMAIRE. — 275. — Ce qu'il faut entendre par les conditions d'exercice. — Transition. — Division.
276. — I. Y a-t-il dans l'art. 747 une idée de subrogation réelle ?
277. — MM. Demante, Marcadé et Demolombe enseignent la négative.
278. — Réfutation. — Conséquences pratiques : renvoi.
279. — II. Que faut-il pour que le retour légal s'exerce en nature? — Formule.
280. — *Identité physique.* — Augmentations et dégradations.
281. — *Identité morale.* — Il faut que les objets soient dans la succession par l'effet immédiat de la donation.
282. — Suite.
283. — Il faut que les objets soient dans la succession autrement qu'à titre provisoire. — Legs d'objets venant de l'ascendant.
284. — Aliénation partielle. — Démembrements de propriété. — Hypothèque.
285. — Cas où il y a disposition indirecte. — Legs à titre universel. Legs de la quotité disponible.
286. — Les legs de sommes d'argent ne doivent pas, au point de vue du retour, être assimilés aux dettes de la succession.
287. — III. Cas de subrogation réelle.
288. — Créance du prix. — Chose promise en contre échange et non livrée.
289. — Cas où l'aliénation a eu lieu moyennant une rente perpétuelle.
290. — Actions en reprise. — Ce que c'est.
291. — Actions en restitution de la dot. — Dissentiment avec M. Demolombe.

275. — Lorsqu'un ascendant légitime a fait à son descendant légitime une donation entre-vifs et que le donataire venant à prédécéder ne laisse ni descendants légitimes ni enfants adoptifs, — il y a ouverture du retour légal au profit de l'ascendant donateur survivant. Voilà ce qui résulte des explications fournies dans les deux paragraphes qui précèdent.

Abandonnant les régions de pure abstraction où nous sommes resté jusqu'ici, demandons-nous comment le droit dont nous supposons l'ouverture pourra se transformer en un droit efficace et pratique, — quand est-ce qu'il trouvera matière à s'exercer, ou en d'autres termes quelles sont les *conditions d'exercice* du retour légal.

« *Les ascendants* (dit l'art. 747) *succèdent ...... lorsque les objets donnés se retrouvent en nature dans la succession. — Si les objets ont été aliénés, les ascendants recueillent le prix qui peut en être dû. Ils succèdent aussi à l'action en reprise que pouvait avoir le donataire.* »

Ces dispositions si simples, au moins à l'énoncé, ont été dans la doctrine et la jurisprudence l'occasion de vives controverses. Les difficultés pourtant s'évanouiront si l'on veut bien ne pas perdre de vue qu'il s'agit uniquement d'interpréter et d'appliquer l'art. 747 du Code Napoléon, — que c'est dans les termes de cet article qu'il en faut chercher le sens, — et qu'il ne faut pas aller au-delà parce qu'il s'agit d'une matière d'exception.

Nos études comprendront les trois points suivants :

I. Y a-t-il dans l'art. 747 une idée de subrogation? — II. Quand le retour s'exerce-t-il en nature? — III. Quand y a-t-il une subrogation autorisant l'exercice du retour?

276. — I. L'art. 747, en ce qu'il détermine les conditions d'exercice du retour légal, contient-il plusieurs manifestations d'une idée unique, ou s'inspire-t-il de deux idées distinctes quoique voisines?

Le plus grand nombre des auteurs, et avec eux la Jurisprudence, tiennent pour le dernier parti. L'exercice du retour est, dit-on, possible, soit quand les objets donnés se retrouvent en nature, soit quand ils sont *dûment représentés*. Ainsi deux idées : existence en nature, existence par remplacement ou *subrogation;* deux conditions, dont l'une ou l'autre est suffisante pour que le retour s'exerce.

277. — M. Demolombe, au contraire, soutient que l'art. 747 procède d'un point de vue unique, que le premier alinéa renferme un principe et le second de simples corollaires : « Si l'ascendant est appelé à recueillir soit le prix encore dû de la chose aliénée, soit l'action en reprise, ce n'est point parce que la créance du prix et l'action en reprise seraient subrogées à la chose, c'est que, aux yeux de la loi, cette créance et cette action ont encore pour objet la chose elle-même *in specie*. Quant aux actions en reprise, actions tendant à faire rentrer la chose dans les mains du donataire *ex causâ primævâ et antiquâ*, elles sont évidemment cette chose même : *qui actionem habet ad rem recuperandam, rem ipsam habere videtur*. Quant à la créance du prix, le législateur a par extension appliqué la même idée en considérant que, tant que le prix n'est pas payé, l'action en résolution est possible; le législateur a pu se déterminer aussi par un ressouvenir, il est vrai mal venu, du § 41 du titre *De divisione rerum* aux Instituts (II, I) d'après lequel l'aliénation n'est pas complète tant que le prix n'est pas payé. » *(Success.*, nᵒˢ 518 et s. — En ce sens : Demante, *Cours*, art. 747, 58 *bis* V; Marcadé, art. 747, VIII).

278. — La doctrine de M. Demolombe nous paraît devoir être rejetée. Quand on lit sans prévention l'art. 747, il est impossible qu'on n'y voie pas deux hypothèses mises en opposition, l'hypothèse où les objets se retrouvent en nature, et l'hypothèse contraire.

M. Demolombe d'ailleurs ne fausse le sens naturel du texte que pour prêter au législateur des idées que la plus extrême subtilité ne peut rendre de tous points acceptables, même devant la raison purement juridique. La règle *qui actionem habet*, etc., n'est au fond qu'une fiction ; elle ne pouvait pas dire et ne dit pas « *ipsam rem habet* » mais seulement « *habere videtur.* » Or, où cette fiction Romaine est-elle écrite dans la loi Française ? Est-ce que cette fiction est toujours applicable aux actions en reprise, et ce qu'elles font obtenir est-il toujours nécessairement la chose même ? (Voy. inf. nº 289.) Surtout, est-ce que cette fiction peut s'accommoder à la créance du prix ? Est-ce que la créance du prix ne peut pas survivre à l'action en résolution (1) ? N'est-il pas alors absolument impossible que celui qui est créancier du prix soit censé avoir encore la chose aliénée ? — En vain M. Demolombe, pressé par l'objection, appelle-t-il à son aide le § 41 *De divisione rerum* : pourquoi le législateur se serait-il souvenu si mal à propos d'une règle abandonnée ?

Il nous paraît évident que M. Demolombe n'a été porté à soutenir cette thèse insoutenable que par la crainte (que toutes ses expressions trahissent) de légitimer, en reconnaissant dans l'art. 747 une idée de subrogation, les applications qu'ont faites de cette idée certains auteurs et certains arrêts. Parmi ces applications, nous en rejeterons pour le moins autant que M. Demolombe, et le texte de

---

(1) L'action en résolution peut être éteinte par une renonciation, ou par l'effet des art. 717 nouv. du Cod. de Proc., et 7 de la loi du 23 Mars 1855 sur la transcription.

l'art. 747 nous suffira pour cela : mais c'est ce texte même qui nous impose le principe contesté par M. Demolombe ; l'abus qu'on en a pu faire ne saurait l'avoir supprimé. Nous reconnaissons donc, sans hésiter, que dans la théorie de la loi l'exercice du retour est possible, soit quand les objets existent en nature, soit en vertu d'une subrogation réelle.

Ce n'est pas, d'ailleurs, une pure querelle de mots que nous soulevons : nous verrons plus loin que la doctrine que nous venons de combattre a conduit M. Demolombe sur des questions de détails à des solutions que nous croyons inexactes (inf. n°s 289 et 291).

279. — II. Pour que les objets se retrouvent en nature dans le sens du 1er alinéa de l'art. 747, il faut : 1° que les objets donnés existent dans la succession avec leur *identité physique*, et, si l'on peut ainsi parler, avec leur *identité morale*;

2° Qu'ils soient dans la succession non pas seulement de fait et provisoirement, mais *pour la propriété et d'une manière définitive*.

Reprenons les termes de cette formule pour les justifier et en tirer les conséquences.

280. — « *Identité physique*, » c'est-à-dire les objets donnés, *in specie*, et non d'autres, mêmes semblables. C'est ce que la loi entend par les mots *en nature*.

Quant à la définition abstraite de ce qui constitue l'identité d'un objet, nous ne nous attarderons pas à la chercher. Il faudrait faire revivre l'antique controverse des Sabiniens et des Proculeïens, les premiers se contentant de la matière, de l'individualité moléculaire, les autres disant *forma dat esse rei*. Nous laisserons la question dans le domaine de l'appréciation concrète (Comp., art. 565 Code Nap.), en notant seulement que le droit de retour, à raison de son caractère exorbitant, doit être resserré plutôt qu'étendu.

L'identité de l'objet retrouvé dans la succession avec l'objet donné pourra être constatée en fait, quoique l'objet donné ait subi depuis la donation des modifications, qui, indépendantes ou non de la volonté du donataire, l'auront amoindri ou augmenté. Nous verrons, à propos des effets du retour légal, s'il peut y avoir lieu à indemnité dans l'une ou l'autre hypothèse (inf. n°ˢ 308 et 309) : nous nous occupons seulement ici de la condition d'identité physique mise à l'exercice du retour légal.

281. — « *Identité morale,* » c'est-à-dire comme objets *donnés,* par l'effet immédiat de la libéralité du donateur, et non ensuite d'évènements étrangers.

Il peut arriver que les objets donnés, qui se retrouvent physiquement dans la succession, aient été à un certain moment retranchés irrévocablement du patrimoine du donataire, et n'y soient rentrés que par un fait ultérieur et à un titre nouveau, soit que le donataire les ait rachetés, soit qu'il les ait reçus d'un nouveau donateur ou recueillis dans une succession : cela étant, le donateur primitif peut-il exercer le retour?

Le texte de l'art. 747 nous semble commander la négative. Ce n'est qu'aux choses *par lui données* que succède l'ascendant, or, les choses qui sont dans la succession ensuite d'un achat ou d'une succession n'y sont pas comme choses *données,* et celles qui y sont rentrées par une seconde donation n'y sont pas comme choses données *par l'ascendant* qui avait fait la donation primitive.

Telle est d'ailleurs la tradition coutumière.

Cette dernière considération, invoquée en faveur de l'interprétation que nous venons d'exposer, est devenue le point de départ d'une interprétation précisément contraire. La solution qui précède est si bien, dit-on, une solution de l'ancien droit qu'elle ne peut être transportée dans le droit actuel. Le retour légal était en Droit Coutumier un cas plus ou moins modifié de succession aux propres; si l'immeuble donné avait été aliéné par le donataire, puis acquis par lui à titre nouveau, il n'était plus un propre, ou du moins un propre du côté du donateur originaire : de là la solution. Mais la théorie des propres de succession étant inconnue au Code Napoléon, les conséquences de cette théorie doivent lui être également étrangères. D'après l'art. 747 d'ailleurs il suffit que les objets se retrouvent *en nature.*

A l'objection tirée du Droit Coutumier on a très-justement répondu en faisant remarquer que si dans l'espèce l'immeuble cessait d'être propre ou au moins un propre du côté de l'ascendant premier donateur, c'est précisément parce qu'il cessait d'être au regard de cet ascendant un objet *donné.* — Quant à la condition que les choses données se retrouvent *en nature,* fût-il certain que ces mots ne s'appliquent qu'à l'identité physique, cette condition ne saurait être regardée comme suffisante, puisque la loi dit aussi : « Succèdent aux choses *par eux données.* » Si les objets ont été aliénés par le donataire, on est dans le cas du deuxième alinéa de l'art. 747, c'est seulement en vertu d'une idée de subrogation que le retour peut être exercé, et nous verrons tout à l'heure dans quels cas.

Au surplus, admettre que l'ascendant ait droit au retour sur un bien rentré *ex causâ novâ* dans le patrimoine du donataire, ce serait s'exposer à une situation sans issue : supposons que le même bien ait été donné par le père au fils, puis par le fils au petit-fils : à la mort de ce dernier, son père et son aïeul se trouveraient avoir également droit au retour légal.

282. — Il est entendu d'ailleurs que si l'aliénation faite par le donataire a été de son vivant annulée ou résolue, de telle sorte que la chose qui lui avait été donnée soit censée n'être jamais sortie de son patrimoine, cette chose se retrouve dans la succession *ex antiquâ causâ,* avec son identité morale de chose donnée, et le retour peut s'exercer.

283. — Nous n'avons justifié que la première partie de notre formule, mais nous avons ajouté : il faut que les

objets donnés soient dans la succession non pas seulement de fait et provisoirement, mais *pour la propriété et d'une manière définitive* (1).

Cette seconde exigence, qui se relie dans l'esprit de la loi et dans la tradition Coutumière, à la nature de droit de succession attribuée au retour légal, résulte au surplus (sup. n° 251) du texte de l'art 747 : « *si les objets ont été aliénés* » on n'est plus dans le cas du retour en nature, il ne peut plus être question que de subrogation. Enfin l'art. 351, autre application du retour légal, porte expressément que le retour ne s'exerce pas au *préjudice des droits des tiers*.

Si donc le donataire a consenti l'aliénation des objets qui lui avaient été donnés, quand même il n'y aurait pas eu encore tradition au jour de son décès, le retour légal ne peut s'exercer en vertu du premier alinéa de l'art. 747. Que l'aliénation soit à titre onéreux ou à titre gratuit, il n'importe à ce point de vue. Il faut même reconnaître que les objets donnés dont le donataire a disposé par testament ne se retrouvent pas dans la succession comme l'entend l'art. 747, alinéa premier. En vain argumente-t-on, avec l'art. 724, de la saisine générale de l'héritier pour prétendre que les objets légués se trouvent en droit comme en fait dans la succession : nous répondons, avec l'art. 711 et l'art. 1014 que dès l'instant du décès le légataire a sur l'objet de son legs un droit privatif dont l'exercice seulement est subordonné à la délivrance.

Comme la chose vendue ou donnée par le donataire et restée de fait entre ses mains, par exemple à titre de loyer ou de commodat, — la chose qu'il a léguée n'est dans sa succession qu'à titre provisoire et non d'une manière définitive ; elle y est comme *corps* plutôt que pour le droit

---

(1) On pourrait à la rigueur rattacher cette condition à celle de l'identité morale.

de propriété; elle y est, en prenant les mots avec leur sens économique, une *chose* plutôt qu'un *bien*.

284. — Ce qui est vrai de l'aliénation totale est vrai, *parte in quâ*, de l'aliénation partielle. Enfin, il faut appliquer la même idée à la constitution par le donataire de droits réels sur l'objet donné. Les termes de l'art. 351 « sans préjudice des droits des tiers » sont ici particulièrement précieux. Ainsi les objets donnés ne se trouvent dans la succession au sens de l'art. 747, alinéa premier, que sauf la diminution résultant des droits d'usufruit ou de servitude que le donataire a conférés sur eux à titre onéreux ou gratuit.

Quant à l'hypothèque grévant du chef du donataire l'immeuble donné, elle constitue un des droits auxquels l'art. 351 ne permet pas que le retour préjudicie : mais ceci ne rentre dans l'ordre d'idées où nous sommes actuellement, que si l'on regarde l'hypothèque comme un démembrement de la propriété. Si on pense que l'hypothèque ne fait « qu'envelopper la propriété de l'immeuble sans la fractionner » (Demol. *Success.* t. I, n° 519), on ne verra plus ici qu'une question d'obligation aux dettes : nous aurons à revenir sur ce point au § suivant où nous traiterons des effets du retour légal à l'égard des héritiers de la succession ordinaire (inf. n° 305).

285. — Il peut arriver que le donataire, n'ayant pas disposé spécialement et nommément des objets provenant de la donation d'ascendant, doive être néanmoins considéré comme en ayant disposé pour le tout ou pour partie, et que l'exercice du retour soit paralysé dans la même proportion.

L'exercice du retour est absolument paralysé quand le donataire a lui-même fait, par contrat de mariage, donation de biens à venir de tout ce qu'il possède, ou quand il a fait un legs universel.

Que s'il a, par donation de biens à venir ou par legs,

disposé d'une fraction de tous ses biens, pareille fraction des biens donnés se trouve virtuellement soustraite à l'exercice du retour.

La disposition de tous les meubles ou de tous les immeubles, d'une fraction de tous les meubles ou de tous les immeubles, peut aussi selon les cas impliquer disposition de la totalité ou d'une fraction des biens donnés.

Le legs de la « quotité disponible » devrait être considéré comme atteignant les biens donnés pour le quart ou pour la moitié, selon qu'il y aurait des ascendants réservataires dans une seule ligne ou dans les deux lignes (1).

La disposition qui porte *in specie* sur des biens autres que les biens donnés par l'ascendant, ne peut en aucune façon atteindre ces derniers.

286. — Quant au legs d'une somme d'argent, l'opinion de tous les auteurs est qu'il faut le traiter, même au point de vue du retour légal, comme une dette du testateur, c'est-à-dire que son existence n'apporte aucun obstacle à l'exercice du retour sur l'intégralité des biens donnés qui se retrouvent en nature, et qu'il vient seulement grossir la masse passive à laquelle l'ascendant donateur devra contribuer.

Nous pensons, au contraire, que le legs d'une somme d'argent, même non assigné à prendre sur les espèces monnayées existant au décès, c'est-à-dire le legs d'une *valeur*, ne doit pas être, *au point de vue du retour*, assimilé à une dette de la succession, et qu'il affecte les biens donnés comme le fait un acte de disposition, de manière à diminuer dans sa consistance la matière du retour légal.

Sans doute, le légataire d'une somme d'argent ne pourra réclamer aucun objet *in specie;* sans doute l'action qu'il

---

(1) Est-ce l'époque du testament ou celle du décès qui détermine l'étendue du legs « de la quotité disponible? » Question de fait étrangère à notre sujet.

aura pour l'exécution de son legs sera analogue à l'action en paiement d'un créancier du défunt; mais ceci est de fait et d'application; et ce que nous prétendons, c'est que, lorsqu'il s'agit de déterminer, pour limiter l'exercice du retour, dans quelle mesure il a été disposé des choses données par l'ascendant, — il faut s'attacher à l'essence même des actes juridiques émanés du défunt.

Or, le legs est *de sa nature* un acte de disposition; — les dettes n'impliquent *de leur nature* que des obligations personnelles, et ce n'est qu'indirectement qu'elles entraînent une sorte de disposition. (Art. 2092 et 2093.) Le legs, parce qu'il est un acte de disposition, paralyse l'exercice du retour sur les objets donnés, dans la mesure où il les atteint; lorsqu'il les atteint pour la totalité, il n'y a plus de retour possible : — au contraire, les dettes ne sont que des charges du retour, et, si élevé qu'en soit le chiffre, elles laissent la possibilité de l'exercer sur tous les objets donnés existants.

Maintenant, est-il admissible que cette différence d'essence entre le legs et la dette soit ou ne soit pas, selon l'objet du legs, selon la forme de la disposition? Si le legs à titre universel d'un quart du patrimoine implique disposition du quart des objets donnés par l'ascendant, et soustrait ces objets dans la même proportion à l'exercice du retour légal, — le legs particulier *d'une valeur* correspondant au quart de la valeur totale du patrimoine, ne peut changer de nature au point de perdre tout caractère de disposition, d'abdiquer toute influence sur la consistance de la matière du retour, et de passer à l'état de simple charge mise à l'exercice de ce retour.

Nous préciserons la portée des legs de somme d'argent quand nous nous occuperons des effets du retour. Disons immédiatement que, selon qu'on assimile à tous égards ce legs à une dette, ou qu'on y reconnaît la persistance d'un certain caractère de disposition, — on arrive à des résultats tout différents sur plusieurs points : les bases de la contribution pour le paiement des véritables dettes

entre l'héritier ordinaire et l'héritier anomal, et les éléments du calcul de la réserve des héritiers ordinaires.
(Voy. inf. nos 314, 315, 329; voy. aussi n° 313.)

287. — III. — Quand l'exercice du retour n'est pas possible sur les objets en nature par application du 1er alinéa
de l'art. 747, il peut l'être en vertu d'une idée de subrogation par application du second alinéa du même article : « *Si
les objets ont été aliénés, les ascendants recueillent le prix qui
peut en être dû. Ils succèdent aussi à l'action en reprise que
pouvait avoir le donataire.* »

288. — « *Le prix qui peut en être dû.* » Comme la loi s'applique d'une manière générale à toute aliénation, le mot
prix doit être entendu dans un sens large comme signifiant
toute valeur destinée à représenter la valeur de l'objet
aliéné. Qu'il s'agisse d'une vente ou d'un échange, que la
créance du donataire aliénateur ait pour objet une somme
d'argent, ou la livraison de meubles, ou la tradition d'un
immeuble, tant que la créance existe, tant que le créancier
n'a pas reçu ce qui lui est dû, — le retour légal, échéant le
cas de son ouverture, peut être exercé sur la créance.

Bien que la chose qui a joué le rôle de prix fût un corps
certain, et que la propriété en ait été, par l'effet de la convention, transférée au donataire aliénateur, — tant qu'elle
ne lui a pas été livrée, il faut admettre la possibilité d'exercer le retour, car le donataire est encore créancier, et l'art.
747 n'exige pas autre chose.

289. — Si l'aliénation a eu lieu moyennant une rente
perpétuelle, on se trouve en présence de cette alternative :
dire qu'il n'y a jamais une créance susceptible du retour
légal, — ou dire qu'il y en a toujours une. Admet-on que,
sitôt le droit de rente établi, le prix est payé, parce que le
droit de rente est entré dans le patrimoine ? — Le retour
n'est jamais possible. Admet-on que le prix n'est pas payé
tant qu'il reste des arrérages à percevoir ? — Le retour
aura nécessairement toujours lieu.

Aucune des deux solutions, il faut l'avouer, n'est pleinement satisfaisante; pourtant nous serions plus porté vers la seconde : la subtile et théorique distinction du droit à la rente, et du droit aux arrérages ne nous paraît pas décisive dans la matière où nous sommes. Nous repoussons d'ailleurs le motif que M. Demolombe *(Succ.*, t. I, n° 527) donne à l'appui de cette seconde solution : le point de savoir si celui qui aliène à rente perpétuelle a le privilége et l'action résolutoire du vendeur à prix ferme nous paraît sans intérêt pour la question actuelle; mais ceci se rattache à la théorie générale de M. Demolombe sur l'art. 747, théorie que nous avons essayé de réfuter *(suprà* n°s 277 et 278).

290. — « Les ascendants succèdent aussi à *l'action en reprise...* » Il faut entendre par action en reprise toute action, soit réelle, soit personnelle, tendant à obtenir le délaissement ou la restitution d'une chose (MM. Aub. et Rau, t. V, § 608, note 38). Cette restitution peut d'ailleurs avoir lieu par équivalent.

Sont actions en reprise, permettant l'exercice du retour : les actions en nullité pour cause d'erreur, violence ou dol, — l'action en nullité ou en rescision pour cause d'incapacité, — l'action en révocation d'une donation pour cause d'inexécution des conditions, d'ingratitude ou de survenance d'enfant (1), — l'action en réméré, — l'action en revendication.

Le nom d'action en reprise convient assurément aussi à l'action en résolution d'une vente pour défaut de paiement du prix; mais, par cela seul que le prix n'est pas payé, l'exer-

---

(1) Nous supposons que l'enfant survenu au premier donataire après la seconde donation qu'il a lui-même faite, est décédé avant son père ou sa mère (art. 964) ; car s'il survivait, le donataire originaire laissant de la postérité, le retour légal ne s'ouvrirait pas pour l'ascendant donateur originaire.

cice du droit de retour est possible à l'égard de la créance ;
il n'est donc pas nécessaire de le fonder sur une action en
résolution qui peut ne pas exister (sup. n° 278).

291. — Enfin, parmi les actions en reprise peut figurer
une action en restitution de dot. Si, d'après la nature des
objets donnés et le régime matrimonial adopté, ces objets
ne devaient pas demeurer propres au donataire, il n'y a
pas d'action en restitution, partant, pas d'action en reprise pouvant fournir matière au retour légal. Si au contraire, d'après la nature des biens donnés et les conventions de mariage, ces biens constituaient des propres, il
pourra y avoir une action en reprise autorisant l'exercice
du retour.

De même que l'action en rescision pour lésion ne fera
pas toujours recouvrer *in specie* les biens donnés (art. 1681),
— de même l'action en restitution de dot pourra avoir un
objet autre que les biens donnés *in specie* : elle pourra
porter soit sur d'autres biens acquis en remploi, soit sur
des valeurs quelconques (art. 1470 à 1472). Ce dernier cas
se présentera quand les propres auront été aliénés sans
remploi ; il se présentera encore et nécessairement quand
par leur nature (art. 1851) ou par les clauses du contrat
de mariage (art. 1551 et 1552), les biens provenus de l'ascendant n'étaient propres au donataire que pour la valeur.

Au reste il est indifférent pour l'application de ces règles que la donation de l'ascendant ait été faite avant ou
après le mariage du donataire, dans le contrat de mariage
ou en dehors de ce contrat. M. Demolombe enseigne cependant (*Success.* t. I, n° 534) que l'ascendant ne succède-
rait pas à l'action en reprise que pourrait avoir l'époux
donataire, dans le cas où la donation aurait été faite avant
le mariage et hors le contrat de mariage. C'est encore une
conséquence de la doctrine générale discutée *suprà* n°ˢ
277 et 278.

Pour ramener le cas de l'action en reprise à l'idée
unique de retour en nature de l'objet donné, M. Demo-

lombe est obligé de soutenir (n° 533) que l'action en reprise n'est sujette au retour qu'autant que c'est *elle-même* que l'ascendant a donnée à son descendant. « Lorsque, dit-il, l'ascendant donne à son enfant par contrat de mariage ou pendant le mariage des valeurs qui par le résultat même des conventions matrimoniales doivent être de suite irrévocablement aliénées, de manière que l'enfant donataire n'acquière en réalité qu'une créance, qu'une action en reprise contre son conjoint ou contre la communauté, — quelle est la vérité du fait ? C'est que c'est la créance elle-même ou l'action en reprise qui est l'objet donné. »

Quant aux donations faites avant le mariage et hors le contrat de mariage, M. Demolombe est obligé de convenir qu'elles ont eu pour objet les choses mêmes que donnait l'ascendant ; aucun tour de force de raisonnement ne peut faire que l'action en reprise ne soit ici une chose *subrogée.* Aussi M. Demolombe, qui refuse de voir la subrogation dans l'art. 747, sacrifie-t-il le donateur et déclare-t-il que dans ces hypothèses l'existence d'actions en reprise n'autorisera pas le retour.

M. Demolombe arrive ainsi à distinguer parmi les actions en reprise, là où la loi ne fait aucune distinction. Son embarras sur le point particulier qui nous occupe nous confirme dans l'opinion qu'il y a dans l'art. 747, à côté de l'idée d'existence en nature, une idée de subrogation.

292.— Mais de ce que les rédacteurs de l'art. 747 ont eu l'idée de la subrogation, s'ensuit-il qu'il faille généraliser cette idée comme l'a fait une jurisprudence que combat avec raison M. Demolombe ?

En aucune façon.

Nous respectons et nous appliquons le texte de l'art. 747, mais nous n'allons pas au-delà ! D'après ce texte, deux espèces de droits sont considérés au point de vue du retour comme subrogés aux objets donnés qui ne se retrouvent pas en nature : la créance du prix, les actions en reprise. Ce n'est pas là une disposition énonciative, c'est une disposition limitative. Le droit de retour légal est un bénéfice exceptionnel, il ne s'applique donc pas aux cas où la loi n'en autorise pas spécialement l'exercice.

A défaut d'existence des objets eux-mêmes, s'ils ont été aliénés, il y a une première chose qui les représente assez pour que le retour soit possible, c'est la créance du prix tant qu'elle existe. Si le prix est payé il n'y a plus qu'une ressource, celle d'une action en reprise : cette action aussi, le cas échéant, est aux yeux du législateur une représentation assez exacte des objets donnés pour devenir la matière du retour légal. Puisque la loi a admis la subrogation dans ces deux seuls cas, c'est qu'elle l'a trouvée insuffisante dans tous les autres.

Pourquoi maintenant la créance du prix et l'action en reprise sont-elles les deux seules choses subrogées? Peut-être par l'influence des considérations que M. Demolombe lui-même invoque pour écarter l'idée de subrogation, à savoir que le plus souvent une action en reprise fait obtenir la chose même, et que le créancier d'un prix a ordinairement à sa disposition une action en reprise, l'action en résolution : telles ont pu être les raisons qui ont dirigé le choix du législateur parmi les diverses hypothèses où l'idée de subrogation pouvait être admise. Au surplus, il nous suffit de dire : ce qui écrit est écrit.

293. — N'est-il pas vrai que l'art. 747, quand on n'y cherche pas autre chose que ce qu'il dit, est à la fois très-clair et très-simple ?

Un grand nombre d'auteurs et une jurisprudence déjà ancienne en ont fait pourtant quelque chose de ténébreux et d'incompréhensible.

On est parti de cette conjecture, contredite par les principes qui devaient présider à l'interprétation dans la matière, que les deux espèces de subrogation écrites dans l'art. 747 n'étaient que des exemples, et l'on a butiné, si l'on peut ainsi dire, de droite et de gauche, d'autres espèces qu'on a adjointes à celles qu'avait prévues la loi, — si bien que d'analogie en analogie, d'induction en induction, on est arrivé à tirer de l'art. 747 exactement le contraire de ce qu'il contient.

Le donataire a-t-il échangé les biens provenus de la donation, et d'autres biens lui ont-ils été livrés en contre-échange? Subrogation. Le retour s'exercera sur les biens reçus en contre-échange.

Le donataire a-t-il vendu et touché le prix, mais sait-on, en fait, que ce prix a été employé à acquérir tel bien nouveau? Subrogation : l'ascendant donateur succèdera à ce bien nouvellement acquis.

Les objets provenus de la donation se sont-ils confondus dans l'ensemble du patrimoine du donataire, les a-t-il employés d'une manière qu'on ne peut préciser, mais laisse-t-il à son décès des objets de même nature? Par exemple l'ascendant avait-il donné de l'argent, et retrouve-t-on de l'argent dans la succession du donataire? Il n'y a pas à s'inquiéter de savoir si ce sont les espèces mêmes données par l'ascendant, le retour est possible : Subrogation.

Mais rien ne ressemble autant à l'argent que les valeurs négociables ; en avoir, c'est avoir de l'argent, — donc le donateur d'argent monnayé pourra exercer le retour si le donataire laisse des valeurs négociables, et réciproquement : toujours subrogation. (Cass. 30 Juin 1817, Sir. 1817, I, 313.)

Un pas encore, et, cessant de considérer les objets donnés, quels qu'ils soient, sous le rapport concret de leur individualité pour ne les envisager plus que sous le rapport abstrait de leur valeur, on applique à tous le remplacement des valeurs les unes par les autres : « Le droit de retour doit toujours avoir lieu, excepté seulement que l'objet n'en ait péri dans les mains du donataire ou n'ait été dissipé par lui sans emploi utile. » C'est la formule franchement posée par Malleville qui donne ainsi le spectacle étrange d'un homme curieux de détruire comme jurisconsulte ce qu'il a comme législateur contribué à édifier. (Voy. *Analyse du Code civ.* art. 747, nᵒ 10.)

294. — Il est évident qu'une interprétation pareille est justement le contre-pied de l'art. 747. Avec elle, le retour en nature n'est plus l'hypothèse type, ce n'est qu'un accident au milieu des innombrables cas de retour par équivalents. Quant à l'idée de remplacement des valeurs les unes par les autres, exacte dans le domaine de l'abstraction, elle n'est juridiquement recevable qu'autant que le donateur et le donataire eux-mêmes ont envisagé sous le rapport de la valeur les choses qui faisaient l'objet de la donation (1); mais la généralisation d'une telle présomption est en formel désaccord et avec la réalité et avec le fondement même du retour légal : on l'a en effet établi pour que l'ascendant ne vît pas les biens, les *corpora* par lui donnés, auxquels il pouvait être attaché, passer, par suite du décès du donataire, dans des mains étrangères.

295. — Nous souhaitons que la jurisprudence abandonne la voie où elle s'est engagée. Un arrêt de la Cour de Cassation du 7 février 1827 (Sir., 1827, I, 143) semble impliquer cet abandon. Un père avait donné une somme d'argent en dot à sa fille ; celle-ci, ayant été séparée judiciairement de biens, avait reçu de son mari un immeuble en remboursement de sa dot. Lorsqu'elle mourut, son père prétendit exercer le retour légal sur cet immeuble ; et la Cour de Cassation, en rejetant sa prétention, s'exprimait ainsi : « Attendu que c'est par exception au Droit commun que les ascendants donateurs sont autorisés par l'art. 747

---

(1) Les choses qui ont été considérées par les parties sous le rapport de leur valeur comparative, sont dites *fongibles entre elles*. La fongibilité n'est donc pas une qualité inhérente aux choses en général ni aux choses d'une certaine nature : c'est une qualité arbitraire et relative.

à succéder aux choses données, et que cette autorisation
ne leur a été accordée *que sous la condition, ou que ces
choses existeraient encore en nature à l'ouverture de la succession du donataire, ou qu'il resterait dû à la même époque
quelque partie du prix de l'aliénation qui en aurait été
faite;* et attendu qu'il a été reconnu dans l'espèce que non-
seulement la chose donnée n'existait plus en nature dans
la succession de la donataire, et qu'il ne restait dû aucune
partie du prix de l'aliénation qui en avait été faite, mais
même que l'action en reprise avait été exercée par le donataire de son vivant. » — Ces considérants contiennent
la véritable pensée de l'art. 747, ils sont la consécration de
la théorie que nous avons adoptée.

296. — Cette théorie produit parfois des effets rigoureux.

Un père et une mère donnent conjointement à leurs
deux enfants des biens dont les uns sont propres au père
et les autres propres à la mère. Le partage qui intervient
entre les deux enfants attribue tout ce qui vient du père à
Primus, tout ce qui vient de la mère à Secundus. —
Primus meurt sans postérité, laissant dans sa succession
tous les biens qui lui sont échus dans le partage et qui ont
appartenu à son père. Le père et la mère sont survivants.

Entre les biens donnés par le père et ceux qui se retrouvent dans la succession, *l'identité physique* existe, mais
l'identité morale n'existe que pour moitié de ces biens.
Originairement, c'est au père que ces biens ont appartenu
pour le tout, mais c'est pour moitié seulement que la succession les tient directement de lui : l'autre moitié n'est
arrivée à Primus que médiatement et par l'effet du partage (1). Le père ne pourra donc reprendre à titre de

---

(1) L'art. 883 ne modifie en rien ces principes. La fiction qu'il consacre ne
doit pas être étendue au-delà de ses termes et de son but.

retour que la moitié des biens dont il s'est dépouillé. Quant à l'autre moitié, elle restera dans la succession ordinaire, et sur elle la mère, ne pourra exercer le retour, car on se trouve en dehors des cas de subrogation limitativement prévus par l'art. 747.

— La théorie que nous avons posée rendra assez difficile l'exercice du retour à l'égard des donateurs d'argent monnayé. Il aura lieu lorsque en fait l'identité physique sera constatée, — mais cela sera rare. Il sera encore possible en dehors de ce cas, s'il apparaît que le donateur et le donataire n'ont envisagé que *la valeur* du don : il en sera ainsi lorsque l'ascendant aura stipulé que la somme par lui donnée serait employée à faire un prêt déterminé. (M. Demol., n° 544, *in fine.)*

297. — Quand les objets donnés ont été aliénés par le donataire, nous avons vu que le donateur ne peut plus prétendre au retour que sur la créance du prix ou l'action en reprise ayant appartenu au donataire. Il est superflu d'ajouter qu'il ne peut l'exercer en vertu d'un droit personnel de réserve : l'art. 747 exclut ce cas, puisqu'il ne le mentionne pas. La réserve ne peut appartenir qu'à ceux que les dispositions du défunt privent de l'émolument héréditaire sans anéantir le principe de leur vocation; or, précisément, la loi n'attribue pas à l'ascendant donateur de vocation héréditaire sur les choses dont le donataire a disposé : il n'est pas possible de parler de *succession réservée* là où il n'y a *pas de succession.*

Grenier *(Donat.,* t. II, n° 598) a soutenu que l'ascendant donateur avait comme tel une réserve. Faute d'un texte, il s'est vu conduit à fixer la réserve de l'ascendant donateur à la moitié des biens, sous prétexte qu'il représente les deux lignes. C'est là de la pure fantaisie.

§ 5.

Effets du Retour légal.

---

298. — Après avoir indiqué les conditions d'ouverture et d'exercice du retour légal, il faut en signaler les effets.

L'étude que nous avons faite des origines historiques du retour légal, nous a conduit à lui attribuer le caractère de droit de succession. Nous avions à l'avance énuméré les conséquences principales de ce caractère général (sup. n° 251) : ce sont autant d'effets du retour légal, sur lesquels nous n'avons pas à revenir.

299. — Si le retour légal constitue un droit de succession, du moins ne porte-t-il que sur des biens d'une certaine origine, et non point sur l'ensemble du patrimoine : il faut pourtant que les autres biens soient dévolus à quelqu'un, et c'est alors les règles de la succession ordinaire qui s'appliquent. Il est donc incontestable que les deux droits de succession sont distincts par leur objet.

Ils ne se distinguent pas moins par les vocations qu'ils admettent. La succession du retour est déférée à un ascendant. Dans la succession ordinaire co-existante pourront se trouver appelés : soit des frères ou sœurs, ou descendants de frères ou sœurs; soit des ascendants de l'une et l'autre ligne; soit des ascendants dans la ligne du donateur, et, dans l'autre, des collatéraux autres que frères et sœurs ou descendants de frères ou sœurs (sup. n°s 187 et s.).

Cette idée, que la succession du retour est distincte de la succession ordinaire, nous révèle, par voie de conséquence, une série nouvelle d'effets du retour :

1° Le bénéficiaire du retour, s'il est en même temps en rang utile pour la succession ordinaire (sup. n° 265), peut accepter une des deux successions en répudiant l'autre ;

2° La renonciation d'un ou de plusieurs héritiers ordinaires ne profite pas au successeur du retour légal, à moins qu'il ne soit en même temps héritier ordinaire. Mais à l'inverse la renonciation au retour légal de l'ascendant qui y avait droit profite indirectement aux héritiers ordinaires : elle ne supprime, en effet, la succession exceptionnelle qu'en l'absorbant dans la succession de droit commun ;

3° Les héritiers ordinaires ne peuvent exiger de l'ascendant qui invoque le retour légal le rapport des libéralités qu'il aurait reçues du défunt ; réciproquement ils ne lui doivent pas le rapport des libéralités qu'ils auraient eux-mêmes reçues ;

4° Entre le successeur à retour et les héritiers ordinaires, il n'existe jamais cette indivision spéciale aux cohéritiers d'une succession unique, indivision qu'on fait cesser par l'action *familiæ erciscundæ* (1). Partant, le retrait successoral de l'art. 841 est sans application.

300. — Encore bien que les objets sur lesquels s'exerce le retour légal soient, à raison de leur origine, spécialisés par rapport à la masse des biens laissés par le défunt, on reconnaît, quand on les envisage en eux-mêmes, que la communauté d'origine les constitue précisément à l'état

____

(1) Peut-être dans certains cas, faudra-t-il admettre une certaine indivision ; mais ce sera l'indivision ordinaire qui donne lieu à l'action *communi dividundo*. (Voy. inf. n°s 307, 311 et 312).

d'ensemble juridique, et. qu'ils forment une universalité dans une universalité plus étendue. Cela conduit à un effet du retour légal que nous avons déjà signalé (sup. n° 251) : la contribution aux dettes. Cela autorise également à conclure que la part de l'ascendant donateur dans le passif doit être basée sur la même proportion que la part qu'il prend dans l'actif, car telle est la règle pour les successeurs *in universum jus*. L'art. 351 par son texte formel appuie au besoin ces déductions.

301. — Mais de ce que l'ascendant donateur succède *in universum jus*, s'ensuit-il que pour sa part de dettes il soit tenu *ultrà vires*, c'est-à-dire au-delà même de la valeur de sa part dans l'actif, — à moins qu'il ait eu soin de n'accepter que sous bénéfice d'inventaire?

La déduction serait légitime dans l'opinion des jurisconsultes qui considèrent l'obligation *ultrà vires* comme la condition commune de tous les successeurs universels (M. Demol., *Succ.*, t. I, n° 160).

Mais, dans la doctrine plus généralement reçue, l'obligation *ultrà vires* n'incombe parmi les successeurs universels qu'à ceux qui sont des *héritiers* proprement dits, continuateurs de la personne du défunt (Comp. sup. n° 214).

Le point de savoir si l'ascendant qui exerce le retour légal est tenu *ultrà vires* dépend donc de la solution de cette question préalable : l'ascendant qui exerce le retour légal est-il un héritier proprement dit ?

MM. Aubry et Rau (t. V, § 640 *bis*, texte n° 1 et note 2) le tiennent pour un simple successeur aux biens, par ce motif principal que le législateur ne lui donne pas dans l'art. 747 le titre d'héritier, pas plus qu'il ne le donne aux autres bénéficiaires du retour légal dans les art. 351, 352 et 766.

Nous croyons cependant, avec la majorité des auteurs, que l'ascendant donateur exerce le retour à titre d'*héritier*. C'est au milieu des dispositions relatives à l'ascendant héritier légitime que l'art. 747 est inséré; or du moment que cet article établit un droit de succession *in universum jus*, il y a présomption qu'il attribue à l'ascendant qui l'invoque le même titre d'héritier que les articles voisins. Telle est au surplus la tradition coutumière, et cela se comprend sans peine puisque le retour coutumier est dérivé de la succession aux propres.

Nous voilà donc en droit de conclure que l'ascendant bénéficiaire du retour est tenu des dettes *ultra vires*, s'il ne s'est mis dans le cas de se prévaloir du bénéfice d'inventaire.

302. — A côté de cet effet, nous en trouvons un autre qui se relie à la même cause. Si l'ascendant donateur est un héritier légitime, l'art. 724 lui est applicable : il a la saisine. Et de ce qu'il a la saisine il résulte, entre autres conséquences, que les créanciers de la succession pourront le poursuivre dès l'ouverture de cette succession, sauf à se voir opposer l'exception dilatoire de l'art. 174 C. Pr.

303. — Ici se pose une question : pour quelle part de sa créance un créancier peut-il actionner l'ascendant donateur? — Pour la part dont l'ascendant est saisi, répond l'art. 1220 ; *pour sa part virile*, dit au contraire l'art. 873.

S'il fallait s'en tenir à l'art. 1220, la question que nous posons serait subordonnée à la détermination de l'étendue de la saisine qui compète à l'ascendant, détermination que nous n'avons pas encore faite ; mais l'article 873 ne donne-t-il pas une solution immédiate?

Que l'art. 1220 doive l'emporter sur l'art. 873 lorsqu'il s'agit d'héritiers venant tous à la succession ordinaire, c'est ce qui n'est contesté par personne. Quelle raison y a-t-il de rompre en ce cas le parallélisme entre la contribution et l'obligation? Connaissant la qualité et le degré de parenté des co-héritiers, le créancier peut immédiatement chiffrer par une fraction la quotité des droits actifs et passifs de chacun d'eux. Mais lorsqu'il y a un ascendant donateur succédant à un ensemble de choses d'une certaine origine, il est impossible, tant qu'une ventilation n'a pas été faite, de formuler le rapport de la valeur de ces biens à la valeur de la masse active, ni par suite la quotité pour laquelle l'ascendant donateur et les héritiers ordinaires sont respectivement tenus dans la masse passive.

Un semblable embarras était fréquent dans la succession coutumière, ou les meubles, les acquêts, les propres de chaque côté et ligne, pouvaient constituer des masses distinctes dévolues à des héritiers distincts. Aussi la faculté de poursuivre chaque hétitier *pour une part virile* était-elle reconnue aux créanciers (Poth. *Success.* ch. V, art. 3, § 2).

Les mots *part virile* de l'art. 873 sont manifestement un souvenir de la doctrine coutumière. N'est-ce qu'un souvenir inconscient? C'est bien possible. Mais puisque les motifs de la doctrine coutumière ont subsisté dans le cas où il y a lieu au retour légal, nous serions porté à invoquer la lettre de la loi en faveur des créanciers; autrement ils seraient dépouillés en fait du droit, qui leur est théoriquement reconnu comme suite de la saisine, de poursuivre les héritiers de leur débiteur immédiatement après son décès.

304. — Ainsi poursuivi pour une part virile, l'ascendant donateur pourra avoir payé plus ou moins que la part qu'en définitive il doit supporter : il y aura lieu à recours, soit de sa part contre les héritiers ordinaires, soit de leur part contre lui.

305. — Il peut même arriver qu'un créancier demande à l'ascendant donateur la totalité de ce qui lui est dû, et que l'ascendant soit tenu de le payer. Cela se présente notamment quand la succession anomale comprend un immeuble sur lequel le créancier a hypothèque. Dans ce cas, l'ascendant donateur aura-t-il un recours contre les héritiers ordinaires?

La négative est soutenue par ce motif (sup. n° 284), que l'hypothèque est un démembrement de propriété, qui diminue *ipso facto* la consistance de la succession anomale, puisqu'elle ne comprend les objets donnés que dans la mesure où ils ne sont pas aliénés par le donataire. (Comp. MM. Massé et Vergé, *sur Zach*, t. II, p. 291.)

L'application de cette idée devrait, ce semble, être modifiée en dehors du cas d'hypothèques constituées spécialement sur l'immeuble provenant de la donation. Les hypothèques légales ou judiciaires, étant de leur nature générales, ne pourraient être considérées comme la charge exclusive de la succession anomale que s'il n'y avait pas d'autres immeubles que ceux qu'elle embrasse. Au cas contraire, elles ne seraient une disposition extinctive de la succession anomale que pour la part de la dette hypothécaire correspondante au rapport de valeur des immeubles de la succession anomale à l'ensemble de la masse immobilière. Pour le surplus, l'ascendant donateur aurait un recours. Mais, bizarre inconséquence, ce recours ne serait pas ouvert seulement contre ceux des héritiers ordinaires qui auraient des immeubles dans leur lot, ni à proportion de la valeur de ces immeubles dans la masse immobilière totale; il serait ouvert en vertu de l'art. 875 contre tous les héritiers indistinctement, et à proportion de la part héréditaire de chacun d'eux.

Il faut donc décider, avec le texte et l'esprit de l'art. 875, que l'ascendant donateur qui aura payé une dette hypothécaire aura dans tous les cas, que l'hypothèque fût spéciale ou générale, un recours pour tout ce qui excèdera sa part contributoire dans les dettes. — Réciproquement, il sera exposé à un recours analogue de la part de l'héritier ordinaire qui aura, sur poursuite hypothécaire, payé l'intégralité d'une dette.

306. — L'héritier anomal, avons-nous dit, a la saisine; mais cela n'exclut pas la saisine des héritiers ordinaires :

comment reconnaître la ligne de démarcation entre ces deux saisines ?

Il y aura à cela un intérêt immédiat pour les créanciers, au point de vue de leur droit de poursuite, si l'on se refuse à prendre l'art. 873 dans le sens favorable que nous avons admis sous le n° 303.

Un des effets de la saisine est d'attribuer la possession : autre motif pour la bien déterminer. Enfin, on verra plus loin qu'à la question que nous soulevons se rattachent d'autres intérêts fort sérieux.

— La saisine de l'héritier ordinaire s'étend à tout ce que la saisine de l'ascendant donateur ne comprend pas : elle se trouvera donc indirectement fixée quand nous aurons marqué ses limites à la saisine de l'héritier anomal.

Le principe, c'est que l'ascendant donateur est saisi de tous les biens sur lesquels s'exerce son droit exceptionnel de succession. Pour la détermination de ces biens, il faut se reporter aux §§ précédents où nous avons traité des conditions d'ouverture et d'exercice du retour légal.

307. — Ainsi la saisine ne peut appartenir à un ascendant qu'en tant qu'il a la qualité de donateur. S'il ne l'a été qu'en l'apparence, les charges imposées par lui représentant la valeur des objets dont il s'est dépouillé, il n'est pas donateur, et, quand même les choses provenant de lui se retrouveraient dans la succession de son descendant, il n'en serait pas saisi, puisqu'il n'y peut rien prétendre.

Que si l'acte de transmission consenti par l'ascendant est mélangé de titre gratuit et onéreux, c'est-à-dire si les charges qu'il a imposées n'ont pas détruit complètement le caractère de libéralité, il n'est donateur que pour la portion dont la valeur se trouve libre (sup. n° 263). Par exemple : l'ascendant a fait une donation ou un partage entre-vifs; le descendant maintenant décédé a reçu des biens estimés 40,000 fr., à charge de payer 10,000 fr. de dettes. L'ascendant n'était donateur que jusqu'à concurrence des trois quarts des biens abandonnés par lui. Supposé qu'au décès du descendant tous ces biens se retrouvent en nature, il paraîtrait logique de dire : l'ascendant donateur est saisi des 3/4 indivis des biens qui proviennent de lui, les héritiers ordinaires sont saisis de l'autre quart. L'indivision ne serait pas ici d'ailleurs une indivision entre co-héritiers, mais une indivision ordinaire entre deux successions. (Sup. n° 299, 4° et note).

Toutefois nous avons nous-même admis l'exercice du retour légal sur les objets donnés, y compris les augmentations qu'ils ont reçus, pourvu que l'identité soit constatée (sup. n° 280) ; et nous devons, par conséquent, décider que l'ascendant sera saisi de ces objets ainsi augmentés, quoiqu'il ne soit pas donateur pour toute leur valeur.

Or, dès que la donation avec charges conserve le caractère de libéralité, ne peut-on pas considérer la portion de biens correspondante aux charges, comme un accessoire, une accrue de la portion véritablement donnée? Si dans le cas d'augmentations postérieures à la donation l'ascendant se trouve saisi à titre d'*héritier à retour* de choses ou de valeurs qu'il n'avaient jamais eues, — ne peut-il pas *a fortiori* reprendre accessoirement une portion de biens qui, si elle n'a pas été réellement *donnée,* provient du moins de lui?

Nous admettrons donc que la saisine de l'héritier anomal, de même qu'elle s'étend aux augmentations survenues aux objets par lui donnés, s'étend à tous les objets compris dans la donation qu'il a faite, alors même que cette donation était soumise à des charges, pourvu qu'elle fût néanmoins restée une donation.

308. — Mais alors se présente une double question. L'ascendant donateur devra-t-il indemniser la succession ordinaire à raison des augmentations auxquelles s'étend sa saisine? Devra-t-il acquitter seul les charges par lui imposées lors de la donation et non encore acquittées, et

rembourser à la succession ordinaire tout ce qu'elle a déjà déboursé à cet effet?

Quant aux augmentations, la négative n'est pas contestée pour celles qui, résultats d'évènements naturels indépendants de la volonté du donataire, ne lui ont occasionné aucune dépense. Mais faut-il appliquer la même solution aux augmentations provenant du fait du donataire?

M. Demolombe (*Succ.* t. I, n° 559) le décide ainsi : Les augmentations artificielles, dit-il, ne sont, comme l'alluvion, que des accessoires qui suivent le principal ; il n'y a pas deux choses, il n'y en a toujours qu'une, qui est l'objet donné dans son identité : dès que l'ascendant donateur en est saisi, les héritiers ordinaires n'y ont aucun droit même indirect. — C'était au surplus une règle de la succession coutumière, que l'héritier aux propres, et dèslors aussi l'ascendant donateur, ne devait à l'héritier aux meubles et acquêts aucune indemnité pour raisons d'améliorations.

Nous pensons pourtant, d'accord avec la généralité des auteurs, que l'ascendant donateur devra indemniser la succession à raison des améliorations faites par le défunt, soit pour la dépense totale s'il s'agit d'impenses nécessaires, soit pour la plus-value inférieure à la dépense s'il s'agit d'impenses utiles.

— Sur notre seconde question, dont les auteurs ne se sont pas occupés, nous dirons de même que l'ascendant devra indemniser la succession ordinaire de ce qu'elle aura payé pour l'accomplissement des charges originairement imposées à la libéralité, et supporter seule ce qui reste encore à acquitter.

— Nos raisons sont les mêmes dans les deux hypothèses. Quoique la loi ait fait de l'ascendant donateur un héritier, elle s'est inspirée d'une idée de retour : elle a voulu éviter à l'ascendant le désagrément de voir ce qui vient de lui, passer sous ses yeux par voie de succession à des personnes qui peuvent lui être étrangères; mais elle n'a pas voulu l'enrichir aux dépens de la succession ordinaire. Si par une large application de la règle *accesso-rium sequitur principale* nous avons pu admettre que la saisine s'applique à l'objet venant de l'ascendant, même avec ses augmentations, même pour la portion qui avait été plutôt vendue que donnée, — la question de règlement final est demeurée intacte. Or l'esprit du retour légal conduit, ce nous semble, à penser que l'ascendant, lorsqu'il prend ce qu'il n'avait pas donné, ne peut le prendre qu'à un titre onéreux, c'est-à-dire moyennant indemnité.

L'argument tiré du Droit Coutumier ne nous arrête pas. Précisément parce qu'il était un cas de la succession aux propres, le retour coutumier ne s'éloignait pas d'une façon complète du Droit commun des successions ; mais la succession aux propres n'existant plus, le retour légal est aujourd'hui une matière de tous points exceptionnelle, qui doit dès-lors être rigoureusement renfermée dans la lettre et dans l'esprit de la loi. Or, la lettre ne défère à l'ascendant que ce qu'il a *donné*, et l'esprit de la loi veut que l'ascendant en exerçant le retour ne rende pas la succession plus pauvre qu'elle n'eût été s'il n'avait jamais fait de donation.

309. Du reste, si l'ascendant ne peut prendre plus qu'il n'a donné, il peut prendre moins. Cela est évident, puisque les actes d'aliénation émanant du donataire effacent le droit de retour. L'ascendant donateur n'aurait donc aucune indemnité à prétendre pour raison de détériorations ou dégradations, quand même elles viendraient du fait du donataire, et quand même le donataire en aurait tiré profit.

Il serait également mal fondé à réclamer une indemnité pour les servitudes ou l'usufruit constitués par le donataire.

310. — Nous avons établi (sup. n° 283) que les objets qui se retrouvent en nature, dans leur identité physique

et morale, sont soustraits à l'exercice du retour légal dans la mesure où ils se trouvent frappés par une disposition testamentaire. La saisine de l'ascendant donateur est limitée de la même manière.

Ainsi, qu'un des objets donnés et se retrouvant en nature ait été légué *in specie* par le défunt, la saisine de l'ascendant donateur ne portera pas sur cet objet.

Qui donc en aura la saisine? L'héritier ordinaire, qui a la saisine du patrimoine en général.

C'est donc l'héritier ordinaire qui aura qualité pour consentir la délivrance. (Comp. inf. n° 313.)

Telle nous paraît être la solution juridique : elle offre pourtant quelque difficulté. D'abord, la demande en délivrance a pour utilité principale de permettre la vérification du titre en vertu duquel elle est formée; mais cette vérification ne peut être efficace qu'autant qu'elle est confiée à quelqu'un qui a un intérêt contraire à l'intérêt du légataire. Or ici, c'est l'héritier anomal à qui reviendrait l'objet légué si le legs était non avenu, et c'est l'héritier ordinaire à qui la délivrance sera demandée. Nous verrons même que l'héritier ordinaire, lorsqu'il est réservataire, peut avoir intérêt, au point de vue du calcul de sa réserve, à trouver valables les legs portant sur les choses qui proviennent du don d'ascendant (inf. nos 326 et 330).

D'autre part, il faut bien admettre que l'ascendant donateur, à qui nous refusons la saisine de l'objet légué, aura le droit de demander la nullité du legs ou du testament, selon le cas, puisque pour exclure le retour légal une intention de disposition n'est pas suffisante si elle n'a pas été suivie d'une réalisation effective et régulière.

311. — La logique nous paraît exiger l'application des mêmes principes aux legs autres que le legs *in specie*.

Le défunt a légué tous ses immeubles, ou moitié de ses immeubles, et il existait des immeubles parmi les objets qu'il avait reçus de l'ascendant et qui se retrouvent en nature : la totalité ou la moitié de ces immeubles se trouvant atteinte par la disposition est, *ipso facto*, distraite de la succession anomale et confondue dans la succession ordinaire; l'héritier ordinaire sera donc saisi de la totalité des immeubles au premier cas, de la moitié par indivis au second. Nous ne nous dissimulons ni la gravité, ni la nouveauté de ces solutions, mais nous nous y croyons poussé par la logique des principes du retour légal. (Voy. sup. n° 285.)

312. — Enfin, chose plus grave encore, si le défunt a légué 100,000 fr. quand son patrimoine entier représente une valeur de 200,000 fr., il faudrait dire par une suite des mêmes idées (sup. n° 286) que la moitié indivise des objets provenant de l'ascendant et existant en nature se trouve, *ipso facto*, transportée dans la succession ordinaire, et que la saisine de l'ascendant donateur ne portera que sur l'autre moitié.

Cependant on pourrait ici admettre un tempérament analogue à la décision ci-dessus adoptée pour la donation onéreuse et pour le cas d'augmentations faites aux objets donnés. (Sup. n° 307.) Le legs d'une somme d'argent atteint moins *le corps* des objets que *leur valeur;* c'est donc, peut-on dire, *la valeur* seulement des objets venant de l'ascendant qui est transportée dans la succession ordinaire : par conséquent, la saisine de l'héritier anomal comprendra la totalité des objets donnés par lui et retrouvés en nature, mais à charge de verser dans la succession ordinaire la fraction de la valeur de ces objets virtuellement atteinte par le legs de somme d'argent. Il faut d'ailleurs qu'une portion des objets soit restée pour le corps et pour la valeur hors l'atteinte de toute disposition : autrement on ne pourrait appliquer par analogie le raisonnement que nous avons fait au cas de donation onéreuse, pour étendre la saisine de l'ascendant donateur à la totalité des objets abandonnés par lui.

Ce tempérament a l'avantage d'éviter une indivision

toujours fâcheuse. Mais il nous paraît difficile de l'admettre en ce qui touche les legs à titre universel.

313. — Dans tous les cas qui viennent d'être étudiés, c'est contre l'héritier ordinaire et contre lui seul que les légataires dirigeront leurs actions en délivrance (1). Lui seul est le représentant général du défunt, lui seul succède au patrimoine, — tandis que le donateur ne succède qu'à des objets rigoureusement déterminés, et n'est héritier qu'à l'égard des objets *dont il n'a pas été disposé*. Cela est d'autant plus rationnel que quand l'héritier ordinaire est réservataire, la délivrance que consentirait aux légataires l'ascendant donateur ne produirait pas un résultat définitif. (Inf. nos 326-328.)

Notre doctrine entraîne d'ailleurs d'importantes conséquences au point de vue de la contribution aux dettes. Passons immédiatement à cet ordre d'idées.

314. — Nous avons parlé du droit de poursuite des créanciers; nous avons dit qu'il peut s'exercer *ultrà vires*, soit pour une part virile, soit pour la part dont il est saisi, et nous avons déterminé avec autant de précision que nous l'avons pu les limites de la saisine; nous savons également que quand l'ascendant donateur a payé, sur la poursuite de créanciers, plus ou moins de sa part contributoire, il y a lieu à des recours.

Il faut maintenant nous demander *quelle est précisément la part contributoire* de l'ascendant donateur.

Cette part, dirons-nous, elle est à la masse des dettes

---

(1) C'est à lui que s'adressera le légataire d'une somme d'argent, même si l'on accepte le tempérament proposé au n° précédent. Il n'a droit qu'à une valeur, et c'est dans les mains de l'héritier ordinaire qu'est cette valeur. Aucune disposition ne peut s'exécuter sur la succession anomale : disposition et succession anomale sont deux idées qui s'excluent.

comme est à la valeur de la masse active la valeur que l'ascendant donateur prend comme héritier anomal. Tel est le sens de l'art. 870 appliqué à la situation spéciale qui nous occupe.

Si les objets sur lesquels s'exerce le retour ont subi des diminutions ou dégradations, il est de toute évidence que c'est *leur valeur actuelle* qui sera prise en considération. De même, si les objets repris sont, du chef du donataire, grevés d'usufruit ou de servitudes, il faudra déduire de leur valeur la valeur représentative de l'usufruit ou des servitudes.

De même encore, si les objets repris avaient été primitivement donnés à charge de prestations appréciables en argent, l'ascendant, étant astreint à faire état de la valeur de ces prestations (sup. n° 308), sera considéré comme prenant à titre héréditaire l'excédant seulement de la valeur des objets sur la valeur des charges.

De même enfin, si les objets repris sont partiellement et virtuellement frappés par un legs de somme d'argent (1), on déduira de leur valeur la valeur pour laquelle le legs porte sur eux.

C'est *la valeur nette*, déterminée par ces opérations, que l'ascendant donateur retire comme héritier anomal; et c'est le rapport de cette valeur nette à la valeur de la masse active totale qui exprimera le rapport de la part contributoire de l'ascendant donateur à la masse passive totale.

Les valeurs déduites dans les hypothèses ci-dessus de la *valeur brute* des biens repris, figurent dans la masse ac-

---

(1) Voy. sup. n° 312. — Quant aux legs d'objets *in specie* ou aux legs à titre universel atteignant les objets venant de l'ascendant, d'après nous (sup. n°s 310, 311 et 312), ils diminuent *ipso facto* la consistance de la succession anomale et l'étendue de la saisine de l'ascendant donateur : les choses ou portions de choses qu'ils frappent n'étant pas reprises, la déduction est faite d'avance.

tive totale comme valeurs dépendant de la succession ordinaire. (Inf. n° 318.)

315. — Faisons une espèce. Un aïeul a donné un immeuble à son petit-fils, sous des charges évaluées 10,000 fr., non-suffisantes pour effacer le caractère de libéralité. Le petit-fils meurt sans postérité, laissant un frère et l'aïeul donateur. L'immeuble donné se retrouve en nature et n'a point été légué : il est estimé 25,000 fr. Le surplus de la succession représente 35,000 fr., ce qui porte la masse active totale à 60,000 fr. Il y a 20,000 fr. de dettes : le défunt avait, de son vivant, acquitté les 10,000 fr. de charges afférentes à la donation.

L'ascendant donateur est saisi de l'immeuble provenant de lui, mais il doit verser dans la succession ordinaire la valeur des charges, soit 10,000 fr. La valeur nette qu'il prend comme héritier anomal est donc de 15,000 fr. Or, le rapport de cette valeur à l'actif total (60,000) est de 1/4 : donc l'ascendant donateur contribuera aux dettes pour 1/4, soit 10,000 fr. De sorte qu'en définitive, reprenant un immeuble qui vaut 25,000 fr., mais versant 10,000 fr. au frère héritier ordinaire et 10,000 fr. aux créanciers, il amendera une valeur de 5,000 fr.

— Nous avons supposé que les 10,000 fr. de charges imposées dans la donation avaient été payés par le donataire : on peut supposer, au contraire, que cette dette subsistait en outre des 20,000 fr. de dettes ordinaires. Le calcul sera le même : seulement au lieu de rembourser les 10,000 fr. de charges à l'héritier ordinaire, l'ascendant donateur aura à accomplir directement les charges envers ceux pour qui elles ont été stipulées, et ces charges ne figureront pas dans la masse passive.

— Pour prévenir toutes les espèces, appelons R la valeur des *objets repris* par l'ascendant, m la valeur à déduire pour les raisons indiquées au n° précédent : R-m représentera la *valeur nette* de la succession anomale. Soit en outre A la valeur active totale, D la somme totale des dettes, et x la part contributoire de l'ascendant dans les dettes.

Nous pourrons poser l'égalité suivante : $\dfrac{x}{D} = \dfrac{R\text{-}m.}{A}$

D'où cette formule : $x = \dfrac{D\,(R\text{-}m),}{A}$ c'est-à-dire qu'on obtiendra la part de l'ascendant donateur dans les dettes, en multipliant la somme des dettes par la *valeur nette* de la succession anomale et en divisant le produit par la somme des valeurs actives.

316.—Retour légal et Réserve.—Du moment qu'il existe quelqu'un pouvant invoquer le retour légal de l'art. 747, il y a très-fréquemment (non pas toujours) un ou plusieurs héritiers à réserve, soit dans chaque ligne, soit seulement dans la ligne du prétendant au retour ; dans la ligne de ce prétendant, il peut y avoir un ou plusieurs réservataires, et le prétendant au retour peut être lui-même ou l'unique réservataire, ou l'un des réservataires. Cela résulte de ce qui a été observé sous le n° 299, et du principe que tout ascendant légitime qui se trouve en rang de succéder *ab intestat*, est par là même autorisé à se prévaloir, s'il y a lieu, d'un droit de réserve (art. 915).

L'hypothèse se réalisant où la question de réserve et la question de retour légal se posent l'une et l'autre à l'égard des biens d'un défunt, comment devra-t-on les résoudre ?

La quotité disponible s'exprime *in abstracto* par un rapport fractionnaire, — la réserve par la fraction complémentaire de l'unité ; mais on ne peut convertir ces deux rapports en valeurs concrètes qu'autant qu'on sait quelle quantité, quelle masse, on doit multiplier par ces rapports.

La réserve des ascendants est d'un quart pour chaque ligne : mais un quart de quoi ? Opérera-t-on sur la totalité des biens délaissés par le défunt, ou seulement sur ce qui en restera après qu'on aura préalablement fait une déduction à raison des biens donnés par l'ascendant? Y aura-t-il un mode unique de calcul, ou divers modes appropriés à des hypothèses diverses?

317. — Les systèmes qui se sont produits ont jeté dans cette matière, comme le dit M. Demolombe, beaucoup de confusion et d'obscurité.

Les premiers commentateurs du Code Napoléon n'avaient pas embrassé la difficulté dans tout son ensemble, et, sans les accuser (comme le fait Marcadé avec la fougue qui n'appartient qu'à lui) « de nager à pleine eau dans l'absurde, » on peut dire que les solutions spéciales que chacun d'eux a données se prêtent peu à la construction de systèmes généraux homogènes; aussi n'en ferons-nous pas l'objet d'un examen approfondi.

Des théories complètes ont été proposées plus récemment, l'une par MM. Aubry et Rau (t. V, § 687), la deuxième par M. Bézy *(Revue de Dr. Fr. et étr.,* 1847, p. 485), la troisième par le regretté M. Vernet *(Quotité Disponible,* p. 541). La quatrième est soutenue par Marcadé (sur l'art. 747, IX) et par M. Demolombe *(Donat.,* t. II, nos 126 et s.).

Avant d'entrer dans le détail de ces théories, nous définirons les expressions que nous comptons employer, et nous poserons des principes.

318. — Nous supposons que le *de cujus* avait reçu une donation d'un ascendant, — que cet ascendant survit, — et que le défunt n'a pas laissé de postérité.

Nous appelons *biens à reprendre* les biens dont le donateur est saisi (sup. nos 306 à 313), soit qu'il s'agisse des objets donnés retrouvés en nature dans le sens de l'art. 747, al. 1er, soit qu'il s'agisse des créances ou actions subrogées en vertu de l'art. 747, al. 2e.

S'il y avait lieu aux déductions que nous avons étudiées sous les nos 308 et 314, nous appellerions VALEUR *à reprendre* ce qui resterait, ces déductions faites, de la valeur des *biens à reprendre.*

Nous appelons *biens ordinaires* tous les objets qui ne rentrent pas dans les *biens à reprendre,* ou toute la valeur active excédant la *valeur à reprendre* lorsqu'il y a lieu aux déductions des n⁰ˢ 308 et 314 (1).

Les auteurs emploient les expressions *biens donnés* et *biens personnels.* L'expression *biens donnés* serait exacte si l'on devait se reporter au moment de la donation, elle est mal choisie puisque c'est le moment où le retour légal est ouvert qu'il faut ici considérer ; nous verrons que ce langage équivoque a égaré Marcadé (inf. n° 327).

L'expression *biens ordinaires* que nous préférons à l'expression *biens personnels* comme plus générale, embrasse même les *biens donnés* sur lesquels ne peut s'exercer le retour : la valeur des biens donnés que le donataire a aliénés à titre onéreux, ceux dont il a disposé à titre gratuit entre-vifs, sont confondus dans les *biens ordinaires,* au point de vue de la réserve.

Entre les *biens donnés* qui se retrouvent au jour du décès, sont *biens à reprendre* ceux qui n'ont pas été légués *in specie,* et, en cas de legs *in genere,* toute la portion qui n'est pas comprise dans les legs *in genere* (sup. n⁰ˢ 285 et 311) ; sont *biens ordinaires,* au point de vue de la réserve, ceux qui sont l'objet de legs *in specie,* ou la portion comprise virtuellement dans les legs *in genere.*

M. Demolombe *(op. cit.* n° 132) n'admet qu'avec hésitation que ceux des biens donnés dont l'enfant donataire aura disposé, soient des biens ordinaires au point de vue de la réserve. L'action en réduction, dit-il, a pour but de faire rentrer dans la succession *ab intestat* les biens que le défunt avait donnés ou légués, comme s'ils n'en étaient

---

(1) Pour simplifier nous supposerons qu'on n'est dans aucun des cas des n⁰ˢ 308 et 314, c'est-à-dire que la valeur brute des biens à reprendre équivaut à la valeur nette de la succession anomale, et nous emploierons l'expression *biens à reprendre.*

pas sortis; or, si les biens donnés par l'ascendant rentraient dans la succession *ab intestat* comme s'ils n'en étaient pas sortis, est-ce qu'ils ne devraient pas être recueillis par l'ascendant lui-même seul héritier possible *ab intestat* de ces biens-là?

Cette objection n'est nullement embarrassante. Ce n'est qu'au regard des réservataires que la réduction fait rentrer dans la succession *ab intestat* les biens qui, en réalité, en étaient sortis. La vérité subsiste (art. 921) à l'égard de tous autres, notamment de l'ascendant donateur qui, par l'effet de la disposition de biens venant de lui, a perdu sur les biens compris dans la disposition toute vocation à titre de retour, car il n'a, comme donateur, aucun droit de réserve (sup. n° 297). Il en serait de même si la succession anomale se trouvait sans application à raison du prédécès du donateur, de sa renonciation ou de son indignité déclarée.

Si ce que nous venons de dire est péremptoire au cas où le donateur ne pouvait être héritier que dans la succession anomale, ce doit être également probant au cas où il se trouve aussi héritier ordinaire : les auteurs qui ont admis le raisonnement pour le premier cas et l'ont rejeté pour le second ont évidemment manqué de logique. (Comp. inf. n° 326.)

319.— Les principes qui nous paraissent devoir être posés sont les suivants :

1° L'ascendant donateur succède aux *biens à reprendre* « à l'exclusion de tous autres. » On ne peut supprimer ni diminuer directement ou indirectement son droit, pas plus au nom de la réserve qu'au nom de la succession *ab intestat*.

2° L'ascendant donateur n'a comme tel aucun droit de réserve sur les biens donnés qui ne sont pas *à reprendre*. (Sup. n° 297.)

3° Tout ce qui n'est pas disponible demeurant réservé (sup. n° 217), quotité disponible et réserve sont deux portions complémentaires d'un même tout. Il faut qu'en les réunissant on retrouve la masse dont la quotité disponible est une fraction.

4° La somme des valeurs amendées à titre de réserve par les différents réservataires doit être égale à la réserve totale, c'est-à-dire à tout ce qui reste après retranchement du disponible. — Cette proposition se relie naturellement à la précédente.

5° La qualité de donateur ayant aptitude au retour et celle d'héritier ordinaire peuvent se trouver réunies dans un même ascendant (sup. n° 299) : la loi n'ayant rien établi de spécial à cet égard, chacune des deux qualités produira, au profit du bénéficiaire unique comme au profit de deux personnes distinctes, ses effets respectifs, au point de vue de la réserve aussi bien qu'au point de vue de la sucession *ab intestat.*

320.— Voyons maintenant les divers systèmes proposés.
Système de MM. Aubry et Rau.— La quotité disponible se calcule sur tous les biens que le défunt a laissés ou dont il a disposé entre-vifs, sans distinguer si certains de ces biens sont *à reprendre* en vertu du retour légal. Elle est fournie en premier lieu par les biens ordinaires, et subsidiairement par les biens à reprendre.

La réserve se calcule sur les biens ordinaires seulement.

L'ascendant qui est à la fois donateur à retour légal et héritier ordinaire exerce distinctement les droits résultant de sa double qualité.

— Ce système viole notre premier principe : si la quotité disponible est fournie subsidiairement par les biens à reprendre, le donateur ne recueille pas ces biens *à l'exclusion de tous autres.*

Ce système viole également notre troisième principe, en calculant le disponible sur les biens ordinaires plus les biens à reprendre, et la réserve sur les biens ordinaires seulement.

321.— *Système de M. Bézy.*— La quotité disponible et la réserve des ascendants, quels qu'ils soient, se calculent toujours sur tous les biens du défunt, biens à reprendre et biens ordinaires.

Les réservataires demandent leur réserve aux dispositions, jusqu'à ce qu'elles soient réduites au disponible; ensuite, et subsidiairement, à l'ascendant donateur ; mais le recours contre ce dernier ne peut faire obtenir aux réservataires plus que la réserve *calculée sur les biens ordinaires seulement*.

— Ce système, lorsqu'il expose l'ascendant donateur à une action subsidiaire sur les biens à reprendre, viole notre premier principe; il viole le troisième, lorsqu'il calcule, à l'égard de l'ascendant donateur, la réserve sur une masse moindre que celle qui a servi à fixer le disponible.

322.— *Système de M. Vernet.*— La quotité disponible se calcule sur la masse totale, biens à reprendre compris.

Elle est fournie par les biens ordinaires, subsidiairement par les biens à reprendre.

La réserve de tout ascendant héritier ordinaire se calcule sur la même masse que la quotité disponible, mais elle ne se prend que sur ce qui reste des biens ordinaires après fournissement de la quotité disponible : elle est annulée si la quotité disponible absorbe tous les biens ordinaires.

Tous les biens à reprendre appartiennent à l'ascendant donateur, sauf ce qui en serait nécessaire pour compléter la quotité disponible en cas d'insuffisance des biens ordinaires.

— Ce système viole notre premier principe, en parfaisant au besoin la quotité disponible aux dépens des biens à reprendre.

Il respecte nominalement notre troisième principe, mais en réalité il le viole, puisque, les réservataires pouvant être privés tantôt d'une partie, tantôt même de la totalité de la réserve reconnue en leur faveur, il n'est plus possible, en additionnant le disponible et l'émolument des réservataires, de reconstituer le tout dont le disponible est une fraction.

323. — Parmi les auteurs qui, sans établir de théorie générale, se sont occupés de la question, il n'en est pas un qui n'ait méconnu plus ou moins ouvertement quelqu'une des règles fondamentales que nous avons énoncées. Nous n'entrerons pas dans le détail de leurs solutions, et nous arrivons immédiatement au quatrième système général, le seul qui puisse s'harmoniser avec tous les principes. — On verra plus loin que nous sommes sur un point en désaccord avec Marcadé, l'un des défenseurs de ce système. (Inf. n° 327.)

324. — Nous calculons la quotité disponible et la réserve sur la masse de ce que nous avons appelé les *biens ordinaires*, nullement sur les *biens à reprendre*.

La réserve ainsi déterminée se défère suivant les règles habituelles : l'ascendant donateur y prend part comme un héritier ordinaire, s'il est héritier dans la succession ordinaire.

Il succède dans tous les cas, exclusivement à tous et sans aucune diminution quelconque, aux *biens à reprendre*.

En vain objectera-t-on que la quotité disponible doit se calculer sur tous les biens indistinctement par ce motif que le descendant donataire aurait pu disposer librement des biens qui se trouvent *à reprendre* faute de disposition. — Sans doute la disposition de ces biens aurait pu avoir lieu, mais elle n'a pas eu lieu, et dès lors le donateur y doit succéder « *à l'exclusion de tous autres;* » donc ces biens n'existent pas dans la masse dévolue *ab intestat* aux héritiers ordinaires; donc ils ne peuvent être comptés pour déterminer la réserve qui n'est qu'une *succession ab intestat nécessaire;* — donc ils ne peuvent être comptés pour déterminer la quotité disponible, puisque disponible et réserve sont les deux parties complémentaires d'un même entier. — Si le Code Napoléon, respectant la nature des choses, avait considéré le retour légal comme un retour conventionnel tacite (sup. n° 256), l'explication du système qui vient d'être exposé se ferait d'elle-même. On dirait : les biens donnés par un ascendant ne sont entrés dans le patrimoine du donataire que sous la condition suspensive, ou que le donateur prédécèderait, ou que le donataire laisserait de la postérité, ou que ce donataire aurait disposé desdits biens. Lorsqu'il s'agit de dispositions à titre gratuit, le fait de la disposition n'incorpore ces biens au patrimoine du descendant donataire qu'au regard de la réserve de ses héritiers. — Que si les biens donnés existent encore en nature au jour du décès du donataire, sans qu'il en ait disposé, et sans qu'il laisse de postérité, et si l'ascendant donateur survit, — les biens donnés sont censés n'avoir jamais fait partie du patrimoine du donataire, et ne font pas partie de sa succession (comp., loi du 17 nivôse an II, art. 74, sup. n° 249).

Le Code Napoléon ayant fait du retour légal une succession, c'est à l'idée de l'indépendance, l'une à l'égard de l'autre, de la succession ordinaire et de la succession anomale, qu'il faut rattacher le système de calcul qui vient d'être exposé, comme nous avons déjà rattaché à cette idée plusieurs solutions (sup. n° 299).

325. — Faisons des applications de notre théorie. L'hypothèse commune sur laquelle nous raisonnerons est celle-ci : le défunt n'a ni postérité, ni frères, sœurs ou descendants d'eux ; il laisse en tout une valeur de 40,000 fr., dont 20,000 fr. de biens donnés par un aïeul paternel encore vivant.

1° Le défunt a légué *in specie* tous les biens autres que les biens donnés. — S'il y a des ascendants dans les deux lignes, la quotité disponible, à laisser aux légataires, sera de 10,000 fr. ; elle sera de 15,000 fr. s'il n'y a d'ascendants que dans une ligne. — Dans tous les cas, l'aïeul donateur reprend les 20,000 fr. provenant de sa donation et retrouvés en nature. S'il est le plus proche héritier dans sa ligne, il prend en outre à titre de réserve 5,000 fr.; s'il est en concours dans sa ligne avec d'autres ascendants au même degré, il prend à titre de réserve sa quote-part dans les 5,000 fr. Le *maximum* de ce qu'il peut recueillir est de 25,000 fr.; le *minimum* est de 20,000 fr. (1).

326. — 2° Supposons maintenant que le défunt a légué *in specie* tous les biens donnés, et n'a pas disposé des autres biens. — Il n'y a pas de *biens à reprendre*; il n'y a donc qu'une seule masse. — Y a-t-il des ascendants dans les deux lignes, la quotité disponible est de 20,000 fr., et la réserve est pour chaque ligne de 10,000 fr. N'y a-t-il d'ascendants que dans une ligne, la quotité disponible est de 30,000 fr. L'aïeul donateur prend ou ne prend pas la réserve de sa ligne, il la prend en totalité ou en partie, selon qu'il est ou qu'il n'est pas au degré le plus proche dans sa ligne, selon qu'il est ou non seul de ce degré dans sa ligne (2).

327. — 3° Supposons enfin que le défunt a disposé de 18,000 fr. be biens donnés et des 20,000 fr. de biens d'une autre origine. — Nous dirons : Il y a 2,000 fr. de *biens à*

---

(1) Que le donateur soit ou non héritier ordinaire, le calcul de la réserve se fait de la même manière; et il n'y a pas lieu à imputation, sur la réserve de l'aïeul, de ce qu'il prend comme donateur (premier et cinquième principes, n° 319). — *Contra* : Delvincourt, t. II, p. 19. — Duranton, t. VI, n° 228. — Chabot, sur l'art. 747, n° 15 ; et Belost Jolimont, sur Chabot, obs. 5. — Toullier, t. V, n° 129.

(2) L'ascendant donateur quand il n'exerce pas le retour, ne peut, comme héritier ordinaire, avoir une situation meilleure que les autres ascendants (deuxième et quatrième principes n° 319). — *Contra* : Grenier (t. II, n° 598) qui lui accorde une réserve de moitié sur les biens donnés ; — Toullier, Chabot et Belost Jolimont, qui calculent sa réserve sur la masse totale, et celle des autres ascendants sur cette masse diminuée des biens donnés.

reprendre, et 38,000 fr. de *biens ordinaires ;* et nous procèderons comme dans l'hypothèse précédente, avec cette seule différence que la quotité disponible et la réserve seront calculées sur 38,000 fr. et non sur 40,000 fr., c'est-à-dire que la quotité disponible sera de 19,000 fr. ou de 28,500 fr., selon qu'il y aura des ascendants dans les deux lignes ou dans une seule. Il n'y aura d'ailleurs rien à changer aux calculs si l'ascendant donateur est lui-même héritier ordinaire. Dans tous les cas il aura comme donateur les 2,000 fr. de *biens à reprendre.*

— La dernière espèce que nous venons de supposer est présentée par M. Bézy comme l'écueil de notre théorie : il croit que nous devrons fixer la réserve seulement à 5,000 fr. pour chaque ligne, de sorte que la quotité disponible serait portée à 28,000 fr, ou à 33,000 fr., selon qu'il y aurait des ascendants dans les deux lignes ou dans une seule. On voit que nous arrivons à un résultat tout autre. Mais M. Bézy a raison contre Marcadé qui, trompé par l'expression *biens donnés* dont il se servait, a oublié que ceux des *biens donnés* qui ont été légués par le défunt sont devenus, *ipso facto,* des *biens ordinaires,* et grossissent la masse sur laquelle se calcule la réserve aussi bien que la quotité disponible.

M. Demolombe semble bien avoir échappé à l'équivoque qui a égaré Marcadé (Voy. *Success.* n° 134), mais peut-être n'a-t-il pas suffisamment prémuni ses lecteurs contre elle. Aucune équivoque n'est possible avec l'expression préalablement définie de *biens à reprendre.* (Sup. n° 318.)

328.— La Cour de Cassation a rendu, le 8 mars 1858, un arrêt des considérants duquel il ressort que, le droit de retour légal constituant une succession particulière distincte de la succession ordinaire, l'ascendant donateur et en même temps héritier à réserve doit d'abord prélever les biens sujets au droit de retour et prendre ensuite sa réserve, laquelle sera calculée pour lui comme pour les autres réservataires en dehors des biens sujets au retour légal. (Sir. 1858, I, 545).

329.— Nous avons supposé des dispositions testamentaires *in specie*. On peut supposer des dispositions entrevifs ou des dispositions *in genere;* on peut supposer aussi que le défunt a disposé « de la quotité disponible » : notre théorie s'appliquera sans difficulté, pourvu qu'on tienne compte des règles que nous avons posées sur ces hypothèses, sup. n° 311.

Enfin on peut supposer que le défunt a légué une somme d'argent. Dans ce cas, si l'on admet la théorie proposée sous le n° 312, on fera subir une déduction aux *biens à reprendre* pour obtenir *la valeur à reprendre* (sup. n° 318 et note) : les *biens ordinaires* comprendront même les valeurs déduites de la valeur des *biens à reprendre*. Les éléments ainsi fixés on procèdera au calcul de la réserve et de la quotité disponible conformément aux règles générales ci-dessus établies.

330.— Il faut enfin mettre en jeu, dans une hypothèse complète, les principes que nous avons posés sur le calcul de la contribution aux dettes (sup. n⁰ˢ 314 et 315), et ceux que nous suivons pour le calcul de la réserve.

Supposons que le défunt laisse un aïeul donateur, son père et sa mère. — Des objets donnés par l'aïeul, il s'en retrouve en nature qui représentent une valeur de 80,000 fr. Il y a pour 20,000 fr. d'autres biens : La somme de l'actif représente par conséquent 100,000 fr.

Le défunt avait donné entre-vifs 14,000 fr. Il a légué une *somme d'argent* de 40,000 fr.; enfin son passif d'autre part s'élève à 50,000 fr.

Le legs de 40,000 fr, portant sur l'ensemble de la valeur active frappe la valeur des biens à reprendre à proportion de ce qu'est cette valeur dans la valeur de l'actif tout entier. Or, 80,000 représente les 4/5 de 100,000 : donc les biens à reprendre sont atteints pour les 4/5 du legs de

40,000 fr., c'est-à-dire pour 32,000 fr. — Déduisant cette somme de la valeur des biens à reprendre, on obtient 48,000 fr. : c'est la *valeur à reprendre*, la consistance vraie de la succession anomale. Le surplus de la masse active, soit 52,000 fr., constitue la succession ordinaire.

Appliquons maintenant à la succession ordinaire l'art. 922. De la valeur active il faut retrancher le passif qui la grève : or les deux successions doivent contribuer, chacune à raison de sa valeur, au passif total qui est de 50,000 fr. La part à la charge de la succession ordinaire est donc déterminée par la proportion suivante : $\dfrac{x}{50,000} = \dfrac{52,000}{100,000}$. D'où $x = \dfrac{50,000 \times 52,000}{100,000} = 26,000$ fr.

Si de 52,000 on retranche un passif de 26,000, il reste 26,000 fr.

Toujours conformément à l'art. 922, nous ajouterons la valeur de la donation faite entre-vifs par le *de cujus*, 14,000 fr.: nous arriverons au chiffre de 40,000 fr. Voilà la masse sur laquelle il faut calculer la quotité disponible. Cette quotité disponible serait des 3/4 si nous supposions des ascendants dans une seule ligne ; elle est de 1/2, soit 20,000 fr. puisque nous en avons supposé dans les deux lignes.

Sur cette quotité disponible s'impute d'abord la donation entre-vifs ; il reste 6,000 fr. pour le légataire. De telle sorte que l'actif de 100,000 fr. existant au décès se trouve en dernière analyse réparti comme suit :

L'ascendant donateur, après déduction de la valeur absorbée par le legs et paiement de sa part de dettes a en pur gain . . . . 24,000 fr.

Le père et la mère ont leur réserve, ensemble 20,000

Les créanciers sont intégralement payés. . . 50,000

Le légataire reçoit. 6,000

Total égal. . . . . 100,000 fr.

On le voit, nous calculons d'abord la part pour laquelle

les *biens à reprendre* sont atteints par le legs de somme d'argent, et nous ne calculons la part de l'ascendant donateur dans les dettes proprement dites que sur ce qui reste de la valeur des *biens à reprendre* après qu'on en a déduit la portion pour laquelle ils sont atteints par le legs.

Au contraire, dans le système généralement admis, la contribution aux dettes doit être basée, comme la contribution au legs de somme d'argent, sur la *valeur brute des biens à reprendre*. (Comp. Demante, t. IV, n° 52 *bis* VI.) Il est clair qu'avec ce calcul l'héritier anomal contribue aux dettes dans une proportion plus forte que la valeur qu'effectivement il amende comme héritier à retour.

Le mode ordinaire de calcul présente, M. Demante en convient, cette singularité que la contribution de l'ascendant donateur au legs n'est pas employée au paiement du légataire et sert au contraire à grossir tant la réserve des héritiers que la quotité disponible sur laquelle s'imputent d'abord les donations entre-vifs. Cette bizarrerie ne se rencontre pas dans notre système : quand nous établissons quelle part de la valeur des biens à reprendre est transportée par l'effet du legs dans la succession ordinaire, nous ne faisons qu'une opération destinée à fixer la consistance de la valeur qui constituera l'actif de la succession ordinaire ; c'est seulement sur cet actif que nous calculons ensuite ce qui revient au légataire, lequel ne peut par lui-même rien réclamer à l'ascendant donateur.

331. — Nous avons pénétré aussi profondément que nous l'avons pu dans l'étude du retour légal. Nous avons voulu tenir compte de tous les principes : y avons-nous réussi ? Nous n'avons pas cette prétention, et de plus habiles que nous y échoueraient. Le retour légal de l'ascendant, auquel en le ressuscitant les auteurs du Code Napoléon n'ont consacré qu'un article, est une institution tellement exceptionnelle qu'elle ne peut se faire place sans froisser quelque principe et sans causer quelque embarras.

TABLE.

DROIT ROMAIN.

FIN DE LA TABLE.

POSITIONS.

I. HISTOIRE ET DIFFICULTÉS DU DROIT ROMAIN.

1. — L'idée de co-propriété familiale ne s'est introduite qu'à l'époque des jurisconsultes classiques, et n'a jamais été qu'une fiction imaginée au soutien d'une thèse particulière : La propriété individuelle a toujours été reconnue en principe aux *patresfamilias*.

2. — La succession *ab intestat*, dans la loi des XII Tables n'était qu'un testament présumé, un corollaire irréprochable du principe « *uti legâssit ita jus esto.* »

3. — Dans les *bonorum possessiones unde cognati* et *unde decem personæ* le concours entre cognats du même degré est la règle absolue : il a lieu même entre le père et la mère.

4. — La mère ayant l'aptitude personnelle au sénatus-consulte Tertullien n'en bénéficie pas lorsque l'application

du sénatus-consulte nuirait directement à un enfant ou au père du *de cujus;* mais elle n'est pas pour cela privée de tout droit à la succession.

5. — Dans la théorie du sénatus-consulte Tertullien, la mère en concours avec des sœurs agnates, en nombre quelconque, prenait invariablement la moitié de la succession.

6. — Le *manumissor extraneus* avait, comme le *parens manumissor,* la *bonorum possessio contra tabulas dimidiæ partis.*

7. — Dans le droit de Justinien, c'est à titre de succession que le père peut prendre le pécule castrense du fils de famille décédé.

8. — La *capitis deminutio* n'implique pas forcément une diminution de capacité.

II. HISTOIRE ET DIFFICULTÉS DU DROIT CIVIL FRANÇAIS.

1. — La règle *Propre ne remonte* n'a jamais été qu'une application pure et simple aux ascendants, de la règle générale *paterna paternis, materna maternis.*

2. — Le droit de succession des ascendants aux objets par eux donnés n'est devenu en pays Coutumier un droit d'exception que grâce à une fausse interprétation des textes des Coutumes rédigées.

3. — La théorie du Code Napoléon sur la division entre

les deux lignes dans les successions non déférées aux descendants, diffère notablement de la théorie de la Loi du
17 Nivôse an II.

4. — Lorsqu'un défunt laisse un frère, un ascendant
autre que père ou mère, et qu'il a fait un legs universel,
la renonciation que fait le frère est valable. Cette renonciation est nécessaire et suffisante pour que l'ascendant
puisse invoquer sa réserve.

5. — Les père et mère naturels n'ont pas de réserve
dans la succession de l'enfant par eux reconnu.

6. — Les père et mère naturels n'ont pas droit au retour
légal.

7. — Lorsqu'il y a tout à la fois des enfants légitimes et
des enfants naturels, comment connait-on le total de la
portion réservée de la succession? — Il faut : 1° Calculer
quelle fraction aurait été réservée à raison des enfants
légitimes, s'ils eussent été seuls; 2° à la fraction ainsi
obtenue, ajouter le tiers de ce dont elle aurait augmenté
pour un excédant d'enfants légitimes égal au nombre des
enfants naturels effectivement existants. La réserve commune, déterminée par ces deux opérations, se partage,
entre tous les ayant-droit, selon les règles de la succession
ab intestat.

8. — Lorsqu'il y a tout-à-la-fois des ascendants légitimes et des enfants naturels, comment connait-on le total
de la portion réservée de la succession ? — Il faut : 1°
Calculer quelle fraction serait réservée à raison des ascendants s'ils étaient seuls; 2° calculer quelle fraction
serait réservée à raison d'un nombre d'enfants légitimes
égal à celui des enfants naturels effectivement existants,
et prendre la moitié de cette fraction : la plus forte des
deux quantités obtenues par les deux opérations donne la

mesure de la réserve unique. commune. Cette réserve se partage entre tous les ayant-droit, selon les règles de la succession *ab intestat*.

9. — La créance du prix et l'action en reprise sont, au point de vue du retour légal, subrogées aux objets donnés. Aucun autre cas de subrogation ne doit être admis à l'effet de rendre possible l'exercice du retour.

10. La valeur de l'émolument héréditaire de l'ascendant donateur, en tant qu'il exerce le retour légal, ne figure pas dans la masse sur laquelle sont calculées la quotité disponible et la réserve des héritiers ordinaires.

11. — Lorsqu'un défunt a fait des legs de sommes d'argent et qu'il laisse des dettes, les legs et les dettes ont des effets différents à l'égard de l'ascendant donateur qui exerce le retour. 1º Pour les legs, la proportion selon laquelle il les subit est établie sur la valeur des biens qu'il reprend. 2º Pour les dettes proprement dites, la proportion suivant laquelle il y contribue n'est établie que sur ce qui reste de la valeur des biens repris, après qu'on en a déduit à raison des legs, la portion déterminée par la première opération.

12. — L'enfant naturel reconnu peut être adopté par l'auteur de la reconnaissance.

13. — Ne doit pas être considéré comme ayant refusé le serment dans le sens de l'art. 1361 C. Nap., celui qui offre d'affirmer sous serment qu'il n'a pas souvenir du fait sur lequel il est interrogé.

III. DROIT CRIMINEL.

1. — La concubine entretenue par un homme marié dans le domicile conjugal de celui-ci, est passible des

peines de la complicité du délit d'adultère commis par son amant, alors même qu'elle est également mariée et que son mari ne porte pas plainte.

2. — La soustraction commise entre époux ou entre parents en ligne directe ne peut être considérée comme une circonstance aggravante à l'effet d'élever la pénalité d'un crime qu'elle a précédé, accompagné ou suivi.

IV. DROIT INTERNATIONAL.

En l'absence de tout traité de sa nation avec la France, l'étranger jouit en France de tous les droits civils que la loi n'a pas explicitement ou implicitement réservés aux Français.

V. DROIT ADMINISTRATIF.

1. — Lorsqu'un établissement insalubre régulièrement autorisé offre des inconvénients pour les voisins, ceux-ci peuvent agir en dommages-intérêts devant les tribunaux civils contre le propriétaire de l'établissement.

2. — A défaut de titres, le partage des biens patrimoniaux indivis entre plusieurs communes se fait à proportion du nombre de feux dans chaque commune.

3. — La responsabilité édictée par la loi du 10 Vendémiaire an IV, contre la commune sur le territoire de laquelle des délits ont été commis par des attroupements,

ne cède pas même à la justification que toutes les mesures possibles ont été prises, à moins que les attroupements ne fussent formés d'individus étrangers à la commune.

Vu par le Président,

A. BATBIE.

Vu par le Doyen de la Faculté,

G. COLMET-D'AAGE.

Vu et permis d'imprimer :

Le Vice-Recteur de l'Académie de Paris,

A. MOURIER.